教育部职业教育与成人教育司推荐教材
国家旅游局人事劳动教育司推荐教材
高等职业教育旅游服务与管理专业教学用书



# 旅游资源开发与规划

(第3版)

刘代泉
汪瑞军 主编

OURISM

旅游教育出版社
·北　京·

# 审定专家

毛江海

周志宏

# 出版说明

为配合职业教育体制改革，受国家旅游局人事劳动教育司委托，我社组织业内专家，根据高等职业教育要求和旅游行业的特点，精心编写出版了这套旅游高等职业教育系列教材。该系列教材在编写中，充分注意高等职业教育的特点，使其既有一定的理论深度，又充分注意学生实际职业能力的培养，确保该教材既高于同类中专教材，又不同于一般本科教材，符合旅游高等职业教育的教学要求和人才培养目标。该系列教材自2000年7月出版以来，以其准确的定位和科学的编排受到广大师生的普遍好评，成为业内影响最广，备受欢迎的专业化教材。

此次再版，在充分听取广大读者意见的基础上，根据国家最新的职业教育改革精神，征求了教育部旅游职业教育教学指导委员会有关专家委员的意见，并在杜江等业内专家主持下，确定了修订原则和修订方案，目的是在保持原教材特色的基础上，进一步完善该系列教材，使其更加贴近教学实际。

新版高职教材在保持原教材优势的基础上，以方便教师教学和学生学习为宗旨，增设了课前导读、学习目标、案例分析、本章小结等模块，目的在于在教师和学生之间搭建一个互动的平台，使教师能够更好地和学生沟通。文中示例、公式一律突出显示，目的是让读者花最少的时间掌握最有用的信息。与原版教材相比，本版教材在编排上主要具有以下显著特征：

**精简优化了内容。**在初版中，有些教材花大量篇幅介绍某些工种的岗位职责及主要任务，既占课时，又不便于教师教学。再版时，将这部分内容置于附录中，既便于教师灵活运用，又有利于学生分清主次。同时，针对旅游学科实践性强的特点，修订后的教材特别注意增补了一些案例，目的是强化案例教学的作用。在案例的处理上，有些案例有评析，可以帮助学生进一步掌握每章重点；有些案例没有评析，既给教师布置作业留下了余地，也可供学生自学使用。

**更新增补了资料。**根据旅游业最新发展情况，此次修订增补了最新行业法规，补充了入世后的相关内容，更新了旧的材料和数据，使本版教材能充分反映行业的最新发展和业内最新的研究成果。

**权威专家严格把关。**本套教材的作者均为业内专家，有着丰富的教学经验及旅游企业的管理经验，能将教材中的“学”与“用”这两个矛盾很好地统一起来。在此基础上，经杜江等业内权威专家把关和专业编辑审读加工，确保了本套教材的权威性和专业性。我们深信：只有专业的，才是最好的！

**贴近教学的全新编排。**增课前导读，帮助读者更好地理解各章内容；拟学习目标，帮助学生增强学习的针对性；补有用信息，案例分析、思考与练习，让学生尽快消化所学知识；改目录风格，人性化的设计，面面俱到，全书内容一览无余。

作为全国唯一的旅游教育专业出版社，有着丰富的旅游教育专业教材的编辑出版经验和庞大的专业作者队伍，我们有责任把最专业权威的教材奉献给广大读者，这也是我社教材受到广大读者认可的重要原因。

新版高职教材即将面世，我们想借这套教材的出版，探索一种全新的教材编写、出版模式，把一本本赏心悦目、专业实用的教材奉献给大家，使其真正成为您的贴心朋友。

**旅游教育出版社**

# 目 录

# 第 1 章

# 绪论

**课前导读**

决定游客是否出游的最基础的条件除了经济、时间及心理条件外，就是旅游资源的吸引力。旅游资源开发与规划，正是针对游客外出旅游的需求，对旅游资源的合理开发利用进行可行性分析并做好长远规划的过程，这是增强旅游资源吸引力的必由之路。

**学习目标**

通过学习本章，要实现以下目标：

- 了解旅游资源的范畴
- 了解旅游资源的基本属性
- 掌握旅游资源开发与规划的研究对象和内容
- 掌握旅游资源开发与规划的一般研究方法
- 明确旅游资源开发规划与相关学科的关系

旅游资源是发展旅游事业的基本物质条件。要使旅游业得到健康、顺利的发展，必须从理论到实践对旅游资源加以系统研究。这种研究有利于对旅游资源进行合理而科学的开发评价和管理；有利于旅游资源的环境保护，而且对旅游资源学学科的理论研究有深远的意义。

## 第一节　旅游资源概述

任何产业的发展，首先遇到的是资源问题。例如农业发展离不开土地资源、水利资源和气候资源；重工业发展离不开矿产资源等。一个区域旅游的兴旺发达，在一定程度上取决于旅游资源的丰度和资源的价值。因此旅游资源是旅游业发展的基础。

## 一、旅游资源的概念

旅游资源概念的内涵十分丰富,由于人们看问题的立场和视角不同,因而对旅游资源的概念也有各种不同的解释。

(1)凡能为旅游者提供旅游、观赏、知识、乐趣、度假、疗养、娱乐、探险猎奇、考察研究以及友好往来的客体和劳务,均可称为旅游资源。

(2)凡是能吸引旅游者的自然因素和社会因素,统称为旅游资源。

(3)旅游资源,是指对旅游者有吸引力的,以山水名胜、自然风光为主的自然资源和以历史古迹、文化遗址、革命纪念地为主的人文资源。

由上可知,尽管各家表述方法不同、形式各异,但实际上大同小异,都充分表达了作为旅游资源必须具有的吸引向性及有可能被用来开发的特性。随着旅游业的发展,对旅游资源的认识还会不断深化。

本书采用国家《旅游资源分类、调查与评价》标准关于旅游资源的定义:旅游资源是指在自然界或人类社会中凡能对旅游者产生吸引力,可以为旅游业开发利用,并可产生经济效益、社会效益和环境效益的各种事物和因素。

简单地说,旅游资源是能够诱发旅游动机和实施旅游行为的诸多因素的总和。它不仅是作为一定地理空间范围内的旅游目的地,也包括旅游者和各种能传达旅游地相关信息的事与物。应注意的是,郭来喜提出劳务作为旅游资源是值得重视的。1991 年,国际标准化组织(ISO)第 2 号指南第 6 版标准中,产品的概论包括硬件、软件、流程性材料和服务四项。其中服务成了产品的必要组成部分。这样,旅游的接待服务也可理解成旅游产品,与风景资源等一样,可作为旅游资源的有机组成部分。

旅游资源有物质的,也有非物质的;有有形的,也有无形的。人们对于山川、泉瀑、园林、寺塔等形态化的物质资源认同感强。对于像上海海派文化等无形的不易为人们感知和触摸到的非物质的旅游资源,往往缺乏对其本质的理解与认可。实际上,精神的、非物质的旅游资源是在物质基础上产生的,并依附于物质而存在。

旅游资源是一个发展的概念,旅游资源的范畴还在不断扩大。在区域旅游业发展的不同历史阶段,对旅游资源的内涵会有不同的理解与认识。随着科技的进步,旅游资源的科技含量增加,资源潜能将进一步得到发挥。原来不是旅游资源的事物和因素,今天可以成为旅游资源予以开发。人们遨游太空、登上月球旅游的愿望,也会成为现实。而且科技进步本身即可形成新的旅游资源,目前一些世界发达国家,纷纷利用高科技大做文章,建造大型综合性旅游景点与游乐场所。旅游资源的范畴已到了几乎无所不包的程度。但对其品评与开发,都应以市场需求为导向。

与土地、矿产、海洋等资源一样,旅游资源也有它的价值属性。对人文旅游资源的价值属性,人们的认识较为一致。因为它是人类劳动的直接成果,凝结着前人的智慧和汗水，是历史过程的产物，毫无疑问是有价值的运动；而对自然旅游资源价值属性却缺乏应有的认识。这种错误的观念导致对自然旅游资源的野蛮、粗放的掠夺式开发，促使生态环境急剧恶化，使资源遭受严重破坏与大量浪费。实际上，许多无法用货币单位表明其自身价值的自然旅游资源，恰恰是有价值的表现。

## 二、旅游资源的基本属性

旅游资源的属性主要是指其本身天然的性质（天然性）和在人类主观能动作用下所产生的叠加性质（人为性）。这正是旅游资源的本质区别，具体有自然的、精神的、经济的和文化的基本属性。

### （一）自然属性

旅游资源首先是一种自然客体和实体，具有一定的空间展布和分布范围；其次，许多自然旅游资源不需要人类的加工（美化），而本身就具有很高的美感效应，或供游人观赏；第三，地学旅游资源，一般情况下大多数是不能搬运和储存的，而其他的资源，如矿产资源主要是依靠搬运和储存来实现其作为资源的价值，当然随着地学旅游资源的新开发和新扩展，也有少数是可以搬运和储存的，如博物馆的观赏矿物、岩石资源（包括宝石类和玉石类）及观赏的古生物化石资源等；最后，旅游资源本身作为一种自然资源物质，为科学研究、考察、探险提供了必要的场所和理想的条件。

### （二）精神属性

首先，旅游资源本身所具有的美的形象给人产生美感、快感和愉悦，使人的精神达到美的享受；其次，人可以把自己作为旅游资源的一部分融会于其中，把人的躯体和意念融于自然之中，使人也具有自然本性；第三，许多人文资源本身就是一种精神寄托及思想与意念的产物。

### （三）经济属性

有人把旅游资源划为经济范畴，这主要是因为：首先，美好的旅游资源往往具有可观的经济效益。例如泰山、北京故宫、八达岭长城等旅游地，均可获得经济上的收益。其次，许多自然资源的开发和人文旅游资源的创造、制作也往往是经济发展的需要。

### （四）文化属性

旅游使人受到教益。旅游资源就是使人受到教益的生动而真实的教材和课堂。人们通过观光、旅游便可以得到新的知识和美的享受，可以开阔眼界，学到许多书本上不曾详细记载的知识，特别是科学旅游及其他某些专项旅游（如夏令营、科学考察、登山、陈列馆、博物馆等）都在不同程度上具有文化教育的意义。应当指出，文化属性和精神属性有着近似的含义，广义而言，文化属性也是一种精神属性。

# 第二节　旅游资源开发与规划的研究对象

## 一、旅游资源开发与规划的研究对象与内容

旅游资源开发与规划是专门研究旅游资源类型、形成机制、开发功能、合理保护等内容的一门综合性学科。它与规划学、开发学、地理学、地质学、气候学、水文学、生物学、历史学、社会学、民俗学、考古学、建筑学、环境学、生态学、文学、美学等学科有着不可分割的联系。其研究内容相当广泛。

(一)研究旅游资源形成的自然环境、社会条件与历史背景

各类旅游资源都有其自己形成的背景,自然旅游资源是各种自然因素相互作用、长期演化的结果;人文旅游资源是特定社会环境与历史条件下的产物,也具有自然形成的属性。旅游资源的开发与规划,必须从研究旅游资源的形成机制入手。只有这样,才能充分发现旅游资源的科学价值,深入挖掘旅游资源的文化内涵,深刻认识旅游资源的文化属性,提高旅游资源的艺术与观赏品位,从而最大限度地发挥旅游资源的功能和效益。

(二)研究旅游资源的特点与分类

在认识各类旅游资源形成机制普遍规律的基础上,要寻找各类旅游资源之间的差异,找出不同旅游资源的特点,注意不同特性资源的相互转化,差异越大,特点越明显,开发价值就越高。所谓旅游资源的特点,系指旅游资源的鲜明个性、旅游资源的“特殊本质”。旅游资源的特点必须通过对旅游资源的深入考察、科学分析和广泛横向对比才能逐渐认识。随着科技的进步、社会的发展、旅游资源内涵的延伸,旅游资源的种类与数量越来越多,对旅游资源作出合理、科学的分类,是认识和研究旅游资源的前提条件。

(三)旅游资源的调查和评价

旅游资源是旅游的物质基础,发展旅游业首先要调查旅游资源,评价其开发利用前景,为旅游区、旅游点的布局和旅游设施的安排提供依据。

旅游资源是对旅游者具有吸引力的自然存在或历史遗存、文化环境,以及直接用于游娱目的的人工创造物。一方面,要为查明旅游资源情况,包括资源的种类、分布、数量、质量、规模、密度、级别、特点、成因及开发利用程度、价值、功能等提供理论依据和科学的方法;另一方面,对旅游资源在调查的基础上进行技术经济论证和评价,包括具体的项目,如按不同依据分类、旅游容量、开发程序、投入产出效益、市场评估、开发适宜时间、利用方式、各种组合配套等。

(四)研究旅游资源的开发功能

旅游资源是能够激发旅游者旅游动机并进行旅游活动,为旅游业所利用的客

体。由于各类旅游者精神需求的差异,同一客体对于不同旅游者的吸引力是因人而异的。秀丽的山川田野能够满足城市居民寻求返璞归真、回归大自然的精神需求,对城市居民有强烈的吸引力;而现代化的都市建筑能够满足乡镇居民对现代化追求的精神需求,对乡镇居民有强烈的吸引力。另一方面,同一客体,因包装、开发深度的差异,对旅游者的吸引力也会不同。如苏州虎丘,原名海通山,高仅数十米,相传春秋时吴王夫差将其父阖闾埋葬在此,并有建于宋代的八面七层砖身木檐的仿楼阁形塔而吸引着海内外众多游客。该丘虽矮小,但从成因考察,是地质时期火山喷发堆积而成,由下而上,层次清晰,有一定典型性。因此从科普的角度开发虎丘的科学考察旅游功能,定能吸引更多的游客。总之,对不同属性的资源,应采取不同的开发利用对策。

(五)风景区的合理布局

风景区是含有若干共性特征的旅游景点与旅游接待设施组成的地域综合体。风景区、点的选择和内容布局需要进行规划。风景区、点的兴建和改造涉及许多方面(如城市建设、交通、运输、环境保护、生态平衡、饮食供应、生活服务、文化娱乐、工艺美术、土特物产、邮电通信、医疗卫生等),必须结合相应地区的区域规划,根据区域条件合理确定其接待旅游者的数量和各方面的负荷量,使旅游地域系统各要素相互协调,并与地区整体发展达成综合平衡。

(六)研究旅游资源的合理保护对策

保护旅游资源,是维系人类生存环境条件,继承和延续人类文明成果的重要方面,是衡量一个国家和民族是否具有远见卓识和文明觉悟程度的重要标志。要从可持续旅游发展的高度,切实保护好旅游资源。1995 年通过的《旅游可持续发展宪章》指出:旅游可持续发展的实质是要求旅游与自然、文化和人类的生存环境成为一个整体,以协调和平衡彼此间的关系,在全球范围内实现经济发展目标与社会发展目标的统一。应当承认,经济开发与资源保护是有一定矛盾的,但如果正确规划、科学安排,两者是有可能得到完满统一的。一般地说,对资源的合理开发是一种最好的保护。我们既不能脱离国家和地方的现有条件、水平和需要,离开经济建设和旅游业发展,单纯强调旅游资源的保护,又不能片面追求经济利益,忽视对旅游资源的保护,更不能以牺牲旅游资源和环境为代价,去换取一时的经济效益。

## 二、旅游资源开发与规划的研究方法

(一)资料统计分析法

据推算,世界上风景构成的要素有 100 多项,需要分别统计其面积、长度、宽度、厚度、深度、高度、角度、倾度、温度、透明度、速度、盐度、直径、周长、种数、个数、层数、含量等。这种统计资料对了解一个风景区或一处风景的特色和风景价值具有重大的意义。

(二)野外考察

旅游资源种类繁多,各自有着与所处环境适应的、特有的演化规律与进程。要认识旅游资源,掌握旅游资源的形成机制,揭示与比较旅游资源的历史、科学、艺术价值,就必须深入实地考察。尤其是自然旅游资源,它是由地质、地貌、水文、气候、动物、植物等自然条件,在内外营力长期作用下形成的,是各种自然因素综合影响的结果。因此对它的认识与了解,更要从资源所在地域自然环境的考察、分析着手。通过考察、分析与比较,才能掌握各种旅游资源的特点与魅力所在,才能提出符合可持续发展要求的利用与保护策略。

(三)社会调查

社会调查是对社会现象的观察、度量及分析研究的活动。它以社会现象及现象之间的关系为研究对象,采取经验层次的方法,如观察、访问、实验等,直接在现实的社会生活中系统地收集资料,然后依据在调查中所获得的第一手资料来分析和研究社会现象及其内在的规律。对诸如民俗风情、都市文化等人文类旅游资源的认识与利用;对旅游资源开发决策过程中客源市场的定位与分析;对旅游资源开发地区的社会经济、社会环境容量等方面,都必须进行深入的社会调查,社会调查可根据不同目的采用座谈访问、参与观察、社会测量、随机抽样等不同方法进行。

(四)历史分析

研究人类发展的历程和人类发展的遗存,了解人类过去的生活环境,判断已经消逝的社会经济形态和社会生活水平,都要采取历史分析的方法。人类及其社会的发展是互相联系而不可分割的整体,在人文旅游资源中,相当部分是人类社会各历史时期生产、生活、宗教、艺术等方面的文化遗产,并且有很强的地方性和民族性。对其研究,只有采用历史分析方法才能正确判断其历史价值,才能真正了解其产生的原因与演化历程。

(五)旅游资源区域比较法

各种不同的风景,往往表现出不同的美感,应用区域比较法可以分别将两地不同类型或同一类型的风景加以比较、评价和分析,得出风景美的一般原则。举一个例子,人们一方面可以比较不同山脉的美,例如带状山脉与块状山脉;另一方面也可以比较同一类型的山脉在不同区域反映出来的美。

(六)遥感技术的运用

遥感就是感知遥远的物体,即在一定的距离以外感受、识别和测量所需要研究的对象。目前在旅游资源普查、旅游生态环境质量评价等方面,遥感技术都有着广泛的应用。例如一张航空照片,当比例尺为 1:20 000,像幅为 18 × 18 平方厘米时,则它所摄地面的面积(截幅)约 13 平方千米,而卫星照片包括的地面截幅为 185 千米 × 185 千米,近似于 $3.4 \times 10^4$ 平方千米的面积,它相当于上述航空照片 2 600 张所覆盖的面积。由于面积大、视野辽阔,信息丰富、真实、客观,便于了解全面,分清主次，进行类比研究，从而提高工作效率与工作质量。

## 第三节 旅游资源开发规划与相关学科的关系

旅游资源开发与规划是旅游资源学中的一个重要分支，又是一门综合性较强，具边缘性质的学科，这就使旅游资源开发规划与资源学、旅游学、旅游地理学等学科有着广泛而密切的联系，并要求运用相邻学科的理论与方法，吸收相邻学科的研究成果，为发展和提高旅游资源开发与规划的理论和实践水平服务。

### 一、旅游资源开发规划与资源学的关系

旅游资源开发与规划是一门资源应用学。地球上存在各种各样的用于不同目的的资源，研究用于农业资源的学科称为农业资源学；研究用于林业资源的学科称为林业资源学；相应地，研究用于旅游业资源的学科就称为旅游资源学。由于旅游者精神需求涉及大千世界的各个方面，因此，旅游资源学研究的这一资源客体的范畴，比农业资源学和林业资源学等研究的资源范畴要大得多，既有自然资源，也有人文资源，是一个庞大的资源体系。

### 二、旅游资源开发规划与旅游学的关系

旅游资源开发与规划也可以认为是介于旅游学与资源学之间的边缘科学。它与旅游经济学、旅游心理学、旅游社会学等学科都属于旅游学的平行分支学科，只是各自从不同的侧面来阐述现代旅游活动这一复杂的社会现象。

### 三、旅游资源开发规划与旅游地理学的关系

旅游地理学研究旅游者旅游活动与地理环境和社会经济发展的相互关系。旅游地理学极为重视对旅游者游览对象的研究，在游览对象的成因、特点、分类、区划、调查评价、开发规划乃至保护方面均做了大量的基础工作。这里所说的游览对象就是旅游资源。旅游资源研究在旅游地理学中占有极为重要的位置。可以说，旅游资源开发与规划是在旅游地理学的摇篮中长大成熟的。但是，旅游地理学除了研究旅游资源外，还研究其他的内容。而旅游资源开发规划则专门研究旅游资源，其研究的深度和广度在旅游资源的开发利用实践活动推动下得以拓展和升华。

### 四、旅游资源开发规划与其他相关学科的关系

由于旅游资源的范畴涉及面极为广泛，旅游资源只有规划开发后才能为旅游业所利用，故旅游资源开发与规划的内容涉及很多相关学科的知识，如地质学、地理学、园林学、建筑学、民俗学、考古学、民族学、历史学、宗教学、美学、规划学、生态

学等学科的知识。因此,学习旅游资源开发与规划需要掌握这些相关学科的基本知识。

## 第四节　旅游资源开发规划的内容

### 一、旅游资源开发规划内容的有关规定

2000年,国家旅游局发布《旅游规划通则》,对旅游业发展规划、旅游区总体规划、旅游区控制性详细规划和旅游区修建性详细规划的内容做了较明确的规定。

(一)旅游业发展规划的编制内容

旅游业发展规划的主要任务是确定旅游业在国民经济中的地位、作用,提出旅游业发展目标,拟定旅游业的发展规模、要素结构与空间布局,安排旅游业发展速度,指导和协调旅游业健康发展。在国家旅游局制定的《旅游规划通则》中,规定旅游业发展规划应当包括如下主要内容:

(1)综合评价旅游业发展的资源条件与基础条件,全面分析规划区旅游业发展现状、优势与制约因素。

(2)全面分析市场需求,根据旅游业的投入产出关系和市场开发力度,科学测定市场规模,合理确定旅游业发展目标、发展速度和战略措施。

(3)提出旅游产品开发方向。

(4)确定主要客源市场及其结构。

(5)综合平衡旅游产业要素结构的功能组合,统筹安排资源开发与设施建设的关系。

(6)确定环境保护的原则,提出科学保护、利用人文景观、自然景观的措施。

(7)提出旅游发展重点项目,对其时序作出安排。

(8)提出规划实施的具体要求。

(二)旅游区总体规划的内容

《旅游规划通则》规定旅游区总体规划的期限一般为十到二十年,同时可根据需要对旅游区的远景发展作出轮廓性的规划安排。对于旅游区近期的发展布局和主要建设项目,亦应作出近期建设规划,期限一般为三到五年。旅游区总体规划应当包括以下内容:

(1)对旅游区的旅游资源进行科学评价。

(2)确定旅游区的性质,提出规划期内的旅游容量,划定旅游区用地范围。

(3)提出重点旅游项目的策划。

(4)规划旅游区的功能分区和土地利用。

(5)规划旅游区的对外交通系统的布局和主要交通设施的规模、位置;规划旅

游区内部的主要道路系统的走向、断面和交叉形式。

(6)规划旅游区旅游服务设施、附属设施、基础设施和管理设施的总体布局。

(7)规划旅游区的景观系统和绿地系统的总体布局。

(8)规划旅游区的防灾系统和安全系统的总体布局。

(9)研究并确定旅游区资源的等级、位置,划定保护范围,提出保护措施。

(10)确定旅游区的环境保护目标和环境卫生系统布局,提出防止和治理污染的措施。

(11)提出旅游区近期建设规划,确定近期优先开发目标和建设项目。

(12)提出总体规划的实施步骤、措施和方法,以及规划、建设、运营中的管理意见。

(三)旅游区控制性详细规划的内容

旅游区控制性详细规划的任务是,以总体规划为依据,详细规定区内建设用地的各项控制指标和其他规划管理要求,为区内一切开发建设活动提供指导。

旅游区控制性详细规划应当包括以下内容:

(1)详细规定所规划范围内各类不同性质用地的界线,规定各类用地内适建、不适建或者有条件地允许建设的建筑类型。

(2)划分地块,规定各地块建筑高度、建筑密度、容积率、绿地率等控制指标,并根据旅游区的性质增加其他必要的控制指标。

(3)规定交通出入口方位、停车入口方位、停车泊位、建筑后退红线、建筑间距等要求。

(4)提出对各地块的建筑体量、体型、色彩、风格等要求。

(5)确定各级道路的红线位置、控制点坐标和标高。

(四)旅游区修建性详细规划的内容

旅游区修建性详细规划是在总体规划或控制性详细规划的基础上进一步深化和细化,用以指导各项建筑和工程设施的设计和施工。旅游区修建性详细规划应当包括以下内容:

(1)综合现状与建设条件分析。

(2)用地布局。

(3)景观系统规划设计。

(4)道路交通系统规划设计。

(5)绿地系统规划设计。

(6)旅游服务设施系统规划设计。

(7)附属设施及管理设施系统规划设计。

(8)工程管线系统规划设计。

(9)竖向规划设计。

(10)环境保护和环境卫生系统规划设计。

## 二、旅游总体规划内容框架

比较规范的旅游总体规划应包含下列内容：

第一编　基础系统

　　第一章　旅游发展背景与基础条件分析

　　第二章　资源调查与评价

　　第三章　客源市场分析

　　第四章　旅游投资效益分析

第二编　主体系统

　　第五章　旅游规划总论

　　第六章　形象创意策划

　　第七章　功能分区与项目设计

　　第八章　旅游产业规划

　　第九章　营销系统规划

第三编　支持系统

　　第十章　环境承载力分析

　　第十一章　环境保护工程规划

　　第十二章　旅游接待设施规划

　　第十三章　交通与基础设施规划

第四编　保障系统

　　第十四章　旅游组织管理规划

　　第十五章　人力资源开发规划

　　第十六章　旅游融资规划

图件主要有：①旅游资源分布与评价图；②旅游发展规划图；③旅游线路设计图；④旅游基础设施规划图；⑤旅游项目布局及近期建设项目规划图；⑥旅游区位图；⑦旅游功能分区图；⑧旅游协作体系图。

还包括多媒体资料。

**案例**　　　　**昆明市旅游发展规划大纲**

1. 旅游业发展条件与现状分析
2. 旅游资源综合评价
3. 客源市场分析与定位
4. 旅游业发展战略思路

5. 总体布局与功能分区
6. 旅游城市建设规划
7. 旅游产品开发规划
8. 旅游开发重点项目
9. 旅游服务体系建设
10. 旅游形象策划与推介
11. 旅游管理体制
12. 旅游产业政策
13. 旅游科技创新
14. 旅游人力资源开发
15. 旅游资源与环境保护
16. 旅游安全保障体系

## 本章小结

旅游资源是指在自然界或人类社会中凡能对旅游产生吸引向性、有可能用来开发规划成旅游消费对象的各种事与物(因素)的总和。它具有自然的、精神的、经济的和文化的基本属性。对旅游资源的开发与规划首先要研究旅游资源形成的自然环境、社会条件与历史背景,其次要调查和评价旅游资源的特点与分类及其开发功能,最后要研究合理保护对策及风景区的合理布局。达到开发利用与保护齐头并进,不可偏颇。一般来讲,充分运用各种方法,如野外考察、社会调查、资料统计和历史分析等,不仅有利于科学合理地规划旅游资源,同时也为旅游资源可持续发展提供真实可靠的资料。旅游资源开发与规划综合性强,具有边缘性,它与资源学、旅游学、旅游地理学及其他学科关系密切,只有借助其他学科的先进理论和科研成果,并结合旅游资源自身的特征和属性,依托旅游者的需求,做出合理细致的规划,方可做到有的放矢,有条不紊。

## 思考与练习

1. 科学技术是不是旅游资源?为什么?

a. 是　　b. 不是　　c. 不一定

2. 旅游资源除了四种基本属性外,你还能列出其他的属性吗?

3. 旅游资源的特点有哪些?

4. 谈谈你对“资源的合理开发是一种最好的保护”的理解。

5. 如何界定旅游资源？请对旅游资源开发与规划提出几项合理化建议。

6. 请给下列旅游资源开发与规划研究的内容与方法打分（最低0分、最高5分）。

（1）对旅游资源形成的自然环境、社会条件与历史背景的研究

（2）对旅游资源的特点与分类的研究

（3）对旅游资源的调查与评估

（4）对旅游资源开发功能的研究

（5）合理布局风景区

（6）对旅游资源合理保护对策的研究

（7）资料统计分析法

（8）野外考察

（9）社会调查

（10）历史分析法

（11）区域比较法

（12）遥感技术运用

# 第 2 章

# 旅游资源的形成、特征及分类

**课前导读**

旅游业的繁荣昌盛必须依托旅游资源。由于资源的不可再生性，对旅游资源的利用，应该建立在合理开发和规划的基础上，提高资源的吸引力，延长其生命。

如何正确合理地对旅游资源进行开发和规划呢？需要充分认识旅游资源的形成、特征及分类，明晰旅游资源形成的基本条件，洞悉旅游资源特征，掌握旅游资源分类、分级。

**学习目标**

通过学习本章，要实现以下目标：

- 了解自然旅游资源和人文旅游资源形成的基本条件
- 了解旅游资源吸引功能的形成
- 掌握三峡旅游资源的成因
- 掌握自然旅游资源与人文旅游资源的共性和个性
- 掌握旅游资源分类、分级的方法
- 了解泰山旅游资源的特色

## 第一节　旅游资源的形成

### 一、旅游资源形成的基本条件

旅游资源形成的基本条件是地理环境与地域文化的差异性及其吸引力。地球上的自然和人文景观千差万别，各具形态，由此对旅游者产生了吸引力，使其向这些自然和人文景观所在地移动。这种空间位置的移动产生了旅游现象，旅游资源也因它对旅游者具有吸引功能而形成。简言之，旅游资源是作为旅游对象物而形成和存在的,而它之所以形成和存在,则是依赖于其吸引旅游者的功能。

（一）自然旅游资源形成的基本条件

自然旅游资源是天然赋存的,它的形成有以下几方面基本条件。

**1. 地球与宇宙天体运动形成宇宙类旅游资源**

茫茫宇宙,深邃莫测。宇宙的时空与年龄至今仍是个谜。人类初步探测到和我们息息相关的太阳系内有九大行星围绕太阳做周期转动,距离太阳最近的是水星,其次是金星,第三是我们生活的地球,向外依次是火星、木星、土星、天王星、海王星、冥王星,此外还有呈椭圆轨道环绕太阳的彗星以及木星与土星之间无数的小行星。地球作为太阳系的一颗行星,与太阳的关系十分密切。它是地球生命存在的依托,是自然旅游资源形成、发展和演变的唯一的基地。地球的卫星——月球已成为人类探索宇宙的首站,随着科学技术的发展,在21世纪月球上将会留下旅游者探险的足迹。太阳被月亮遮蔽形成日食,地球遮蔽月亮反射的太阳光线形成月食。在云雾的作用下,地球上还可观测到日冕、假日、月晕、佛光等许多天体现象,吸引了大量的天文爱好者及游人。许多宇宙天体及其运动可以直接作为观赏及研究的对象。天体运动是绝对的、永恒的,人们仰望宇宙,平添无限感慨,无数颗星星有无数个神话故事。“坐地日行八万里,巡天遥看一千河”;“明月几时有,把酒问青天,不知天上宫阙,今昔是何年”。探索宇宙奥秘正是宇宙旅游资源吸引功能之所在。随着科学技术的进步,人类探索宇宙奥秘的步伐将会更快。未来人类的星际旅游有望成为现实,不过除了近邻的月球、火星外,目前还只是一个梦。因为以人类的血肉之躯,即使有一天发明了长生不老药、超光速的飞船,甚至达到每秒100万千米的速度,也要花3 000年才能到达离我们最近的星座——半人马座阿尔法星。但宇宙的奇特景象的确是一种大有前景的旅游资源。

**2. 地球表层构造形成立体圈层型的旅游资源**

地球的表层构造由里及外分为岩石圈、水圈、生物圈、大气圈。岩石圈表面形成山川、峡谷、溶洞、奇石等地质地貌类旅游资源;水圈形成海洋、江河、湖泊、飞瀑、流泉等水文水景类旅游资源;生物圈内有数以万计的动植物及其繁衍进化演变形成的生物类旅游资源;大气圈形成风雨、雷电、气温、温度等气象和气候旅游资源。这些地表圈层不是孤立的,它们之间相互作用、相互组合的多样性和复杂性,形成各具特色的旅游景观。

**3. 地球纬度变化和海陆分布形成地带型旅游资源**

地球景观带的地域分异有一定的规律。影响地域分异的基本因素有两个:一是地带性因素。例如太阳能照射在圆形的地球上分布是不均匀的,地球按纬度接收太阳能量不同,形成与之有关的许多按纬度有规律分布的现象。二是非地带性因素。例如地球上海陆分布、地势起伏、岩浆活动等。受这两种因素的影响,形成了景观带的地域分异规律,从而形成了各具特色的自然旅游景观。

**4. 地质作用形成的地球本底性旅游资源**

地球是充满活力的，它的内营力和外营力是造成今天地表千姿百态的本底。在地球内营力的作用下形成陆地与海洋的消长、岩浆的迸发与间歇、地壳构造活动的强弱等。以“板块构造假说”为例，地球岩石圈主要可分为6大板块、20多个小板块，各个板块的位移与碰撞受地质动力的推动形成不同的地形特点。例如，印度板块与欧亚板块的碰撞，形成喜马拉雅山系及阿尔卑斯山系；太平洋板块向欧亚板块俯冲，形成环太平洋西海岸带的火山岛弧并伴有地震、地热、温泉等景观。

在地球外营力的作用下，地壳外部的岩石圈、水圈、大气圈、生物圈相互作用改变着地表形态。重力崩塌、风化、自然力搬运、堆积、岩溶与冰川作用都能形成奇妙的景观——奇石、幽洞、荒漠、瀑布。

由于地质作用为地球提供了自然旅游资源的本底，我们称它所形成的地形地貌为本底资源。

**5. 水圈在气候、地貌、人文影响下形成水体水文旅游资源**

水是自然界形成和发展中最活跃的因素之一。水圈有海洋、河流、湖泊、涌泉、湿地等。水圈与岩石圈、大气圈、生物圈的相互作用形成形态各异的水体景观。气势恢弘的海洋占据了地球表面的71%，它作为一种旅游资源，吸引游客的不仅仅是海水，而且还包括与海水相接的陆地部分及海底世界。海岸、沙滩、岛屿、潮汐等地理事物和现象，可以供人们开展观赏游览、体育健身、疗养度假等旅游活动，海底世界更是探险旅游者的乐园。遍布陆地的河流纵横交错，它是地球上重要的水源，也是交通大动脉，同时也是人类文明的发源地。江河因受到地域分异规律和微观地理条件的制约，具有多种类型和不同的吸引功能。即使同一条河流，由于流经不同的区域，各河段的风光也有不同，同一河段在不同的季节也表现出不同的景致。如河源的诡秘隐匿，上游的急流险滩，中游的一泻千里，下游的波澜壮阔，就是一道风景走廊。星星点点的湖泊是陆地洼地蓄积的水体，其水域宽阔、水量交换缓慢，是一种重要的水景旅游资源。人们常用“湖光山色”、“烟波浩渺”来形容湖泊风光。湖泊的类型是多种多样的，表现在景观上也各不相同，有的广淼，有的孤独，有的宁静，有的暴戾，有的娇媚，有的秀丽。泉是地下水涌露地面而形成的，由于受水质、水温、出露形态的影响而各具特色，其中矿泉和温泉与人类的生产和生活关系最为密切。瀑布以其形态、声响、色虹的变幻引人入胜。湿地则以其平阔、神秘、险恶令旅游者感到心跳和刺激。

**6. 气象与气候差异形成地域特色资源**

气象、气候是自然地理环境的组成要素之一，人类的一切活动都离不开地理环境这个大舞台，旅游活动也不例外。气象、气候可以直接造景、育景，如冷热、干湿、风云、雨雪、霜雾形成有形的与无形的旅游资源。林海雪原、热带风光、沙漠驼铃都是蔚为壮观的景色。

气候的差异是多变莫测的。太阳光的照射、地球自转形成的季风、陆地的海拔高度、地貌的突兀、海洋与陆地的布局、洋流的冷暖都能成为气候构景因素。有的四季如春,有的终年积雪,有的“夜穿皮袄午披纱”,有的“山上山下四季景”。

**7. 生物及其繁衍活动的多样化形成生态旅游资源**

生物即有生命的物质,大体可分为动物、植物、微生物三种,地球上的动物有50余万种,植物有100余万种,微生物更不可计数。地球发展的不同时期,生物的群种有明显的差异,在地球上不同的地理环境条件,又生活着不同的生物种群,生物的繁衍、演化、灭绝、新生,使生物界种类丰富,复杂多样。生物旅游资源不仅是自然旅游资源的组成要素,而且还赋予自然景观以生机和活力,从根本上改变了自然景观的性质。

地球上的植被景观随纬度与地域差异而变化,是形成自然风景的水平地带性和垂直地带性的主要原因。低纬度的热带雨林、常绿阔叶林;中纬度的针阔混交林;高纬度的针叶林以及苔原植被等,其间生活着各种生物,在特定的生态环境下还栖息着一些珍稀动物或濒危动物。我国的熊猫等更对旅游者产生了巨大的吸引力。另外植被品种的分布与生长周期随着海拔高度的变化而变化,在对流层中,地势每升高100米,气温平均下降0.65度,故高山能同时呈现四季不同的景象,正所谓“一山分四季”。

(二)人文旅游资源形成的基本条件

人文旅游资源是人类创造的,是人类在与自然长期斗争和社会实践的过程中创造的物质财富和精神财富成果,它构成了旅游资源的第二环境。

**1. 人类历史的遗存与自然造化**

人类一代一代地生息繁衍,其所创造的物质与精神财富便是历代人类文化的遗存。遗迹文化反映了各个历史时期生产力发展的水平,也折射出社会生活的概貌。当代人通过这些遗址,诸如建筑、雕塑、壁画、陵墓等,研究历史,凭吊祖先,承前启后,继往开来。

从人类产生到有文字记载以前的历史遗迹,称为古人类遗址。石器、火痕、原始部落群聚居地、生产用具、生活器皿、墓葬等,都能反映人类的发展进化和生活水平,对于了解人类祖先的社会生活具有重要价值。

人类创造了财富,也产生了贫富与阶级,随着生产力的发展和社会生活的需要,先辈们修建了城堡、寺庙和一些浩大的工程,许多重要的历史事件也留下了人们活动的遗址、遗迹;庙宇、石碑、雕刻等具有独特的价值。此外残暴的统治者梦想死后仍享受荣华富贵,修建宏丽的陵墓,安放大量陪葬物品,甚至强迫活人陪葬,如我国的秦始皇墓、埃及的金字塔、印度的泰姬陵,都是世界闻名的建筑,埋藏的陪葬品成为当今的稀世文物。

自然界的造化也为人类留下了重要的遗迹,那就是化石,包括动物化石、植物化石和猿人化石,如恐龙化石、恐龙蛋化石、琥珀为研究地球史和人类形成以及人类史前文化留下了重要的物证,也是一种重要的旅游资源。

此外,保存的古人尸体是一种具有特殊意义的旅游资源。由于自然气候干燥或地下土质的原因,加上人为使用防腐手段遗存的古人完整尸体,如埃及的木乃伊、中国马王堆汉墓等,其高超的医学处理技术至今仍令人费解,因而对旅游者产生了很大的吸引力。

**2. 社会生活的地域差异**

由于地域和历史的不同,形成了许多民族。各民族由于长期生活在不同的自然和社会环境里,又形成了各民族间“百里一民俗,十里一乡情”的地域文化差异。正是这种地域的差异性,使人们向往彼此的了解和沟通,这也是产生人文旅游资源存在的原因。

社会生活的地域差异是十分广泛与丰富的,某一地域的民族生活环境、房屋建筑、城乡布局、气象气候以及语言、饮食、服饰、歌舞、节日活动、婚丧礼仪等,都能吸引旅游者前来观摩与交流。所谓异国情调、异域风情往往是旅游者最津津乐道的。

**3. 社会交流活动及其创建的文化实体**

人类创造了文明社会。社会上层建筑、生产关系的各个领域——政治、经济、文化、军事、宗教等,必然要进行密切的社会交流活动,如召开会议、参观访问、文化交流、朝圣拜佛等。人们在社会交流活动中创造了具有一定纪念意义或观赏性很强的独特的文化实体,如我国中华世纪坛、亚运村、中国历史博物馆等,是吸引人们观赏、游乐、学习、求索的好去处,具有普遍的吸引力。以宗教为例:宗教是一种古老的社会文化现象。目前主要世界性宗教有佛教、基督教和伊斯兰教,信奉三大宗教的人在 21 亿以上。众多的教门弟子与信徒以及对宗教有浓厚兴趣的人们,长盛不衰地进行着各种交流活动。如伊斯兰教的创始人穆罕默德的诞生地麦加,每年 10 月末至 11 月初的朝觐大典期间,约有 2 000 万的教徒蜂拥而至,是世界旅游中的重大活动。佛教在东汉从印度传入中国之后,不断向东延伸,在唐朝时由鉴真传入日本,并带去了中国的建筑、绘画、歌舞等文化艺术,加强了中日文化的交流。宗教活动创建的教堂、庙宇以其神秘性令游客向往,产生普遍的吸引力,成为重要的人文旅游资源。

**4. 按游客需求进行人工创造**

随着社会经济的蓬勃发展,旅游者的需求呈现多样化的趋势。为满足游客的不同需求,可以人工创造不同主题的公园、游乐场、度假村。如日本岐埠县建成一座别开生面的主题公园——“天命反转地”,由于公园里没有一处平地,高低落差达 15 米,建筑物极不规则,所以游人进入公园后容易失去平衡感,需要重新调整和正视,满足了人们求新、求异的心理。再如有些游客怀念某些历史遗迹,缅怀某些历史事件，仰慕某些神话传说，我们可以通过重塑使之复原、再现。随着旅游者行为层次的提高和需求的变化，这类旅游资源有着广阔的前景。

## 二、旅游资源的吸引功能

不论自然形成还是人类社会活动形成的资源都是无穷无尽的，但是只有能对旅游者产生吸引力，使人们能亲临其境进行旅游活动的资源才能称之为旅游资源。由此可见，旅游资源概念的前提条件是它的吸引功能，而其吸引功能的形成与旅游者（主体）、旅游资源（客体）和旅游业（媒介）有着密切的联系。

### （一）旅游的需求、旅游动机的激发及旅游资源的定向性

#### 1. 旅游者的需求

旅游者的需求具有广泛性和多样性，一般来讲，它受主观和客观两个方面因素的影响。从主观因素分析，人的需求是多种多样的，但也有一定的层次。中国思想家鲁迅说，人一要生存，二要温饱，三要发展；美国人本主义心理学家亚伯拉罕·马斯洛更具体阐述了人的需求有五个层次：①生理需要：阳光、空气、水、食物；②安全需要：治安、稳定、秩序、受保护；③爱的需要：情感、家庭与亲友感情联系、集体荣誉感；④受尊重的需要：自尊、声望、成功、成就；⑤自我实现的需要：实现自我价值。其中，第一、二层次是"生存"需求，是人人必需的，像金字塔的底层；第三层次是"温饱"；第四、五层次是"发展"。只有到了发展层次的人才可能成为旅游主体，然而这种需要只对有限的人产生相当大的刺激作用。以马斯洛的理论不能解释现代旅游的大众性，随着社会的不断发展，教育水平的不断提高，探新求异或暂避紧张现实的精神需求才是人们外出动机产生的主要原因。

从客观因素分析，人们的旅游需求受到社会物质条件、个人经济状况和社会文化的影响。社会物质条件包括必须具备旅游资源和担任媒介的旅游业的发展状况等，还必须有一个安全稳定的社会环境和氛围，以及具备相关的基础设施和公共设施。个人经济状况必须在保证生存温饱的前提下求发展，求新求异，求自我实现。社会文化，包括民族习俗、宗教信仰、价值观念、受教育水平等客观因素都可以制约旅游者的需求。

#### 2. 旅游动机的激发

动机是需要的表现形式，有什么样的需求，便会有什么样的动机表现出来。一个人的行为动机总是为满足自己的某种需要而产生的，是推动和指导旅游活动的心理过程。美国学者罗伯特·麦金托什提出旅游动机可划分为四种基本类型：

（1）身体方面的动机：度假休闲、参加体育活动、海滩消遣、娱乐活动、温泉矿疗及保健活动等。

（2）文化方面的动机：希望了解异国他乡的情况以及音乐、艺术、宗教、民俗、

舞蹈、绘画等。

(3)人际方面的动机:探亲访友、结识新朋友、接触异乡民众、暂避紧张繁忙的现实生活等。

(4)地位与声望的动机:事务、会议、考察、个人兴趣、成就与发展等。

除了以上四种外出动机以外,还有经济动机,即以购物为主的外出动机。

上述外出动机对个人而言不一定兼而有之,但只要有其中一种,便可以通过某种方式予以激发,促使旅游资源吸引功能的形成。

**3. 旅游资源的定向性**

任何一项旅游资源的吸引力都具有一定的定向性,只对部分游客产生吸引力,而对其余游客却无多大吸引力,甚至没有吸引力。这是因为旅游资源的吸引力在某种程度上是相当主观的东西。对旅游的主体(旅游者)而言,他们的需求、动机、目的是不同的,其外出会受到时间、经济能力等客观因素的制约,所以不可能受所有旅游资源的吸引。由此可见,旅游资源的吸引功能是有限度的。但这有限度的吸引力并不影响旅游业的发展。

另外,理想的旅游业是以满足旅游者的需求为前提条件的。它通过各种宣传手段和提供各种便利条件,在客源地与目的地之间以及旅游动机与旅游目的的实现之间架起一座座桥梁。旅游业的这种宣传和便利作用对激发人们的外出动机、对促进旅游活动的发展、对发挥旅游资源的吸引力功能具有十分重大的意义。所以旅游业应针对不同需求、不同动机、不同经济收入和文化教育的游客加大宣传力度,激发人们的旅游动机、拟定不同类型的旅游方案,以满足人们的需求,扩大所占旅游市场份额。

(二)旅游资源吸引功能的形成

**1. 旅游资源要适应旅游市场的需求**

在市场经济条件下,旅游资源是旅游市场的一种特定产品。这种产品供游客享受而产生价值,具有一般商品的属性:价值和使用价值。因此它必须从不同的方面来满足游客的需求,其吸引游客的多少是衡量旅游资源吸引力的重要量化标准之一。旅游吸引力大体可分为四个方面:

(1)美感。旅游资源应能为游客提供美的享受,包括物质文明的美和精神上的美。

(2)怡情。自然景观与人文景观应能让游客产生精神上的愉快和感官上的舒适,或能令人触景生情、凭今吊古、缅怀故人、心生怡悦。

(3)娱乐。旅游地具有休闲、度假、疗养等多方面的价值,营造宽松自由的环境,使人获得乐趣,身心健康。

(4)满足。旅游资源能满足不同游客的需求:考察、探险、宗教信仰、商务、政治经济交流活动等。

在旅游市场竞争中,要尽量发挥旅游资源的吸引力功能。这是旅游经营者的天职,也是旅游活动得以实现的基石。

**2. 旅游资源要与相关的旅游活动形成合力**

旅游资源吸引力功能的形成,不仅要依赖旅游资源自身的价值来实现,还必须依赖与之相关的旅游活动。从广义上讲,旅游活动也是一种旅游资源。旅游者对旅游资源的钟情和选择,是旅游资源吸引力功能形成的关键环节。因此,旅游活动首先要搞好宣传工作,通过各种媒体诸如报刊、电台,电视、电脑网站、各种宣传品等进行宣传,使游客对旅游资源形成良好的印象,刺激旅游动机的产生。同时还要介绍旅游的时间、费用、交通、路线、景点、接待与服务标准,让游客自己选择和决定,注意要搞好组织工作,上门服务,方便游客,分类组团,准时导游,使旅游真正实现。

此外,为加强宣传效果,可在异地对重要的旅游资源进行微缩复制或模仿制作,向游客展示,使游客头脑中形成感性图像,能增强旅游资源的吸引力。这是旅游资源本身不能移动的特殊属性所决定的。旅游的实现只能是旅游者向旅游资源的移动,也必然需要用模拟展示的方法。例如制作新加坡城市、马来西亚热带海滨、泰国王宫等微缩景观,在某地经过展示宣传后,使"新、马、泰"旅游一度形成热潮。这些旅游微缩展品增强了旅游资源的吸引力,增加了游客的旅游欲望,使旅游活动得以实现。旅游资源与相关的旅游活动形成合力,更能增强其吸引力功能。

**3. 旅游资源吸引力功能形成的三个要素**

旅游资源吸引力功能的形成归纳起来有三个要素:旅游资源的本体因素、旅游资源的外部因素和游客因素。

(1)旅游资源的本体因素,是指资源本身所固有的质量。它包括旅游资源的丰富度、布局组合、客流容量、科学价值、历史文化价值、环境质量、安全保障等,以及它能否给游客带来美感、怡情、娱乐并满足游客的需求。

(2)旅游资源的外部因素,是指旅游活动的宣传、组织、实施;旅游资源的地理条件;旅游地的饭店、购物等配套设施;旅游业的服务水平等。

(3)游客因素,是指游客的性别、年龄、文化程度、出游的动机和目的、收入水平、闲暇时间等。

**案例　　三峡旅游资源的成因分析**

长江三峡东起宜昌,西至重庆,全长660千米,具有极其丰富的旅游资源。三峡以雄、险、奇、幽著称于世,自然景观与人文景观堪称一流,是世界最优美的旅游胜地之一。自古游人流传着"北看长城,南看三峡"的说法。中外游人十分向往。

分析其成因如下：

（一）三峡旅游资源自然天成，地域特点突出

**1. 万年长河冲破崇山峻岭，形成独具特色的风景线**

据地质学家调查研究，三峡地貌诞生于距今2.5亿年前的地球造山运动，比喜马拉雅山由海洋上升为世界最高山脉的太古代稍晚。受地质构造运动和印度板块向欧亚板块冲撞的影响，形成了四川盆地东沿即川鄂交界处的群山，绵延千里。万里长江至少也有万年的历史，从有文字记载起，我国第一大河流长江就已经形成，成为我国五千年文明的摇篮。

长江地处北纬30°左右，处在温带和亚热带交叉的气候环境中，上游温暖湿润、雨量充沛，各支流流域广阔，浩渺的江水汇集四川盆地，大江东流受崇山所阻，唯独一条狭窄的山谷通流，因而一泻千里势不可挡，形成今日长江三峡，使其流经的湖北宜昌、秭归、兴山、巴东等4市县，与重庆市的巫山、巫溪、奉节、云阳、丰都、涪陵、江津等17个县区，形成各具特色的景点、景区。而长江、嘉陵江、乌江、大宁河、神龙溪、香溪等近20条河，像金线串联珠宝似的，将各景点、景区连成一片，形成一个整体的旅游产品。其中，东部以宜昌为龙头，以现代化的三峡和葛洲坝水利枢纽工程雄伟景观为突出特色；中部主要以集中在奉节、巫山、巴东这一三角地带的自然景观尤为迷人；西部集中在重庆近郊，以人文、社会资源更为突出，各具特色的旅游资源吸引着不同需求的游客。

**2. 峡谷云集，巧织天成；沿江赏景，游客陶醉**

沿江赏景是三峡游区的一大特色。从上游进到下游，或者从下游逆流而上，线路明晰，两岸各个构景要素相互组合衬托，巧织天成，形成水光山色的风景画廊。

三峡的峡谷资源非常丰富而且云集相连，是国内峡谷资源的宝库，在世界上也享有盛名。绚丽多彩的江峡风光令游客流连忘返。游客可以一连数日不间断地领略大小峡区的美景。长江三峡是瞿塘峡、巫峡、西陵峡的总称，全长193千米。峡岸风光如画，是驰名中外的旅游胜地。瞿塘峡长约33千米，以其雄奇壮观著称，此段有的江面宽度仅100余米，位于入口处的夔门，被誉为“天下雄”；中段的巫峡，长约40千米，横跨巫山、巴东两县；西岸巫山十二峰，秀丽多姿，最有观赏价值。西陵峡居东，长约120千米，以滩多水急闻名，著名的有兵书宝剑峡、牛肝马肺峡、青滩、灯影峡等，还有大宁河的“小三峡”，马渡河的“小小三峡”，平河的“小小小三峡”，峡峡相连，江江相通，彼此辉映，奇趣无穷。两岸还有神农架、睡佛山等18座名山峻岭；19处山涧新生溶洞，如三游洞、燕子洞等；神农溪、香溪、官渡河等溪河14条；龙盘湖、三斗坪湖等湖14处；珍珠泉、玉龙温泉等18口；白龙过江、三色瀑布群10处。这些地文、水域景观与峡江交相组合，形成巨大的旅游空间。由于各个景观呈现有明显的区域差异，各富地方特色，形成了游客的空间流动。游客在旅游沿途中欣赏到情趣各异的景观风情，因而感到十分愉悦，结队成行。据三峡旅游

部门统计，每年游客中有90%以上为观光旅游。

**3. 原始森林神秘幽深，生物珍奇**

长江三峡地区古老而原始，又地处温带与亚热带过渡地带，生物资源十分丰富，古树名木随处可见。这里有生长百年以上的银杏、水杉、珙桐，珍贵的楠木、香果、金丝栗，有红杏树、椰树、巴东木连等树木多达50余种，还有奇花异草，如神农杜鹃、七叶一枝花、太白贝母、延龄草、竹节人参等。这些珍稀植物资源有的深藏于原始森林中，有的生长在陡壁悬崖上。

神农架原始森林约60余万平方千米。闻名中外的还有大老岭、龙门河森林公园、屈原森林公园等12处林场。林区神秘幽深，神农架"野人"之谜，强烈地吸引着探险猎奇的旅游者。森林内、峡江中、岩壁林中生长繁衍的珍奇动物达80余种，如小熊猫、金丝猴、金钱豹、神龙鼯鼠、中华鲟、大鲵等。

（二）人文旅游资源古老富集，品种齐全

**1. 文物古迹年代久远，极富考古价值**

三峡旅游区人文旅游资源丰富，文物古迹众多。古人类遗址有红花套文化遗址和古巴人遗址两处；历史文化陈迹多为秦汉以前的遗存，有巴人制井盐遗址、古代栈道、古摩崖石刻等23处；古战场遗址有西壤口、亭古战场、彝陵之战等7处；古代亭台楼阁与宗教庙宇分布在各个景区，如楚塞楼、天然塔、九龙观、华岩寺等多达20余处；还有许多纪念性建筑，如屈原祠、昭君村、嫘祖庙、神女庙、张飞擂鼓台等。令人称奇的是峡江地区古人的墓葬方式：将安放死者的石棺半悬在陡峭的山腰，峭壁下却是湍急的江水。葬群历经千年仍清晰可见，竟形成一道风景。棺葬工程之艰巨令人赞叹，如九畹溪岩棺、晓峰悬棺、神农溪岩棺、楚故陵等多达307处。

**2. 民俗风情丰富多彩，古朴淳厚**

三峡旅游区山村民居古朴，民风淳厚。如土家族的吊脚楼、山区的石板屋、走马转角楼等；地方传统歌舞丰富多彩，如南曲、川江号子、田歌、摆手舞、跳撒尔荷舞等；节日庆典活动也富有地方特色，如号称"鬼城"的丰都庙会、端午国际龙舟节、神女节、屈原庙"斋会"吸引国内外大批游人。

**3. 土特产品类繁多，便于购物赠友**

长江三峡地处鄂西、川东山区，云迷雾嶂、气候温和，土特产品种类繁多，如木耳、香菇、核桃、板栗、生漆、桐油以及黄杨木雕、彩陶和漆器。特色美食有老四川牛肉干、天府花生、江津米花糖、涪陵榨菜、合川桃片、永川豆豉、丰都豆腐乳、白市驿板鸭、重庆沱茶、川味香肠等，历史传统悠久，风味独特。

综上所述，三峡是旅游资源富集的地城，存量巨大，品类齐全，全部6个大类、71个类型，可以说，除了火山、宫廷建筑群等特殊景观外，应有尽有，因而形成了我国最负盛名的旅游区。

（三）古今著名文人学士的记述与传说，增添了三峡旅游资源的魅力

千百年来，古今的文人学士、达官显要及寻常百姓对三峡景区的赞颂、记述、传唱之辞不绝于耳，产生了"名人效应"，增添了旅游资源引人入胜的魅力。

早在两千多年前，楚国爱国诗人屈原在《山鬼》篇中就描绘了三峡景观。秦文汉赋有不少记述了三峡郡县的景观与民风。南北朝时期，北魏地理学家郦道元在《水经注》中因山记水，对三峡做了形象的记叙。唐宋时期，描述三峡景观的诗篇更多，如诗人李白不仅感叹"蜀道难，难于上青天"，还在《早发白帝城》中描绘了峡江、江水的湍急："朝辞白帝彩云间，千里江陵一日还；两岸猿声啼不住，轻舟已过万重山。"三大峡谷景观各有诗文流传。如瞿塘峡，杜甫诗云"众水会万涪，瞿塘争一门"（夔门）；白居易《夜上瞿塘》诗咏"岸似双屋合，天如匹练开"；明清古籍记载瞿塘峡"镇全川之水，扼巴鄂咽喉"，有"西控巴渝收万壑，东连荆楚压暮山"的雄伟气势。再如巫峡：诗人陆游《三峡歌》赞美"十二巫山见九峰，船头彩翠满秋空"；清人许汝龙《巫峡》诗，有"放舟下巫峡，心在十二峰"、"巫山峨高高插天，危峰十二凌紫烟"。再如西陵峡，诗人杨炯写有诗篇"西陵峡"抒怀。近现代许多著名的文学家也撰写了"三峡情思"之类的篇章。

三峡景观还流传着许多故事传说。战国时代楚国诗人屈原的故乡在秭归，民间传说自然很多。汉代和番美人王昭君出生地在香溪，流传着不少汉族与少数民族通婚的佳话。白帝城蜀汉刘备临终托孤的故事家喻户晓；白帝城下的礁石上有两根铁柱，据《五代史》记载是公元前904年（唐天佑元年）守将张武在此处"作铁捆，绝江中流，立珊于两端，谓之锁峡"，因而名为铁锁关。兵书宝剑峡传说是诸葛亮存放兵书与宝剑的地方。灯影峡南岸马牙山上四块奇石形似《西游记》中的唐僧、孙悟空、猪八戒和沙和尚。

革命先行者孙中山先生游历三峡，关注长江丰富的水力资源，曾在《建国方略》中写下利用长江水利资源的理想。一代伟人毛泽东不仅关注三峡，描绘了建三峡的宏伟蓝图，而且还豪迈地预言："更立西山石壁，截断巫山云雨，高峡出平湖，神女应无恙，当惊世界殊。"

有关三峡的史迹、诗文、故事、传说以及"名人效应"也是一种人文旅游资源。由于面广、量多，因而对三峡旅游资源的成因具有特殊的意义，大大地增加了三峡游区的吸引力，激发游人对三峡的向往之情。

（四）三峡水利工程现代化景观令全世界瞩目

长江是世界第三大河，今天在这千古流淌的长江上截断江水，兴修世界上最大的水利枢纽工程怎不令世界瞩目？此前，湖北宜昌在三峡出口处修建了葛洲坝水利工程后，现代化的宏伟景观大大地吸引了游客。游客人数在20世纪末的几年一直急剧增加，海外旅游者突破30万人，国内旅游人数突破2 000万人次大关。库区政府已把旅游业确定为支柱产业，而葛洲坝工程不过是三峡水利枢纽工程的前

奏而已。

长江三峡水利枢纽工程是当今世界之最,是我国建设史上的重要里程碑。1994 年 12 月 14 日,经过 40 多年勘测设计和研究论证,举世瞩目的三峡工程正式开工。巨大的发电、防洪、航运效益堪称世界一流。它将有世界最高的水坝,有世界第一的水力发电量,有世界第一流的防洪设施,航运能力大大增强,万吨货轮直达上游山城重庆。大坝建成后将形成一个河道型的巨型三峡水库,控制流域面积达 100 万平方米,库区回水将改善支流的通航能力,宽阔的湖面与两岸山峰相互辉映,托出一个集峡、江、坝、山、湖、洞、岛于一体的世界奇观,成为三峡旅游资源形成的重要成因。

## 第二节　旅游资源的特征

旅游资源由于自然条件和环境的差异,构成了千差万别的自然景观,又由于社会、政治、经济、文化等发展进程的不同、民族传统及历史沿革的不同,产生了各具特色的人文景观。旅游资源作为旅游活动的客体,虽然各具个性特色,但又有其共同特征。

### 一、旅游资源的共同特征

**1. 观赏性(文化特征)**

旅游资源同一般资源的最主要的区别就是它具有美学上的观赏性。对于旅游的主体而言,不论旅游的动机如何,也不论旅游地在何处,观赏是不可缺少的内容,有时甚至是全部旅游活动的核心内容。旅游资源只有具备观赏性才能吸引游客,观赏性越强,对旅游者吸引力越大。我国的万里长城、桂林山水,埃及金字塔,美国科罗拉多大峡谷等,还有那些古朴典雅的文物古迹、别具一格的民族风情,甚至土特产、旅游商品都无不具有观赏价值。

旅游者通过对美的事物的观赏,可以陶冶情操、开阔视野、增长知识。高山的雄伟、江河的奔腾、草原的广阔、大海的坦荡都能给人以美的享受,陶冶人的情操。秦陵兵马俑、北京故宫宫殿群、冰川、火山、奇禽、怪兽使人大开眼界,增长知识。

观赏性是一种文化特征,也显示经济效益。旅游资源必须具有吸引旅游者的功能,才具备社会意义和经济价值,而观赏性是旅游资源中最为突出的一种特征,旅游资源的价值是通过观赏来实现的。观赏性越强,所取得的经济效益越大。

观赏性是旅游资源文化特征的主体。文化特征还包括其感知的决定性、内涵的丰富性和启志的功能性等。

**2. 地域性(空间性特征)**

不同旅游资源分布的地理环境也存在着差异,受到地域分异规律的制约。这是各地旅游资源存在差异的根本原因,即具有明显的地域性特征。地域差异主要表现在旅游资源的地方特色和民族特色上。所谓地方特色指不同地域有不同的景观,如哈尔滨的冰雕、海南岛的椰林、江南丘陵地区的红层景观、云南及两广的岩溶地貌、戈壁滩的沙漠等,地域特色尤为鲜明。即使是同一类型的景观,在不同的地区也存在着明显的地域性。例如园林,北方的园林博大轩昂,江南的园林精巧典雅,而岭南的园林则呈现亚热带风光。民族特色的地域性也十分明显,不同民族有不同的风土民俗,新疆维吾尔族的手鼓、吉林朝鲜族的腰鼓、云南傣族的皮鼓,其鼓点旋律和舞蹈姿势都迥然不同。即使是同一个民族的风土民情,也存在着地域差异,同是一个汉民族,京剧与昆剧、秧歌与花鼓、川味与粤味、北方饺子与南方米饭等,都能显示地域差异。不同的经济、政治、宗教和文化也能显示旅游资源的地域性。由于旅游资源是在一定地理环境和社会环境下发生、发展的,其空间分布必然受到环境的制约。由此可见,地域性是旅游资源最本质的特性。正是因为旅游资源有地域性才形成旅游流,有了旅游流才促成旅游资源自身的存在。

旅游资源的地域性还表现于它所存在的地域是相对固定的,如果位移了,地域性就会减弱或消失,就失去了旅游资源的本质特征。将悉尼歌剧院复制在北京"世界公园",参观者绝不能领略到澳大利亚的地域风情;在海滨游泳与在泳池游泳感觉迥异。某一旅游资源的存在离不开它所依赖的其他资源和所处的环境因素。在特殊情况下,如应大量游客需求,对某一资源进行移置或创造,也必须尽可能地将此资源所依赖的其他资源和环境因素进行移置或创造。

综上所述,旅游资源的空间性特征不仅具有地域性,还包括其存在的广泛性和区域的相对稳定性。

**3. 季节性(时间性特征)**

旅游资源的季节性是指其具有随季节变化而变化的特征。它的季节性是由其所在的纬度、地势和气候所决定的。纬度的高低显示其地面与太阳照射的角度和获得热量的多少。南北回归线之间的赤道地带能受到太阳的直射,因而炎热。高纬度地带,日照时间短,地面接收太阳光少,因而寒冷。又由于地球自转轴与太阳光线之间呈 23.5°的角度,其公转时会出现阳光南北位移而产生季节变化,因此使旅游资源具有季节性。尤其是在中纬度地带最为明显,春、夏、秋、冬四季分明,景观各异。这些变化也使旅游资源增加了动态美,春兰、夏荷、秋菊、冬梅各领风骚,雪景与春景各有情调。

旅游资源的季节性影响到客源的季节性变化。客源自身也存在季节性变化的规律,因而形成了旅游业明显的旺季、平季和淡季。我国东中部地区旅游旺季出现在春季和秋季;西部地区的旅游旺季大多出现在七八月份。但对某一种旅游资源而言,其旺季与淡季有其特殊性。例如哈尔滨冰灯节盛况只会在冬季,而庐山避暑则只能是在夏季。

从时间性特征上看，旅游资源还具有时代性和时代变异性。换言之，它还随时代的变迁而变化。因为旅游者的心理与需求会受时代变迁的影响。有的旅游资源会因时代的变迁而异化，失去对游客的吸引力而回归为普通资源；相反也有一些资源由于自然原因或社会文化等原因会形成为新的旅游资源，从而开发为新的旅游点。

**4. 永续性（经济特征）**

旅游资源的永续性，是指它具有长期供人使用的性质，即开发利用的永续性。自然风景与人文景观一般是不能转移的，也不能出售，旅游者只能通过前往观赏、体会和探险，获得新的感受，而不能带走旅游资源本身。简而言之，游客是付款买感受。这是一种无形贸易，目的地出售的是旅游资源的观赏权而不是所有权。旅游资源既已被古人使用，又被今人使用，还可被后人使用。它是一种无价之物，又是一种有价之宝。

旅游资源的永续性是相对的，需要保护和管理。有一部分旅游资源会受到耗损，如一些生态资源，在游客狩猎、垂钓、品尝、使用后会消耗一部分，需要经过自然繁殖、人工饲养、栽培和再生产来补充，以达到生态平衡，保持其永续性。对难以再生、再造的原始森林、珍稀动植物资源要设立保护区，对山、河、湖、海风景要防止污染，因为绝大部分旅游资源是不可再生的，一旦破坏就难以恢复，即使仿造，也会失去原汁原味。

综上所述，旅游资源开发的目的，是为旅游业所利用并产生相应的经济效益、社会效益和生态环境效益。其经济特征除具有开发利用的永续性外，还具有价值的不稳定性、不可再生性和开发利用方式的多样性。

**5. 组合性（组合特征）**

旅游资源的组合性，是指它具有在特定的环境中，必须与其他构景要素相组合的一种特性。孤立的景物要素，很难形成具有吸引力的旅游资源。光秃秃的一座山，孤零零的一片湖随处可见，可它不具有吸引功能。自然风光由山、水、土、气候、动植物等自然因素组成，再融合古迹、史话、传说等人文景观，便具有吸引力，成为旅游资源。一块石头是没有吸引力的，但一堆石头砌成假山，构成小桥流水，就成了人造景观，或将这些石头融入神话或传说，就会产生吸引功能，成为旅游资源。所以在特定的地域中，总是由复杂多样、相互联系、相互依存的各个要素共同形成资源体的。

## 二、自然旅游资源的特征

自然旅游资源除具备上述五个特征之外，还具有以下几个独立的特征。

**1. 物质性**

物质性是自然旅游资源的本质属性，也是一切自然资源的共性。它们绝大多数处于有形状态，如高山低谷、飞瀑流泉、云雾雨雪，或固体，或液体，或气体，有的是看得见摸不着的，如闪电等。科学证明光也是物质；风是物质的流动；气温是物质的转化。光、风、温没有具体形态，但我们的感觉器官能够体验到它们的存在。高纬度地带的白昼、北极光与江南春风拂面、气候宜人的风景区都极富吸引力，使人不畏路途劳顿而去领略、感受。

物质是可以量化的，有形的客体用度量衡等器皿量化，无形的物质可通过对比量化。光有强、弱度之分；风有级差之别；气温可用温度计测量。旅游环境"适度"才能吸引游人。

自然旅游资源的物质性，一般而言，是区别于人文旅游资源的最突出的特征。部分人文旅游资源如历史掌故、社会风俗、宗教信仰、民族语言、神话传说都是非物质的。但它赋予自然物质以丰富的内涵的功能却是巨大的。两者相辅相成，相得益彰。

**2. 地带性**

由于构成自然旅游资源的物质要素为地质、地貌、水文、气象、动植物等自然地理要素，因此必然受地球景观地带性分异规律的制约。首先，它受制于旅游景点在地球上的纬度位置，高纬度地带绝不会出现热带风光，低纬度地带也绝不会形成冰雪世界。其次，每个地带的自然环境，受海洋与大陆分布情况的影响。例如，海陆环流形成地理各组成部分和地理综合体，按经度方向从沿海向内陆发生有规律的更替。此外，由于大的地势起伏，自然景观还受垂直高度的影响，随山势高度发生带状更替（垂直地带性）。自然地理综合体和它的组成部分的纬度地带性、经度地带性、垂直地带性决定了自然旅游资源具有地带性的特点。

**3. 生态性**

自然旅游资源是地球客观物质环境的组成部分，生态主要是指生物的生理特性和生活习性，是一种按照自然规律形成的存在状态。它涉及有机体和无机体的关系、动物和植物之间的关系以及动物之间和植物之间的关系等，是由一系列有机联系的大大小小的生态系统所组成的自然环境系统。这种生态系统始终保持着动态平衡，一旦某一组成要素遭到破坏，就会使生物之间存在的食物链遭到破坏，从而导致生态关系密切的自然旅游资源受损甚至灭迹。农村大量捕食青蛙，结果出现严重的虫灾，使农作物减产。海南省三亚湾海滨的"海底乐园"原是观看海底世界的游览地，海域水质清澈，鱼虾在珊瑚礁旁悠闲游动，新奇有趣。近几年来，有人大量开采珊瑚礁做盆景出售，破坏了自然景观的生态平衡，结果珊瑚与鱼不见了，海水也变质了，乐园也失去了往日的魅力，社会环境效益和经济效益都遭受到严重的损失。所以在自然旅游资源开发利用、保护中，尤其要考虑生态性的特点。

**4. 时空性**

自然旅游资源有很强的时空性。它会随着时间与空间环境的变迁而变化，"横看成岭侧成峰，远近高低各不同"。游人站在不同的地方，从不同的角度观看，感受就不一样。浙江雁荡山的大剪刀峰,白天看像一把巨大的剪刀相合,夜晚在月光的照射下从东南角看去,却变成了一支香,平视此峰又像船上的风帆,因此它又被称为“一帆峰”。气象要素在一日之内发生的变化,会引起景观的变化。同是一片园林,清晨清新宜人,绿叶布满露珠;中午湿热,风轻日烈;傍晚夕阳西照,鸟叫虫鸣;夜晚月色朦胧,树影婆娑多姿,异趣横生。为什么有的游人对同一处游览地情有独钟多次光顾?为什么对于同一处景观人们的感受却不同?此乃自然景观随时空变化而产生的效应。

此外,有些景观只出现于一年中的某一段时间,如日本东京4月的樱花、加拿大秋天的红叶、农历八月十六前后的杭州钱塘江大潮,至于昙花一现、佛光掠影、海市蜃楼等奇观则更需特殊的时空自然环境了。

### 三、人文旅游资源的特征

**1. 历史社会性**

在人文旅游资源中,对游客最有吸引力的是悠久的历史文化和浓郁的异域文化。一般来说,人文旅游资源的历史越悠久,所蕴涵的文化内涵越丰富,旅游价值就越大。外国游客来到中国,最渴望了解的还是中国的历史文化。人文旅游资源大多有史学价值,是历史的见证,使游人了解目的地的历史和今天,增长知识。列入“世界文化遗产”和“世界自然遗产”的项目都是古老历史的陈迹。被称为古代七大奇观之一的我国“万里长城”,是中华民族2 000多年间抵御外族侵略、保卫国家的历史见证。陕西的秦始皇陵兵马俑,也因其反映了2 000年前我们祖先的智慧、军事技术和制作工艺而著名。

**2. 民族文化性**

不同国家和地区的人文资源的内容差异,集中反映在不同民族精神文化性的差异上。民族文化既可以有形的物质作载体,如古代建筑、寺庙、民居、陵墓、壁画等,又可以以无形的精神文化代代相传,如历史传说、神话、民谚、音乐等。有形的载体和无形的精神文化相结合,形成特有的内涵。即使同一类型的人文旅游资源,在不同民族中也表现出很大的差异,如民族语言文字、民族歌舞、民族服饰和民族饮食等。从文字上看,汉字与蒙、藏、维吾尔、朝鲜的文字在发音、字形、表意上各有不同,即使移植借用,也逐渐注入了民族文化的内容。日文中使用部分汉字,但音、形、义差异很大。印度佛教寺庙是有顶无壁的,传入我国后变为殿堂式、有墙壁的建筑。这就是民族文化性的差异。

**3. 时代精神性**

人文景观具有鲜明的时代内容,随着社会历史的变化而变化。在封建社会里,帝王将相的宫殿、园林、住宅是人们不能涉足的禁地,如今却成了游人随意进出游览的地方。在资本主义世界里,美国拉斯维加斯赌博业、泰国的“人妖”表演及色情业、一些国家设立的“红灯区”等公开营业，在社会主义制度下的中国是不允许的。

人文旅游资源因其具有时代精神特征，因而可创造很多新的景观。美国洛杉矶1955年建造的“迪斯尼乐园”，引起当代青年人的兴趣而风靡世界。我国昆明兴建“世界园艺博览园”，集中外奇花异木而成为新的旅游热点。香港、澳门回归祖国后，举办交接仪式的会场广受游人的青睐，香港、澳门的旅游业发展蒸蒸日上。

## 第三节　旅游资源的分类、分级

### 一、旅游资源的分类

旅游资源分类的目的，是为了对其进行有效的利用、保护、开发和建设。由于旅游资源本身的复杂性和范围的广泛性，使得对其类型的划分必须从不同的角度、采用不同的方法进行。

（一）按旅游资源本身的属性分类

这种方法将旅游资源分为“自然”和“人文”两大类。自然旅游资源，是天然赋予的，能使人们产生美感的自然环境或物象的地域组合，如地貌、水文、气候、生物与宇宙等，及其相互组合而成的自然环境；人文旅游资源，是古今人类社会活动、文化、艺术和科技创造的载体和轨迹，如文物古迹、文化艺术活动、科技与建筑成就、文化娱乐活动等。1992年的《中国旅游资源普查规范》中将旅游资源普查分为6类，其中“自然”与“人文”各占3类，共74种。但是根据成因、属性，两大类旅游资源又有多种不同的细分方法。

**1. 自然旅游资源**

（1）地文景观类：典型地质构造、标准地层剖面、生物化石点、自然灾变遗迹、名山、火山岩溶景观、蚀余景观、奇物与象形山石、沙（砾石）地风景、沙（砾石）滩、小型岛屿、洞穴、其他地文景观。

（2）天象与气候类：避暑胜地、避寒胜地、冰雪风景与滑雪胜地、云雾景、树挂奇观、天象胜景（海市蜃楼、宝光、极光等）、小气候与微气候、其他气象和气候景观。

（3）水域风光类：风景河段、漂流河段、湖泊、瀑布、泉、现代冰川、其他水域风光。

（4）生物景观类：树林、古树名木、奇花异草、草原、野生动物栖息地、其他生物景观。

（5）宇宙类：太空、星体、天体观测、陨石等。

**2. 人文旅游资源**

（1）古迹和古建筑类：古人类遗址、军事遗址、古城和古城遗址、长城、宫廷建筑群、宗教建筑与礼制建筑群、殿（厅）堂、楼阁、塔、牌坊、碑碣、建筑小品、园林、古桥梁、古代水利工程、名人故居、陵寝陵园、古典院落、传统街区等。

(2)现代建设成就类:地方标志性建筑或代表性建筑、现代城市风貌、电力工程、工矿企业、车站与港口、码头景观、桥梁、涵洞工程、农林场风光、养殖场、体育场馆、街头雕塑、具有特色的公共设施、现代纪念性建筑、现代仿古建筑等。

(3)消闲、求知、健身类:科学教育文化设施、修疗养和社会福利设施、动物园、植物园;公园、体育中心、运动场馆、游乐场所、节日庆典活动、文艺团体以及其他休闲、求知、健身活动。

(4)购物类:市场与购物中心、庙会、著名店铺、地方产品、城乡集会、其他物产等。

### (二)按资源特征与游客体验分类

1996 年,克劳森和尼奇(M. Clawson and J. L. Knetsth)提出的这种分类方法影响极大,他们将旅游资源按其特色与游客体验分为 3 类。

**1. 利用者导向型游憩资源**

以利用者需求为导向,靠近利用者集中的人口中心(城镇),通常满足的主要是人们的日常休闲需求。如球场、动物园、一般性公园。要求其面积在 40 ~ 100 公顷,由地方政府(市、县)或私人经营管理,海拔一般不超过 1 000 米,距离城市在 60 千米的范围内。

**2. 资源基础型游憩资源**

这类资源可以使游客获得近乎自然的体验。资源相对于客源地的距离不确定。主要在旅游者的中长期度假中得以利用。如风景、历史遗迹以及远足、露营、垂钓用资源等,一般面积在 1 000 公顷以上,主要是国家公园、国家森林公园、州立公园及某些私人领地。

**3. 中间型游憩资源**

特性介于上述二者之间,主要为短期(1 日游或周末度假)游憩活动所利用。游客在此地体验比利用者导向型更接近自然,但又比资源基础型地区要次一级。

### (三)按开发利用方式分类

按旅游资源利用的方向和变化特征,可划分为两类。

**1. 原生性旅游资源**

包括在成因、分布上具有相对稳定和不变特征的自然、人文景观和因素,一般具有不可再生性、地域垄断性和继生性,如自然旅游资源中的山、河、湖、海、地貌、化石、气象、野生珍稀动植物等;人文旅游资源中的历史文物、民族文化、传统、习俗、土特产等。它是天然赋就,或是人类文明的结晶,因此要予以保护,防止损坏或丧失。

**2. 萌变性旅游资源**

包括在成因、分布上具有明显变化特征的自然、人文景观和因素,一般具有再生性，没有地域垄断性。如人造景观、博物馆、疗养院、娱乐城等。这种资源比较易于开发和利用，在社会经济、文化发展过程中，要努力发展旅游产业，发挥创造性，创造出更多的新的旅游资源。

(四)其他分类方法

旅游资源的分类方法很多，从旅游活动的主体、客体和媒介的不同角度还能进行其他分类。

1974年，科波克等将英国旅游资源依照旅游活动的性质分为3类：

(1)供陆上活动的旅游活动资源，包括露营、篷车旅行、野餐、骑马、散步及远足、狩猎、攀岩、滑雪等。

(2)以水体为基础的旅游活动资源，包括内陆钓鱼、其他水上活动、靠近乡间道路的水域、海岸边等。

(3)供欣赏风景的旅游资源，包括低地、平缓的乡野、高原乡地、俊秀的小山、高耸的山丘等。

1979年美国的德赖弗(B. Driver)根据旅游资源开发现状将其分为5类：原始地区；近原始地区；乡村地区；人类利用集中的地区；城市化地区。

根据旅游业经营角度将旅游资源分为有限类(狩猎、垂钓、购物等)和无限类(海水浴、泛舟、潜水、观光等)两大类。

根据旅游资源保护规划分为严格保护区(供科学研究)、重点保护区(重要的自然、人文景观)、一般保护区。

## 二、旅游资源的分级

旅游资源分级的目的是为了综合评价其价值而进行有效的使用与管理。旅游资源的分级方法有以下几种。

(一)按照旅游资源行政管理分级

**1. 国家级旅游风景资源**

这类资源在国内外知名度高，能吸引国内外游客，具有重要的观赏、历史和科学价值。

1982年，国务院公布了第一批国家级重点风景名胜区44处，分布在我国22个省、市、自治区，总面积约6 000平方千米；1988年，国务院再次公布了40处国家级风景名胜区。这些景区是我国山水风光和人文景观的精华。今后随着旅游业的发展，还将陆续公布国家级旅游资源。

**2. 省级旅游风景资源**

这类资源具有地方特色，在省内外有一定的知名度，具有较重要的观赏、历史和科学价值。游客大多是国内的。各省、市、自治区都十分重视旅游产业，先后公布了本省的重点风景名胜区。

**3. 市(县)级旅游风景资源**

这类资源在本地区具有较大的吸引力,地方色彩较浓,有的与本地的民俗风情、民间传说融合,受到本地游人的喜爱。

(二)按照旅游资源的性状分级

根据《旅游资源分类、调查与评价》国家标准中的规定,旅游资源可分为主类(8种)、亚类(31种)、基本类型(155种)3个层次。见表2-1。

**表2-1 旅游资源分类表**

| 主类 | 亚类 | 基本类型 |
|---|---|---|
| A地文景观 | AA综合自然旅游地 | AAA山丘型旅游地 AAB谷地型旅游地 AAC沙砾石地型旅游地 AAD滩地型旅游地 AAE奇异自然现象 AAF自然标志地 AAG垂直自然地带 |
| | AB沉积与构造 | ABA断层景观 ABB褶曲景观 ABC节理景观 ABD地层剖面 ABE钙华与泉华 ABF矿点矿脉与矿石积聚地 ABG生物化石点 |
| | AC地质地貌过程形迹 | ACA凸峰 ACB独峰 ACC峰丛 ACD石(土)林 ACE奇特与象形山石 ACF岩壁与岩缝 ACG峡谷段落 ACH沟壑地 ACI丹霞 ACJ雅丹 ACK堆石洞 ACL岩石洞与岩穴 ACM沙丘地 ACN岸滩 |
| | AD自然变动遗迹 | ADA重力堆积体 ADB泥石流堆积 ADC地震遗迹 ADD陷落地 ADE火山与熔岩 ADF冰川堆积体 ADG冰川侵蚀遗迹 |
| | AE岛礁 | AEA岛区 AEB岩礁 |
| B水域风光 | BA河段 | BAA观光游憩河段 BAB暗河河段 BAC古河道段落 |
| | BB天然湖泊与池沼 | BBA观光游憩湖区 BBB沼泽与湿地 BBC潭池 |
| | BC瀑布 | BCA悬瀑 BCB跌水 |
| | BD泉 | BDA冷泉 BDB地热与温泉 |
| | BE河口与海面 | BEA观光游憩海域 BEB涌潮现象 BEC击浪现象 |
| | BF冰雪地 | BFA冰川观光地 BFB长年积雪地 |
| C生物景观 | CA树木 | CAA林地 CAB丛树 CAC独树 |
| | CB草原与草地 | CBA草地 CBB疏林草地 |
| | CC花卉地 | CCA草场花卉地 CCB林间花卉地 |
| | CD野生动物栖息地 | CBA水生动物栖息地 CDB陆地动物栖息地 CDC鸟类栖息地 CDE蝶类栖息地 |
| D天象与气候景观 | DA光现象 | DAA日月星辰观察地 DAB光环现象观察地 DAC海市蜃楼现象多发地 |
| | DB天气与气候现象 | DBA云雾多发区 DBB避暑气候地 DBC避寒气候地 DBD极端与特殊气候显示地 DBE物候景观 |

续表

| 主类 | 亚类 | 基本类型 |
|---|---|---|
| E遗址遗迹 | EA史前人类活动场所 | EAA人类活动遗址 EAB文化层 EAC文物散落地 EAD原始聚落 |
| | EB社会经济文化活动遗址遗迹 | EBA历史事件发生地 EBB军事遗址与古战场 EBC废弃寺庙 EBD废弃生产地 EBE交通遗迹 EBF废城与聚落遗迹 EBG长城遗迹 EBH烽燧 |
| F建筑与设施 | FA综合人文旅游地 | FAA教学科研实验场所 FAB康体游乐休闲度假地 FAC宗教与祭祀活动场所 FAD园林游憩区域 FAE文化活动场所 FAF建设工程与生产地 FAG社会与商贸活动场所 FAH动物与植物展示地 FAI军事观光地 FAJ边境口岸 FAK景物观赏点 |
| | FB单体活动场馆 | FBA聚会接待厅堂(室) FBB祭拜场馆 FBC展示演示场馆 FBD体育健身馆场 FBE歌舞游乐场馆 |
| | FC景观建筑与附属型建筑 | FCA佛塔 FCB塔形建筑物 FCC楼阁 FCD石窟 FCE长城段落 FCF城(堡) FCG摩崖字画 FCH碑碣(林) FCI广场 FCJ人工洞穴 FCK建筑小品 |
| | FD居住地与社区 | FDA传统与乡土建筑 FDB特色街巷 FDC特色社区 FDD名人故居与历史纪念建筑 FDE书院 FDF会馆 FDG特色店铺 FDH特色市场 |
| | FE归葬地 | FEA陵区陵园 FEB墓(群) FEC悬棺 |
| | FF交通建筑 | FFA桥 FFB车站 FFC港口渡口与码头 FFD航空港 FFE栈道 |
| | FG水工建筑 | FGA水库观光游憩区段 FGB水井 FGC运河与渠道段落 FGD堤坝段落 FGE灌区 FGF提水设施 |
| G旅游商品 | GA地方旅游商品 | GAA菜品饮食 GAB农林畜产品与制品 GAC水产品与制品 GAD中草药材及制品 GAE传统手工产品与工艺品 GAF日用工业品 GAG其他物品 |
| H人文活动 | HA人事记录 | HAA人物 HAB事件 |
| | HB艺术 | HBA文艺团体 HBB文学艺术作品 |
| | HC民间习俗 | HCA地方风俗与民间礼仪 HCB民间节庆 HCC民间演艺 HCD民间健身活动与赛事 HCE宗教活动 HCF庙会与民间集会 HCG饮食习俗 HGH特色服饰 |
| | HD现代节庆 | HDA旅游节 HDB文化节 HDC商贸农事节 HDD体育节 |
| 数量统计 | | |
| 8主类 | 31亚类 | 155基本类型 |

[注]如果发现本分类没有包括的基本类型时,使用者可自行增加。增加的基本类型可归入相应亚类,置于最后,最多可增加2个。编号方式为:增加第1个基本类型时,该亚类2位汉语拼音字母+Z、增加第2个基本类型时,该亚类2位汉语拼音字母+Y。

### (三)按照旅游资源的质量分级

这种分级方法主要以旅游资源的吸引力和可开发利用条件为两个最基本的质量等级,一般分为1、2、3、4四个等级:1级与国家级、2级与省区级、3级与市县级、4级与乡镇级呈对应关系,但也存在交叉的状况。旅游资源的质量分级是一项复杂的综合评价工作,对发展旅游业具有十分重要的意义,本书另设专门章节阐述。

**案例　　泰山旅游资源特色分析**

泰山,是我国的五岳之首,又称"五岳之长"、"五岳独尊",因其是泰山文化的发祥地,1987年作为自然与文化双重遗产被联合国教科文组织列入《世界遗产名录》,享誉国内外。泰山的自然、人文资源丰富多样,独具特色,是我国旅游资源中的瑰宝。

(一)自然旅游资源

**1.占据地域优势,变质岩地貌雄奇**

泰山为什么举世闻名?首先,从地域上看,它占据了优势。泰山山脉位于山东省中部,沿中华民族的摇篮之水——黄河下游南岸绵延200多千米,盘踞在济南、历城、长清、泰安之间的齐鲁大地上,总面积达426平方千米。齐鲁文化被视为华夏文化的重要组成部分,因而泰山地区成为我国古代文化发展中心之一。其次,从地形上看,泰山屹立在华北大平原上,山势突兀,气势磅礴,若于平野处仰视,尤为巍峨、雄浑、峻峭,有擎天捧日之姿,拔地通天之势。自古以来,它成为品德高尚、意志坚强的象征。从山峰的高度看,它的实际高度并非五岳之长,而是第三,比华山、恒山低,其主峰在泰安境内,叫玉皇顶,也称天柱峰,海拔1 525米,俗称"极顶"。说它为五岳之长,是指其岩石形成的年代,据地质学家研究认为:泰山杂岩形成于太古代晚期,距今约25亿年,是由变质岩和片麻岩构成的断块山地。它古称岱山,又名岱宗,春秋时始称泰山。"岱"是大的意思,"宗"为长者之意。

泰山山体主要为变质岩地貌,呈节理发育,经地质构造的抬升而形成。如岱顶、日观峰、月观峰、拱北石、瞻鲁石等高大挺拔,主峰突出,山岩陡峭险峻,气势雄伟,岩石裸露。沿节理、断层处,经受千万年的风化剥蚀和流水的切割,形成奇峰、深壑、怪石。

**2.观赏性强,丽、幽、妙、奥、旷**

泰山的海拔高度在我国山地分类中属于中山,这种高度的山地处于平原和高山之间,不像平原那样已被人类开发,也很难看到大自然对地貌作用的魅力,又不像3 500米以上的高山那样,人迹罕见,很少有人文景观。我国的五岳,都属于中山之列。泰山的自然风光观赏性强,观赏价值高,美不胜收,古今中外游人以"丽、幽、妙、奥、旷"五个字来概括。这五种景观分布在泰山不同的地段。

丽——在攀登泰山的东路(又称中路)与西路之间的盘山道沿途,从岱庙到岱宗坊,是登山的起点。这里山水相映、古刹幽深,山边有泉(王母泉),泉水清澈甘洌,有瀑布(虎山瀑布)和清溪流水,有水库和坝桥,还有吕祖殿、蓬莱阁古庙,错落有致,十分清丽。

幽——从登山之门岱宗坊沿东路至南天门,绿阴环绕,一步一景,令人目不暇接。这里有红石岩(红门)、古槐(卧龙槐)、石坪(经石峪)、古柏(柏洞);翻过山岭(回马岭),峰峦起伏,东有山(中溪山)、西有岭、南眺汶河;松山双峰对峙,乱云飘绕其间,风起松涛滚滚,如海涛拍岸;由此盘山(泰山十八盘)艰难攀上南天门,回首俯视山下,仿佛身在云雾间,飘飘欲仙,着实幽深宜人。

妙——由南天门经“天街”至极顶的一段,虽然地势平坦,然而别有洞天,景色格外迷人。这里海拔千米以上,天高云淡,空气清爽,凉风习习,又有很多名胜古迹,如碧霞寺、唐摩崖石刻、瞻鲁石、仙人桥、丈人峰、无字碑、五岳独尊石刻等,尤其在极顶上可以观赏到泰山的四大奇观:旭日东升、晚霞夕照、黄河金带、云海玉盘,美妙至极。

奥——泰山之阴的后石坞,有泰山后花园的美誉。在冰川时期形成的大峡谷中,巨石嶙峋,小道险奇,花草丰茂,松柏苍翠。其松树饱经风霜各具姿势,有的直刺云天,有的曲折盘桓郁郁葱葱,展现出泰山松不屈的品格。西麓的桃花园方圆十几里,层峦叠嶂,溪谷交汇,奇石、怪松、流泉,水光山色,奇奥无比。

旷——泰山西路下山沿途溪深、谷幽。扇子岩岩壁峻峭,形状如扇。这里数峰相望,峰间烟云缭绕,给人以神思飘逸之感。黑龙潭瀑布从百丈悬崖泻下,如白练自高空垂悬。崖下一潭,水浪翻腾深不可测,水色碧蓝,时现奇峰仙影,令人油然而生旷达之感。

**3. 四时风光不同,昼夜景观各异**

泰山的自然风光具有季节性的特征。泰山地处地球北纬36.2°的暖温带半湿润季风区,四季气温变化明显,平均气温,春季11℃、夏季21℃、秋季10℃、冬季-4℃,从3月下旬至10月为无霜期,是它的旅游季节。由于山下与山顶的温差在5~8℃之间,酷热的夏季登上泰山,在松荫下也感觉阴凉舒适,不失为避暑的佳处;而秋天,秋高气爽,万里无云,更是观赏日出的黄金季节。从每年12月至次年2月,月平均气温在0℃以下,泰山冬日别有一番情趣,一片茫茫雪景,分外妖娆。

一天之内,泰山风光也不尽相同。凌晨在日观峰上观日出是泰山一大景观。晨曦初露,天际上空由鱼肚白渐变成淡红、橙红,顷刻,旭日在朝霞中喷薄而出,那地平线上第一道美妙的霞光,实在令人陶醉不已。傍晚,岱顶的晚霞夕照,更成为泰山四大景观之一。白天当人们位于云层和阳光之间,在特定的环境下,还可以看到佛光,七色光环绕人的身影,犹如菩萨真相显露。

泰山东临黄海,西为大陆,在季风影响下,温度、湿度、风效组合成舒适宜人的环境。一年,甚至一天,各组合要素相互作用,产生节律性变化,也使游人感受到季节的变化和不同的宜人度。

(二)人文旅游资源

**1."封禅"祭祀与历代寺庙留存着华夏社会历史的印迹**

泰山被称为"天下名山第一",最重要的一点,是历代帝王在此封禅,奉之为与上天通接的圣地。公元前219年,秦始皇统一大业完成后,就曾亲临泰山封禅。所谓封禅,是在泰山顶上祭天,让上苍承认他的德行,是为封;在泰山脚下祭地,让神州允诺他坐镇天下,是为禅,于是他可以自命为"天子"。此后,汉武帝、汉光武帝、北魏太武帝、唐高宗、唐玄宗、宋真宗、清圣祖、清高宗等,也都曾到泰山举行过隆重的封禅大典。其中有的还多次上山。每一次封禅大典不知动用了多少人力、物力,文武百官献媚取宠广加宣扬,举国上下谁人不知泰山的大名。泰山历代寺庙建筑遗迹,留存着华夏社会历史的印迹。

泰山南麓泰安城内的岱庙,亦名泰庙,始建于秦汉,所谓"泰既作畤"、"汉亦起宫",其历史悠久,是我国历代封建帝王封禅祭祀的地方。其布局仿效古代皇城,以南北为纵轴分划东、中、西三轴,中轴为主轴,建有正阳门、配天门等殿宫。东西轴也串建有庭院,庙城四周分立有兑、艮、乾、坤角楼。主体建筑天贶殿始建于宋代,殿高22米,殿顶黄瓦覆盖,殿内雕梁画栋、彩绘斗拱,金碧辉煌,像一座"金銮宝殿",以此显示封建帝王的尊贵威严。

泰山东路登山门户岱宗坊,建于明代隆庆年间,清雍正九年重修。其南天门建于元朝,门旁刻有一副对联:"门辟九霄仰步三天胜迹,阶崇万级俯临千嶂奇观",可知其高。跨过南天门的"天街"前,则是规模宏大的古建筑群碧霞祠,是宋代的道观建筑。院内有明代的铜铸千斤鼎和万岁楼。山门外东、西、南各有一门称神门。这组高山建筑仅明洪武年间重修就耗费黄金4 950两。由此可见,封建王朝对泰山崇仰是不惜重金的。碧霞元君神像也是铜铸的,造型精美,工艺精致。她是我国古代的女神,传说是后土的妻子。道观经籍中说她是泰山神东岳大帝的女儿,民间习惯称她为泰山之母。

名山大川从来是道、佛两教必争之地。泰山南麓的六朝古刹谱照寺,主体建筑大雄宝殿内供有释迦牟尼铜像。东北麓的佛爷寺始建于北魏,佛祖与十八罗汉栩栩如生。西北麓的灵岩寺更为著名,该寺奠基于晋代,开山之祖为北魏年间的法定和尚,随唐进入兴盛时期,当年唐高宗和武则天,就是到灵岩寺拜佛,后到泰山封禅的。主体建筑千佛殿建于唐代,现存殿宇为明代重建,殿内40尊彩绘泥塑罗汉为宋代艺术珍品。寺内辟支塔创建于唐天宝年间,登上塔顶可尽阅灵岩景色。

泰山之顶建有玉皇庙,东有观日亭,可赏泰山日出;西有望河亭,可遥望黄河;庙中央有块极顶石,这是泰山的最高点。其侧是"古登封台"碑,古代帝王登山祭天,就在此设立祭坛。庙前有座无字碑,为汉武帝所立。为什么立无字碑?众说纷纭:一说自谦,无功可记;二说自傲,盖世功绩,非文字可表;三说自信,功过留让后人评说。唐代武则天也仿效此举,在陕西乾陵墓丘前立有无字碑。

泰山留有2 000多年来华夏社会历史的印迹。试问世界上有哪一座山千年来受到过这么多帝王的顶礼膜拜?又有哪一座大山的历代古迹如此丰富和完整?泰山是中国的,也是世界的,1987年底它被列入《世界遗产名录》,既是"世界自然遗产",又是"世界文化遗产",成为世界级的风景名胜区。

**2. 文人学士的称颂与民间传说展示了民族古文化**

黄河是我国民族文化的摇篮。泰山地区地处黄河下游,远在石器时代"东夷人"就在这里创造了北辛文化、大汶口文化和龙山文化。后来,泰山南北又成为齐鲁文化的发祥地,齐鲁文化在汉民族古代文化中具有正统性等特征。儒家鼻祖孔子、孟子还有管子、墨子、孙子、郭衍等一大批文化名人都诞生在这里,对中华文化的形成和发展起到了深刻的影响。因而泰山地区是我国古代文化发展中心之一。

我国历代著名的文人学士,都慕名攀登泰山。从2 000年前的孔子到汉代的司马迁、司马相如,晋代的陆机,唐代的李白、杜甫,宋代的苏东坡,明清的宋濂、姚鼐,以及近代郭沫若等,都游过泰山,留下许多传世的诗文。很多旅游景点借助一两篇诗文而名扬四海,如苏州的寒山寺就因张继的《枫桥夜泊》一诗而闻名,其寺庙并不大,钟也是佛教寺院常见之物,但每年春节前后来此"撞钟旅游"的却人潮如涌。依此而论,杜甫的名诗《望岳》:"岱宗夫如何?齐鲁青未了。造化钟神秀,阴阳割昏晓。荡胸生层云,决眦入归鸟。会当凌绝顶,一览众山小。"就足以使泰山闻名天下了,更何况同时代的李白也赋诗《游泰山》达六首之多。另如《史记》、《资治通鉴》等历史巨著,也有不少有关泰山的记载。

泰山的文化遗迹很多。碧霞寺东北有唐摩崖刻石,崖高约13米、宽约5米,上刻唐玄宗李隆基亲笔书写的《纪泰山铭》996个大字,加上额题4字,共1 000字。

新中国成立后,将碑文贴金保护,更为壮观。斗母宫东北山谷中有著名的"经石峪",北齐的书法家韦子深在大石坪上刻下了"金刚经",字大50厘米,原有2 500字,现有1 067字,被誉为"大字鼻祖,榜书之宗"。万仙楼西北壁上刻有"虫二"两字,它取"風(风)月"二字的字心而成,意为"风月无边"。楼周围有明清碑刻60多块。泰山脚下的灵岩寺藏有碑刻423块,其中不乏名人手迹。仅仅这些碑刻就可展示汉民族古代文化的轨迹。泰山雄伟,然而有了纪泰山铭、经石峪、无字碑、"虫二"、"五岳独尊"石刻,更增加了游人攀登的情趣。

泰山的民间传说更为丰富多彩。许多景点伴有神奇的传说。如五松亭,相传秦始皇封禅祭天,到此遇雨险些丧命,后得救于一株松树,于是加封那株松树为"五大夫"(秦代官爵),因此,五松亭又叫五大夫亭。碧霞祠,流传着道、佛两教争夺地盘的神话;黑龙潭中深藏着一个龙女与凡人相爱的故事;丈人峰有一段民间将岳父称做“泰山”的趣闻。这些传说表达了老百姓的喜怒哀乐，更增添了游人的情趣。

**3. 泰山风景名胜区旅游资源的创造和发展**

一方水土养一方人，一方人创造一方文化，泰山地区的老百姓以自己的生活方式创造了本地域的风土人情、民俗文化。在节令风俗中，除了春节、元宵、端午、乞巧(农历七月初七)、中秋等汉民族的共同节日外，地方节日还有天节和浴佛节。天节源于宋真宗封禅(公元1008年)之日即农历六月初六，传说上天降天书于泰山，宋真宗感谢上天，修建了天贶殿，并将这一天定为天贶节。经民间沿袭演变，如今成为嫁出的姑娘回家探望双亲，以谢养育之恩的节日；有的还将这天作为晒书日或晒衣日。浴佛节在农历四月初八，传说是佛祖释迦牟尼的生日，百姓用水灌浴佛像。由于传说东岳大帝的生日在农历三月二十八日、碧霞元君的生日在农历四月十八日，所以民间干脆“三位一体”前来拜香，佛、道与地方神皆大欢喜。如今举办泰山庙会会期为公历5月6日至12日，届时将旅游观光、商贸洽谈、文化娱乐、购物赠友融为一体，使这一民俗更加丰富多彩，利国利民。

求神拜佛、祭祖许愿、贫者求富、疾者求安、耕者求岁、贾者求息、祈生者求年、未子者求嗣，在泰山进香的旧习古已有之。“文革”十年虽严禁，如今仍有不少善男信女。其实民俗也是一种文化，移风易俗要善于引导。例如许愿方式，除供奉礼品、挂袍送匾外，可以提倡捐资修庙、植树造林等，有利于保护旅游资源。

泰山的旅游活动久盛不衰，也创造了一些新的人文旅游资源，如为减轻游客登山劳累之苦，修建了空中缆车，成为一道风景。从岱庙至极顶的登攀距离有9千米，盘道石级达6 660级，年老体弱者与孕妇、小儿只能望山兴叹，如今可乘车至中天门，再乘空中缆车不用10分钟可到南天门。

泰山的盛名促进了商贸交易活动，繁荣了地方经济。泰山的土特产，如泰山参、板栗、何首乌颇有名气，肥城桃、宁阳大枣也受不少游客的青睐，大大小小的公司、厂矿企业、旅社、商店，甚至旅游纪念物争相冠以泰山大名，游客爱屋及乌，购销两旺。

泰山的盛名也促进了周边旅游景点的观光活动，山北“济南三胜”：千佛山、大明湖、趵突泉；山南“曲阜三孔”：孔府、孔庙、孔林以及国际孔子文化节(9月26日~10月10日)；山东的潍坊国际风筝节(4月11日~20日)与泰山国际登山节(9月6日~10日)都吸引了大量游客。在我国经济发展中，泰山旅游资源将会不断创新与发展。

## 本章小结

由于旅游资源形成的复杂性，譬如地球与宇宙天体的运动，地球表层构造、纬度变化和海陆分布、地质作用、气象、气候、水体、生物及人类生产、生活等影响才形成了今天人类丰富多彩的旅游资源景观。可见，明晰旅游资源的成因，并对其属性进行界定、分类、分级，凸显其内在价值，有利于增强资源自身的吸引向性。此外，旅游资源应具有适应旅游市场需求的特色，并与相关旅游活动形成合力，才能增强其吸引力。

旅游资源具有共性特征和个性特色，正由于共性与个性的交织才组成了绚丽多姿的景观，吸引着游客，提升了旅游资源的社会、经济和环境效益。总之，明晰成因、凸显特性、界定类别，是对旅游资源进行深加工的前奏。

## 思考与练习

1. 人文旅游资源形成的基本条件具体有哪些？

2. 旅游资源吸引功能的形成与________、________和________有着密切联系。

3. 把三峡旅游资源的成因描述进行分类。

________自然天成、地域特点突出________人文富集、品种古老齐全

a. 遗址、古栈道、古战场、亭台楼阁、纪念性建筑众多

b. 万年长河冲破崇山峻岭、风景独具特色

c. 原始森林神秘幽深、生物珍奇

d. 水利工程现代化、古今文人学士记述与传说，魅力四射

e. 峡谷云集、巧织天成

f. 民俗风情、土特产品，古朴淳厚

4. 连线题：请把下面诗句与所描述景点连起来。

| | |
|---|---|
| 镇全川之水，扼巴鄂咽喉 | 杭州西湖 |
| 横看成岭侧成峰，远近高低各不同 | 长江三峡之瞿塘峡 |
| 会当凌绝顶，一览众山小 | 泰山 |
| 水光潋滟晴方好，山色空濛雨亦奇 | 庐山 |

5. 旅游资源具有哪些特征？

6. 按旅游资源本身属性分类主要有自然旅游资源和人文旅游资源两大类。请将下列资源进行归类。

________自然旅游资源________人文旅游资源

a. 地文景观(生物化石景点、标准地层)

b. 现代建设成就

c. 消闲、求知、健身

d. 宇宙、生物景观

e. 水域风光

f. 气象、气候

g. 古迹与古建筑

h. 购物

i. 植物园、动物园

j. 人类遗址

7. 请结合实际考察某景区,将该景区内不同的资源进行分类,并思考它是怎样形成的?

8. 旅游资源的吸引功能受哪些因素影响?谈谈如何增强旅游资源吸引功能?

9. 五岳之首的泰山能被联合国教科文组织评为自然和文化双重遗产,它的独具特色的景观优势是如何形成的?

# 第3章

# 中国旅游资源

**课前导读**

如前所述，旅游资源按属性可分为地文景观类、水域风光类、生物景观类、古迹与建筑类、休闲求知健身类、购物类。为了更多掌握开发和规划我国旅游资源的资料，更深入地理解我国旅游资源的属性，本章将结合我国旅游资源现状进行成因、特征分析。

**学习目标**

通过学习本章，要实现以下目标：

- 熟悉地文景观类旅游资源类型和我国代表性景点及其突出特色
- 了解岩溶景观、海岸景观、风蚀景观的形成
- 了解水域风光类旅游资源的不同类型及成因
- 掌握生物景观类旅游资源的观赏性分类
- 详知古迹与古建筑类旅游资源的类型及我国主要代表性景点
- 界定休闲、求知、健身旅游资源内涵
- 掌握购物旅游资源的类型及典型景物

## 第一节　地文景观类旅游资源

### 一、典型地质构造

平常人们所说的石头，在地质学上叫做岩石。各种不同的矿物集合在一起，便组成了各种不同的岩石。据统计，地壳中的岩石不下数千种。但在旅游资源中涉及最多最易构景的，只有花岗岩、玄武岩、砂岩、石灰岩、大理岩等少数几种。

（一）花岗岩景观

花岗岩是一种酸性的深成的火成岩。我国众多的名山中，有不少是由花岗岩构成的山岳景观。如泰山、华山、黄山、衡山、崂山、普陀山、莫干山，三清山等。这些名山不仅各有特性，而且具有许多共性。如在垂直节理发育的地方，风化过程中往往出现崩塌现象，因而形成石柱林立、孤峰擎天、悬崖绝壁等景观。被节理分割成块（长方块或立方块）的花岗岩，其棱角部位接触大气的面积多，最易风化。天长日久，棱角逐渐消失，方形石块变成球状石块。这种现象称为球状风化。球状风化是花岗岩最普遍、最典型的景观，也是花岗岩构景中最有代表性的景观。如黄山的“仙桃石”、“莲山峰”，厦门的“万石山”等。在花岗岩节理和球状风化规律支配下，由于岩体各个部位抵抗侵蚀作用的强度不同，经过长期的风化作用，就形成许多奇特的造型，如黄山的“猴子观海”、九华山的“观间峰”、苏州灵岩山的“乌龟望太湖”等。

（二）玄武岩景观

玄武岩是一种基性火成岩，是岩浆喷出地表冷凝后形成的。玄武岩在地球上的分布极广，常呈厚层的岩流、岩被产出，是自然界中最常见的熔岩，不仅在陆地上有广泛分布，就连太平洋、大西洋、印度洋的洋壳上也几乎全为玄武岩所覆盖。在我国东南沿海及四川、贵州、云南、内蒙古等地，分布有许多玄武岩。

广东湛江市南面的硇洲岛，面积约 30 公里，整个岛屿是由玄武岩构成的盾形台地。硇洲岛地貌的一个特点是典型的玄武岩陡崖，六角柱形的柱状节理极为明显，柱体直径在 50 厘米上下、每边长约 40 厘米、高达 16 米左右，整个陡崖像一根柱子挨着一根柱子排列而成的一幅巨大屏风，是国内最为雄伟、最具吸引力的玄武岩石柱。广东佛山王借岗、南京六合桂子山、福建澄海牛首山等，均有气势磅礴的玄武岩柱状节理景观。

（三）砂岩景观

从侏罗纪到早第三纪，我国很多地区发育了红色的沙砾岩层，简称红层。红层的形成，是由于当时气候干热，干、温季交替明显，沉积在地势低洼盆地中的碎屑物，经过强烈氧化，富集红色的氧化铁，使岩体呈现红色。由于氧化铁富集程度的差异，岩层出现有紫色、绛红、浅红等色彩变化。红层胶结与固结程度普遍较差，岩石硬度较小，易受风化侵蚀。由于侵蚀、风化剥落、重力崩塌等的综合作用，形成了地形顶平、身陡、麓缓的方山，以及石墙、石峰、石柱等奇险的丹崖赤壁地貌。这种地貌以广东仁化县的丹霞山为典型，故称“丹霞地貌”。人们常用“丹霞赤壁”来形容广东仁化的丹霞山，用“碧水丹山”来赞美福建武夷山，这里的“赤”和“丹”，均系岩石的红色。丹霞地貌在我国风景旅游中占有重要地位。我国的丹霞地貌目前已发现有 263 处，主要分布在广东、江西、福建、浙江、四川、贵州、甘肃等地，绝大部分都构成独具一格的风景旅游地貌，并分别成为国家级、省级或地、县级的风景名胜区。而且这类沙岩一般都有较好的整体性,岩石性能可雕可塑,为凿窟造龛提供了理想的天然场所,故大量石窟、石刻,如麦积山石窟、云冈石窟、大足石刻、乐山大佛等均布局于红层中。

## 二、标准地层剖面

地层是地壳发展过程中形成的各种成层岩石的总称。某一地质时代所形成的一套层状岩石,称为那一时代的地层。其与岩层的区别,在于地层具有时代的含义。按照地层的岩性、古生物等特征及形成的先后顺序,可对地层进行分层。将不同地层与同一时代的地层进行比较,通过地层的划分与对比,可建立起广大的地层年代顺序系统。

### (一)天津蓟县中、上元古界标准剖面

蓟县以中、上元古界标准剖面为主的地质遗迹景观,以典型、完整、稀有、系统的科学内涵,记录地球的地质历史、地质事件和形成过程,经国务院批准已列入国家级地质自然保护区。

### (二)云南梅树村界线剖面

距今大约6亿年前的地层,人们称为前寒武系地层。在前寒武系地层中,蕴藏着十分丰富的矿产。据统计,地球陆地上铁矿总储量的70%,铜矿总储量的61%,锰矿总储量的63%,金、铂、石墨、石棉等的绝大部分,均贮存于前寒武系地层中。因此,确定前寒武系地层与寒武系地层的界限,对了解研究地质发展史、寻找矿产资源等,都有着极为重要的意义,成为国际地层学领域中的一个重要研究课题。1972年,国际地质科学联合会专门成立了前寒武系——寒武系界限工作组,计划在全世界寻找一条岩性岩相单一、地层连续、古生物等证据充分的地层剖面作为界限层型剖面。自此,我国地质科学工作者先后在云南、湖北、四川、河北等地展开了大规模的、系统的研究工作。经过多年努力,我国云南晋宁梅树村界限剖面被国际选用。这里被置上"金钉",作为世界永久性重要文物加以保护。这颗世界上不朽的"金钉"所闪烁的光芒,已召来五湖四海的游客,为昆明增添了光彩。

## 三、古生物化石

所谓古生物,是指地质历史时期的生物。一般以第四纪全新世开始(距今约1万年)作为划分古代生物和现代生物的时间界限。保存在地层中的地质时期的生物遗体、遗物和遗迹,就叫做化石。生物的遗体指的是动物的骨骼、牙齿、贝壳;植物的茎干、花叶、种子等。猿人或古人使用过的石器、骨器等则为生物遗物。而虫迹、足迹、外壳形成的印模和人类祖先用火形成的灰烬等则属于生物遗迹。

### (一)山旺化石

山旺,位于山东临朐县城以东20千米处。山旺化石作为科学考察的旅游资

源，其旅游考察价值，不论在数量或质量上，都举世无双。

（二）自贡恐龙化石

“四川恐龙多，自贡是个窝。”自贡市大山铺北场口的恐龙化石点，是一个曾以恐龙为主的古脊椎动物群栖息之所。化石埋藏在中侏罗纪的砂岩之中，含化石层厚达4米，化石富集区面积达1 700平方米。这里化石丰富，埋藏集中，保存完好。目前已挖掘出的有长达20米的草食性长颈椎晰脚龙、长10余米的短颈椎晰脚龙、凶猛的肉食性恐龙、身躯细小的鸟脚龙、世界上比较原始的剑龙等。一座新型而独特的专业化恐龙博物馆，已在大山铺恐龙埋藏现场建成，海内外游客纷至沓来。

## 四、自然灾变遗迹

地震遗迹旅游资源是一种独特的地质旅游资源，其实质为破坏性的地震作用，以突然爆发的形式造成的具有旅游功能的自然遗迹景观。震迹旅游资源的分布位置与地震相协调。即凡是出现破坏性地震的地方，才可能产生震迹旅游资源。地震造成的遗迹有多种多样，各种自然、人文景物在地震后，都会以不同的震迹面貌出现，形成震迹景观的多种性、复杂性。震迹旅游资源除自然震迹外，还有人类改造震迹而形成的震后建设新貌及各种纪念性的地震标志，如地震纪念塔、地震纪念碑、地震纪念展览馆等。震迹旅游资源是人们并不乐意创立的一种旅游资源，但其利用效应是任何其他旅游资源无法替代的。震迹旅游资源是人工不能塑造的，而震迹旅游资源作为景点，是以地震科学考察为主，即通过参观、考察获得有关地震的知识，如地震的起因、破坏规律，以及建筑物的防震、抗震措施等。震迹旅游资源从其类型可分为：陷落型，如琼州海底村庄；现代建筑遗址型，如唐山地震后所留下的各种地震遗迹；错动的树行、楼馆遗址等；古建筑遗址型；河流堰塞型；山地构造断裂型等。

## 五、名山

在地貌学上，对山岳划分首先是根据其高度。一般绝对高度在500米以上的称为山或山岳。谢凝高从风景的角度和直观视觉效果，把相对高度作为山岳景观分类的依据，指出：相对高度在1 000米以上，坡度大而陡峻、主峰明显、群峰簇拥的山岳称高山风景。我国人民历来把高和险，作为构成山岳美景的重要内容。“无限风光在险峰”，登高极顶景无穷，成为游览名山的传统内容。

## 六、岩溶景观

在岩溶作用下，石灰岩地区的地表形成各种不同的形态。它包括溶沟、石芽、落水洞、漏斗、溶蚀洼地、岩溶盆地、干谷、盲谷、峰丛、峰林和孤峰等。在这些地表岩溶形态中，最能吸引游客、具有观赏价值的，要数峰丛、峰林、孤峰、漏斗和石芽。

峰丛和峰林是由石灰岩遭受强烈溶蚀而成的山峰集合体。峰丛又称连座的峰林，当峰丛基座被切开，相互分离时就成了峰林。如峰林形成后，地壳上升，峰林又将转化为峰丛。孤峰是岩溶地区平面轮廓为圆形或椭圆形的洼地，其下部常有管道通往地下，如果通道被黏土或碎石堵塞，则可积水成池。石芽是地表水沿着层面上的节理和裂隙，经散流溶蚀和雨水淋溶作用形成的。凹者为槽，凸者为芽，因石芽排布如林，故又称石林。我国云南路南石林，以岩柱雄伟高大、排列密集整齐、分布地域广阔而居世界各国石林之首。

## 七、海岸景观

浪潮对海岸基岩的冲蚀，波浪和潮汐作用携带粗碎屑物对海岸磨蚀，海水对海岸基岩的溶蚀，以及沙砾物质在波浪作用下的搬运与沉积等形成具观赏性的海蚀与堆积地貌。

### （一）海蚀穴

岸边呈带状分布的凹槽，叫海蚀穴。它是某一时期海面位置的标志。如果它在海岸垂直方向上多次出现，说明海岸带曾发生多次间歇性上升运动。其高度则是海岸上升幅度的尺度。舟山群岛普陀山的潮音洞、梵音洞就是典型的海蚀穴。

### （二）海蚀崖

海蚀穴顶的岩石因下部掏空而不断崩坠形成悬崖，叫海蚀崖。崩坠物若很快被波浪冲走，则重新发育海蚀穴，使海蚀崖继续后退。

### （三）海蚀拱桥

向海突出的岬角，同时遭受两个方向波浪的作用，可将岬角两侧的海蚀穴击穿而相互贯通，形成拱门状形态，称海蚀拱桥。

### （四）海蚀柱

由于海岸带基岩岩性及裂隙发育的不均一性，在海岸后退的过程中，蚀余而凸立于岸滩上的石柱或孤峰，称为海蚀柱。它也可由海蚀拱桥的拱顶塌落而形成。我国海南岛三亚市以西约20千米处的天涯海角，是中外闻名的旅游胜地。天涯海角原是下马岭山脉的余脉，由花岗岩构成，呈岬角伸入大海。该处的“南天一柱”，就是岬角受海浪冲击后退，残留在海滩上的海蚀柱。它好似擎天玉柱，屹立在潮间带上。

### （五）海滩

海岸带的沉积物在潮汐、波浪和沿岸流的作用下产生移动，向岸边运动，被激浪流带到岸边堆积，形成海滩。沙砾质海岸的海滩大多是由砾石、粗砂等粗大物质组成。由于它们受波浪往复运移，所以磨圆度良好。由粒径小于0.05毫米的粉砂和淤泥物质构成的淤泥质海滩，岸坡极为平缓，海滩比较宽广。作为海滨浴场的休闲度假旅游地，沙砾质海岸的海滩更引人入胜。特别是花岗岩或片麻岩类的基岩海岸，在滨海地带可形成优质沙滩。

（六）礁岛

四面环海与大陆不相连的小块陆地称之为海岛（海洋中的岛屿）。它那被海水环绕包围的环境，往往独具特色。从气候、植被等自然环境到居民的日常生产、生活方式，都具有诱人的魅力。一些无人定居的荒岛，被用来饲养、繁殖与保护动物，开发观光、狩猎等旅游项目。如旅顺口西北的蛇岛，已被列为国家重点自然保护区。在这一总面积约 1.2 千米的小岛上，有着 1.3 万条黑眉蝮蛇，吸引着众多旅客乘船观赏。分布在热带、亚热带海域中的珊瑚岛和珊瑚礁，是由珊瑚虫的石灰质残骸堆积而成。它们像散落在辽阔洋面上的明珠，景色旖旎，有不少已成为国际著名的旅游胜地。澳大利亚大陆东北部沿海环绕一群珊瑚礁，叫大堡礁，长达 2 000 多千米，是世界上最大的珊瑚礁群。

## 八、风蚀地貌景观

干旱区气候极端干燥，蒸发量极大，降水稀少（250 毫米以下），地面植被极其稀疏。干旱区松散沉积的地面及裸露的基岩地面，都受到风力的强烈作用，形成荒漠等景象。主要的风蚀、风积地貌旅游资源有以下几种。

（一）风蚀蘑菇石和风蚀柱

干旱区中突出的孤石或破裂的岩块，经受风沙长期磨损，形成下细上粗的蘑菇形态，称风蚀蘑菇石；若岩块中垂直裂隙发育，经受风的长期吹蚀，即形成风蚀柱。

（二）雅丹（风蚀垄槽）

当干旱区的湖泊干涸时，因干缩形成裂隙（也称龟裂），风沿着裂隙吹蚀，形成一些鳍形垄脊和宽清沟槽。长数十米到数百米，深可达 10 米。这在维吾尔语中称为"雅丹"。塔里木盆地东部罗布泊地区雅丹发育最为典型。

（三）沙垄

沿一个方向延伸的沙质高地，称沙垄。沙垄有横向沙垄和纵向沙垄之分。前者与主要风向垂直，后者顺风向延长。纵向沙垄，呈波状起伏，长度从几百米、几公里到几十公里。高度一般 10 ~ 30 米，最高可达 100 ~ 200 米（北非）。这是由新月形沙丘发展而成的，也有由几个草丛沙堆同时顺主要风向延伸而相互衔接形成的。我国甘肃敦煌鸣沙山就是一座纵向沙垄，它高达 130 米。史载敦煌鸣沙山为"神沙山"，因鸣沙而得名。我国是世界鸣沙旅游资源分布最多的国家，除已有的敦煌鸣沙山、宁夏沙波头、内蒙古响沙湾、新疆伊吾鸣沙外，近年在新疆古尔班通古特新沙漠发现多处鸣沙。对鸣沙机理的研究，已引起国内外学者的极大兴趣。

（四）沙漠

沙漠是指整个地面覆盖着大量流沙的荒漠。若地面由砾石所覆盖，则称戈壁，组成沙漠的沙源有当地的，也有外地由风吹来的。在世界各干旱地区，都有沙漠的分布。而干旱区的形成，主要与南北纬15°～35°副热带高压控制区有关。该高压带内对流层气流下沉、大气稳定而少雨、空气相对湿度较小，分布着世界著名的沙漠。另一种情况是温带大陆内部，远离海岸或受山脉阻塞，来自海洋的潮湿、温暖气流到达不了该地，并受北方高压冷气团影响，形成温带干旱区，我国西北沙漠和中亚沙漠就属于这一类。所以世界的气候状况，基本上决定了世界沙漠分布格局。近年来，沙漠探险、沙漠科学考察等旅游活动日趋增温。对多数游客来说，开发短距离的沙漠观光资源，具有一定潜在市场。

(五)黄土

黄土是一种黄色的、质地均一的第四纪土状堆积物。主要分布在中纬度干燥的大陆性气候地区。我国黄土集中分布在陕西北部、甘肃中部和东部、宁夏南部和山西西部一带，即著名的黄土高原。黄土地貌独具特色，它沟壑纵横、壁垒叠嶂、姿态万千。塬、墚、峁、陷穴、沟谷等黄土地貌景观，均具有较强的观赏性。地面较平坦、沟谷不甚发育的大面积的原始黄土地面，称黄土塬；黄土墚是长条形的黄土高地，宽约数百米，长可达数公里；黄土茆是一种孤立的黄土高地，宽约数百米，长可达数公里；若干峁连接起来形成和缓起伏的墚峁，统称为黄土丘陵；由于地表水下渗潜蚀作用形成的黄土陷穴，深可达10～20米，有的还呈串珠状分布；黄土沟谷的发育，使黄土地面被切割得支离破碎。

### 九、洞穴

洞穴旅游，每年吸引着数千万游客。我国接待游客的旅游洞穴已接近200个。洞穴之所以能够吸引大量游人，其原因是：人们居住和活动的范围一般都在地表，对地下常年恒温、绮丽虚幻的洞穴，存在好奇心与神秘感；洞穴往往跟古代寺庙建筑、摩崖佛雕、古代诗文以及书法艺术等结合在一起，游览洞穴可增加对古代文化、艺术、宗教、建筑等方面知识的了解；洞穴还能给人们提供探险、科学考察、治疗某些慢性疾病的条件与机会。

## 第二节　水域风光类旅游资源

水是自然界最活跃的因素之一。水体资源与旅游的关系十分密切。具体表现为：第一，水体是最宝贵的旅游资源之一；第二，水体是各类资源的构成要素；第三，水体是最能满足游客参与要求的旅游资源。

### 一、风景河段

风景河段，是指可供观赏的河流段落。两岸谷形奇特、植被茂密、景色秀丽、河水清澈、人文资源丰富，并可进行岸边或水上游览的河段更具旅游价值。

(一)大江、大河风景河段

长江以上游和中游河段最胜。如上游河段既有神秘诱人的江源风光,雄伟幽深的峡谷风光,又有殷商旧墟、巴国遗物、秦时栈道、蜀汉古城、屈原故里、昭君旧居,以及众多的神话、传说、典故等人文景观,还有雄伟壮观的长江三峡水利枢纽工程等现代工程。“楚地阔无边,苍茫万里连”的长江中游河段,河道宽阔曲折,河湖相连,两岸田园居舍如织锦,以及三大名楼、荆州古城、彝陵古道、蒲圻赤壁、襄樊隆中、楚汉古墓和葛洲坝水利工程、武汉长江大桥,一切均令人神往。黄河以中游最奇。黄河中游从河口镇到孟津有龙门、壶口和三门三大峡谷,峡谷地段壁立千仞,流急涛大,自然景色动人。钱塘江以富春江最胜。富春江两岸绿水青山交相辉映,以“水送山迎入富春,一川如画晚晴新”等名章佳句令人神往。秀美漓江、繁华黄浦江以及古运河等,亦极富迷人色彩。

(二)小溪小涧风景

小溪小涧多居江河上源,随江就势而流。它们多以青山为依,清泉为源,形成集山、水、林于一体,熔雄、奇、险、秀、幽、古于一炉的“人间仙境”,如有“美人河”之称的益阳桃花江、曾被柳宗元借以托物言志的愚溪、元结特意结庐隐居于侧畔的祁阳峿溪等,都是脍炙人口的自然、人文名胜景区。

(三)峡谷河段

峡谷河段,是指地壳不断上升、河水不断下切而形成的谷坡陡峻、谷底多急流深潭的“U”形或“V”形的河段。它们以雄、奇、险、壮的气势和景色为旅游者所向往。如长江三峡、黄河壶口以及大宁河小三峡(龙上峡、双龙峡、龙门峡)、嘉陵江小三峡(沥鼻峡、温塘峡、观音峡)、岷江小三峡(平恙峡、背峨峡、犁头峡)、西江小三峡(大鼎峡、三榕峡、羚羊峡)、北江小三峡(育子峡、香炉峡、飞来峡)以及虎跳峡(长江)、底杭峡(雅鲁藏布江)等。

(四)漂流河段

漂流河段,是指水深流急,然而又可同两岸构景,能给人以奇险感受,可供漂流的河段。如漂流胜地湘西猛洞河,沿途石壁高耸、峡谷幽深、碧水潆洄、洞穴纵横,并有王村古镇、老司城遗址、土家吊脚楼、猴群等绝景。九曲溪下游河段有碧水九曲、三十六峰、九十九崖;夫夷江上源河段有36道弯、45道滩,两岸还有“丹霞”奇山怪石、瑶寨风光等。喀斯特地区还有地下河段漂流,如张家界黄龙洞、本溪水洞、兴文天然泉洞、宜兴善卷洞水洞、郴州华岩、桐庐“瑶琳仙景”(仙灵洞)等,无不洞奇水胜。

## 二、风景湖泊

湖泊,是大陆上较为封闭的集水洼地。世界各地都有湖泊分布,其总面积占全球面积的1.8%左右。我国也是一个多湖泊的国家,湖泊面积在1平方千米以上的有2 300余个。分布以青藏高原和东部平原最为密集。

(一)构造湖

湖盆是由地壳构造运动所产生的凹陷而形成,包括断裂、地堑、构造盆地等。这类湖泊的特点是:湖岸平直,岸坡陡峻,湖形狭长,深度较大。例如,俄罗斯的贝加尔湖,由地层断裂坍陷而成。它南北狭长,最长处达636千米,东西平均宽度仅48千米。最深处可达1 620米,平均深730米左右,是世界上最深的湖泊,蓄积着占全世界20%的淡水资源。我国云南的洱海、滇池都属于构造湖。

(二)火口湖

当火山喷发停止,火山通道被阻塞,火山口成为封闭的洼地,水体充填成湖,称火口湖。其特点是湖泊外形近圆形或马蹄形,深度也较大。位于吉林省长白山主峰白头山顶的天池,是一火口湖。在地质史上,长白山是一个火山活动剧烈,已有多次喷发的地区。公元1702年4月的一次喷发,形成了天池的湖盆,所以天池自形成至今还不到300年的历史。它呈椭圆形,南北长约5千米,东西宽3.4千米。平均水深204米,最深达373米,是我国最深的湖泊。湖水黛碧,景色十分秀丽。

(三)堰塞湖

由外界物质急剧堆积阻塞河流而形成的湖泊,称堰塞湖。例如黑龙江省的镜泊湖,在距今1万多年前的更新世中晚期,该地区发生火山活动,喷溢出的大量玄武熔岩,把牡丹江拦截,形成了镜泊湖。湖狭长,南北长45千米,东西最宽处仅6千米,是我国最大的火山堰塞湖。黑龙江的五大连池,也是16世纪初火山喷发的玄武岩流,堵塞白河河道,形成五个串珠般的湖泊而得名。

(四)河迹湖

由于河流的变迁,蛇曲形河道自行截弯取直后,遗留下来的旧河道,形成湖泊,称河迹湖。这类湖泊多呈弯月形或牛轭形,水深较小。例如湖北江汉平原地区,大小湖泊星罗棋布。这些湖泊是由长江、汉水带来的泥沙进入古云梦泽堆积形成。位于江汉平原最南部的洪湖,是其中最大的一个,素有“千里洪湖”之称。又如乌梁素海,是内蒙古自治区的第二大湖,面积达220平方千米。它是黄河故道残留的河迹湖。

(五)海迹湖

由于沿岸沙嘴、沙洲等沉积物或地块的拦阻,或内海与外海隔离,使海湾形成海迹湖。例如太湖与杭州西湖。杭州西湖原是和钱塘江相通的一个浅海湾,宝石山和吴山是当年这个海湾南北两侧的两个岬角。长江、钱塘江携带来的泥沙,受两岬角之阻,在海湾口两侧产生堆积,形成了两个沙嘴。由于沙嘴的不断扩张延伸,最终两侧沙嘴相连,隔断了海湾,形成了湖泊。开始时,随着海潮的出没,西湖仍然经常处于汪洋之中。直到汉朝后期,西湖才完全与海潮隔绝。经过长年累月周边山地来的溪泉的补给和冲洗,湖水被逐步淡化,成为淡水湖泊。西湖已几经治理疏浚，现有面积约5.6平方千米，早期西湖的面积比现在大得多。

(六)风蚀湖

在干旱和半干旱地区，由于风蚀作用所形成的洼地积水形成的湖泊，称风蚀湖。风蚀湖的面积大小不一，且湖水较浅。湖水可由河流注入，也可由地下水补给。例如内蒙古西部的嘎顺诺尔和苏古诺尔两个湖泊，过去合在一起，称居延海，是强烈的风蚀作用，把阿拉善高原与蒙古人民共和国之间的构造凹地剥蚀加深，后由于额济纳河水注入而成居延海。随着入湖水量的减少和大量泥沙的淤积，居延海逐渐萎缩成嘎顺诺尔和苏古诺尔两个相隔的湖泊。

(七)冰蚀湖

由于冰川的刨蚀作用或冰碛作用形成洼地，后来气候转暖，洼地积水就形成了冰蚀湖。北欧许多湖泊均属此类型。我国新疆阿尔泰山区的哈纳斯湖，是一个著名的冰蚀湖。湖的周边地区至今还留下了各种冰蚀地形和终碛垅。

(八)溶蚀湖

由地下水或地表水对石灰岩等可溶性岩石进行溶蚀而形成的湖泊，称溶蚀湖，一般呈圆形或椭圆形。例如贵州西部乌蒙山区的威宁草海，该地区广泛出露下石炭纪浅灰色块状灰岩、白去质灰岩，经长期溶蚀形成洼地，后积水成草海。它面积约45平方千米，是贵州省的最大湖泊。

(九)人工湖

人工湖又称水库，是指具有拦洪蓄水和调节泄流等特定功能的蓄水区域。例如，北京十三陵水库、浙江千岛湖、赤壁陆水湖、安徽太平湖等。我国是世界上水库最多的国家，目前已建大、中、小型水库约86 800座。

## 三、瀑布

瀑布是指河床纵断面上陡坎悬崖处倾泻下来的水流。它雄壮粗犷、千姿百态，具有声、色、形之美，是别具风格的水体旅游资源中的重要组成部分。

(一)岩溶型瀑布

在可溶的碳酸盐岩分布区，由水流溶蚀作用使石灰岩岩层、落水洞等发生塌陷而形成的瀑布，或钙化层在河道中不断堆积形成坝坎而产生跌水。如黄果树瀑布，位于贵州打帮河上游白河河段，石灰岩岩层产生断陷，形成60多米落差的大瀑布。

(二)构造型瀑布

由构造运动使地层发生断层所形成的瀑布。如壶口瀑布，当黄河在昕水河口以南，切穿吕梁山脉西南端的三叠纪砂页岩地层时，受断层作用，河床宽度由250米突然收缩到50米，河水被挤夹于壶口般的地形中，然后倾泻而下，形成落差34米的大瀑布。云南路南县城西南的大叠水瀑布，由巴江河水流经一条断层，水流从断层陡崖上跌落，形成高达120多米的大瀑布。

(三)堰塞型瀑布

当火山喷发,熔岩漫溢堵塞河道,河水在熔岩陡坎上产生跌水形成的瀑布,或山崩、泥石流等堆积物堵塞河道而形成的瀑布。前者如黑龙江镜泊湖的吊水楼瀑布。镜泊湖为一火山堰塞湖,由火山喷发的熔岩,把牡丹江拦腰截断,上游河段便成了湖泊。每当夏季洪水到来之时,镜泊湖湖水从四面八方汇聚于潭口,并从熔岩坝的裂隙渗流出来,跌落岩壁,形成了落差 20 多米的瀑布。后者如四川叠溪瀑布,为地震引起山崩堵塞河道所形成。

(四)差异侵蚀型瀑布

由于岩性的差异,使河谷下蚀作用不均匀地进行,常在硬、软岩层相间河段形成陡坝,产生瀑布。如云南叠水瀑布等。

## 四、泉

泉是地下水的天然露头。它在山区分布比较普遍。目前不少泉已开发利用,成为旅游热点,例如,济南趵突泉、杭州虎跑泉、黄山汤泉、寿县咄泉、五大连池药泉。

## 五、现代冰川

近年来,冰川旅游资源的开发已引起有关地区的重视。“七一”冰川,是我国新开辟为探险旅游点的第一个冰川。它藏身在甘肃河西走廊西端嘉峪关西南 120 公里处的祁连山深山里。该冰川是亚洲距城市最近的可游览冰川,冰舌部海拔 4 302米,冰峰海拔 5 150 米。由峡谷深处沿并不险陡的山路攀登,可领略“一日四季”之奇妙景色。

## 六、风景海域

海洋的中心部位为洋,边缘部分称海。

海洋的辽阔壮大、清新舒展以及海风、海浪、海流、海啸、潮汐、海市蜃楼、海洋生物变幻等自然现象,不仅具有使人们开阔胸怀、激发情感、健身强体等特殊功能,而且是开展多种科学考察活动和观光游览的广阔天地。那些与海岸、海岛构景的风景海域,更是集海陆景观于一体、熔自然人文景观于一炉的风景海域,有浅海、沙滩,或断崖绝壁、礁岛怪石,或密树丛林、奇异的“海底世界”以及海上日出、涌潮等自然景观;也有灯塔、渔港、渔村、码头、渔舟以及亭台楼阁、庙宇寺观等人文景观;还有冬暖夏凉的海洋性气候条件和具有保健、康体、治病功效的海水、海泥、海洋空气,以及进行游览观赏、娱乐、健身、度假等多种旅游活动的综合性旅游基地。如辽宁大连金石滩,河北北戴河、昌黎,山东青岛,浙江普陀山,福建厦门,广东汕头,海南崖县,广西北海银滩等地的海滨、海域,均已成为对外开放的著名风景名胜地。

## 第三节　生物景观类旅游资源

随着现代旅游业的发展,人类旅游活动观赏利用的对象已不局限于山水风光,生物中有一部分也已成为人类旅游资源利用的对象。它们以自身独有的美丽观赏性吸引着旅游者,与地理环境中的地质、地貌、水文、气候等要素共同形成自然旅游资源总体系。世界上生物种类繁多,而目前为旅游者所利用的只是其中的一小部分。我们把所有生物资源中具有旅游利用价值,能吸引旅游者、能为旅游业所利用,并由此产生经济和社会效益的部分称为生物旅游资源。其中主要包括以森林、古树名木、奇花异草为主的植物旅游资源和野生动物栖息地为主的动物旅游资源。

### 一、植物旅游资源

世界上植物种类繁多,而且植物本身往往成为一个地区地带性的主要标志。植物的生长受气候及土壤等因素的影响,世界各地都有其代表性的植物旅游资源。植物旅游资源的构景要素较多,常以其“幽”、“翠”、“形”、“色”、“香”、“古”、“奇”及保健作用——“森林浴”,对旅游者产生吸引力。从目前世界地表植被分布来看可分为:热带雨林、热带季雨林、稀树草原、照叶林、硬叶常绿林、夏绿林、针叶林、草原、荒漠植被、地衣苔藓等大类地带性植被。我国植物种类繁多,据调查,目前有高等植物32 000多种,而且还保留了一些被称为“化石植物”的物种如珙桐、水杉等。

植物的种类数以千万计,而且枝、叶、花、果实、种子的形态色彩等均不相同,其观赏价值很高。因此我们从观赏的角度把植物旅游资源分为以下几种。

**1. 观花植物**

花是植物最美的部分,也是人们观赏的主要对象。世界花卉资源极为丰富,有些具有极高的观赏价值,典型的如中国十大名花:牡丹、芍药、月季、菊花、兰花、荷花、海棠、山茶、水仙、梅花;又如云南八大名花:山茶花、杜鹃花、报春花、木兰花、百合花、兰花、龙胆、绿绒蒿。花卉种类繁多,有草本、木本、一年生、多年生和藤本、附生等植物的花卉,可观赏和欣赏其花色、花姿、花香和花韵。

**2. 观果植物**

果实是丰收的象征。观果植物以果实成熟之季最为壮观。如橘子、梨、苹果等各色果实,亦橙黄绿青蓝紫缀满枝头,还有一些热带果实如木瓜、开心果等都富观赏价值。

**3. 观叶植物**

植物叶的形状、色彩各异,有常绿的,有落叶的,有针叶,有单叶、复叶,或叶片分裂,或叶序多变,或叶形奇异,或叶色绚丽。典型的如枫叶、槭树科植物叶、冬青科植物叶等。

**4. 观形植物**

树木以其树形挺拔雄健、冠齐叶碧、婀娜多姿而吸引旅游者，典型的如望天树、大榕树、水杉、冷杉、柳树、香槐及竹类植物等。

**5. 藤本观赏植物**

此类植物如猕猴桃、鸳鸯藤、紫藤、爬山虎等。

**6. 水生观赏植物**

此类植物如荷花、芦苇、菖蒲、慈姑、睡莲等。

**7. 植物科研基地**

按植物界的进化类群布置的栽培植物，专为教学和科普观赏服务，观赏其全部，可以大体了解植物界系统进化的梗概和脉络。

## 二、动物旅游资源

动物旅游资源有野生和家养两大类，每一大类又包括许许多多无脊椎动物和脊椎动物。这些动物不少都具备观赏特点，成为旅游活动中不可缺少的客体对象。

世界上动物种类繁多，大致可分为热带动物，如猩猩、大象、各种猴类、蛇类、孔雀及非洲羚羊、狮、豹等；亚热带动物，如各种爬行类动物，以及不需冬眠，但繁殖上有明显季节性的各类动物，如猴类、牛、羊等；温带动物，如刺猬、棕熊、东北虎、貂类、各种有蹄类及穴居的啮类动物、骆驼、野驴等；寒带动物，动物种类少，多季节性迁移动物、地带性动物，如北极熊、海豹等；另还有大量水生动物。

由于大陆漂移的影响造成地理隔离，某些动物的分布有明显的特殊性和地域性。如大洋洲的新西兰及其附近岛屿上的动物至今仍保持着原始古老特色：哺乳动物，如鸭嘴兽、大袋鼠等，其他大陆均没有；斑马、长颈鹿、鸵鸟等只见于非洲大陆；熊猫、金丝猴等只出现于我国四川中北部和秦岭山地局部环境中。

我国是一个动物资源极为丰富的国家，虽然面积仅占世界陆地的 6.5%，但陆生脊椎动物约有 2 000 多种，占世界总量的 10%；兽类 420 种；鸟类 1 166 种，占世界总数的 15.3%；两栖爬行类 510 种，占世界总数的 8%。

动物旅游资源，就其功能而言可作为观赏对象、狩猎对象及食用对象，其中以其观赏价值最为突出。我们根据其观赏特点的不同，可把观赏动物分为以下几种类型。

**1. 形态动物**

动物体形千奇百怪各具特色，特别是一些珍禽猛兽体形奇异，为人所罕见或不易直观。典型的如虎，其形体雄伟，具有王者气概，在我国有体形高大雄伟的东北虎，又有体形小巧灵活的华南虎；狮，乃是非洲大陆的猛兽，雄狮体形高大、毛色壮观。其他形体特异、观赏价值较高的还有非洲体态典雅华贵的长颈鹿；有“沙漠之舟”美誉的骆驼和形体巨大的河马；有世界唯一的长鼻动物——大象；还有尾巴似马非马、角似鹿非鹿、蹄似牛非牛、颈似驼非驼的“四不像”麋鹿，以及美国阿拉斯加陆地上最大的食肉动物标熊等。

**2. 色泽动物**

色彩是产生观赏感的重要因素,也是人们观赏的主要内容。世界各类动物色彩斑斓,有一些就是以其色彩绚烂来吸引旅游者的。典型的如我国珍稀动物金丝猴,雄猴肩上披着长达35厘米的金黄色毛,金光闪闪;我国海南岛的坡鹿,背部有一条褐色的条带,从颈部沿脊梁一直伸到臀部,褐色条带下面,点缀着若干平行排列的白斑,肋和腿呈土黄色,腹、胸、脚趾则呈一片雪白,色彩极为美观;其他还有我国广西的丹顶鹤、孔雀、鸳鸯、鹦鹉等。

**3. 动态动物**

许多动物不仅体形特异、色彩美观,而且动态也可爱逗人。典型的如大象表演,蛇类、猴类戏跳,大熊猫表演,孔雀开屏,树熊玩赏等。

**4. 听声动物**

动物中有许多"歌唱家",其声颇为旅游者欣赏。典型的如鸟鸣,八哥学话,还有我国峨眉山的弹琴蛙的叫声、狼吼、猿啼等。

**5. 动物科研基地**

主要指按动物进化系统和区系类群布设展示动物,除一般观赏外,还可进行教学观赏和科普观赏。

## 第四节　古迹和古建筑类旅游资源

### 一、古迹类旅游资源

历史古迹是指人类活动留下的遗迹和遗物。当代旅游者的普遍心态是:求知、求新、求奇、求异与求乐。人们旅游的目的,已经不仅仅局限在陶醉于大自然壮丽的怀抱中,他们中的许多人开始热望追溯历史和回首往事,而历史古迹形象地记录着人类的功绩,且最能引发人们对往事的思绪。古迹类旅游资源包括古代人类遗址、古都遗址、古战场遗址、名人遗迹、近现代历史遗存等。

(一)古人类遗址

古人类文化遗址包括古人类栖居的洞穴、住房、文化层等。我国古人类文化遗址遍布全国各地,但以黄河流域最为集中,目前已发现和发掘的著名古人类文化遗址有:旧石器时代的云南"元谋猿人"遗址、陕西"蓝田猿人"遗址、北京周口店"北京猿人"遗址;新石器时代的河南渑池"仰韶文化遗址"、山东泰安"大汶口文化遗址"、陕西西安"半坡遗址"、浙江余姚"河姆渡文化遗址"等。按其栖居形态有岩洞式的周口店龙骨山岩洞、干栏式的河姆渡遗址、穴居式的河南偃师沟泉、地面间架式的半坡遗址等。其中,北京周口店是我国境内发现最早、世界古人类遗址中化石材料最全、人类文化层最多的一处古人类文化遗址。

古人类文化遗址所展示的是人类起源的最古老景观形态，令人产生奇妙、神秘的亲切感，是珍贵的旅游资源。

（二）古都遗址

人类进入奴隶社会，国家出现，首都就成为当时国家的政治、经济、文化中心。一个朝代、一段历史所发生的重大历史事件、人物活动和美丽的传说故事，大都同当时的首都有联系。例如，河南偃师尸乡沟商城、二里头、郑州商城、安阳殷墟，西周的陕西岐山、扶风两县间的周原遗址，西安附近丰、镐遗址，春秋战国时洛阳东周城遗址，曲阜鲁故城遗址，楚纪南故城遗址，郑韩城遗址，赵邯郸故城遗址，燕都遗址，秦阿房宫遗址，汉未央宫遗址，邺城曹魏遗址，鄂城东吴遗址，唐长安城遗址，宋东京和临安遗址，金中都、元大都、明清北京遗址等。研究这些古城遗址对中国历史发展有着重要历史价值。选择历史地位高、保存好、区位条件有价值的都城进行旅游开发，并利用开发的文化载体开展相应的旅游活动是很有意义的。

（三）古战场遗址

古战场，一般都有险要据守的地形，并留下一些战争遗迹。在一场战争中，形形色色的人物先后粉墨登场，既有惊心动魄的事件，又有动人的、令人深思的故事。例如，宜昌、江陵和武汉一带，历史上曾是赤壁和夷陵的古战场。这里有诸葛亮的隆中茅庐、张飞的擂鼓台、庞统献连环计的凤雏庵和赤壁山、曹操败走的乌林、诸葛亮借东风的七星台、当阳桥和“长坂雄风”古碑，还有关公败走的麦城、被生擒的回马坡、玉泉的关陵，以及后人怀古的东坡赤壁等胜迹。“七五”期间将赤壁古战场列为第二类重点旅游项目，“八五”期间推出著名的“三国”旅游线。

此外，像晋楚城濮之战、齐魏马陵之战、楚汉成皋之战、曹袁官渡之战、东晋淝水之战、中日甲午海战等古战场，正在或有待开发。

（四）名人遗迹

历史名人，指对政治、经济、文化作出贡献的有影响的人物。他们的事迹在历史上有记载，在人民群众中广为流传，并在其诞生地、活动地有纪念性建筑，如故居、碑刻、祠堂等，供后人瞻仰凭吊。历史人物有下列几种：帝王、政治家、学问家、文人、英雄人物、宗教人士、科学家等。

（五）近现代重要史迹

从鸦片战争以来，中国人民为争取独立、民主，同帝国主义、封建主义和官僚资本主义进行了不屈不挠的斗争，留下了许多革命遗址、遗迹和文物，这些遗址对怀念先烈，教育后人，争取尽快把我国建成社会主义强国有重要作用。近现代重要史迹大体包括下列几类：革命遗址、革命遗迹、革命旧址、革命领导人活动旧址、重要会议会址、墓葬、陵园、纪念碑、纪念塔、纪念性建筑。

## 二、古建筑类旅游资源

我国古建筑历史悠久,在目前保存的文物古迹中,古建筑占有很大的比例。它不仅反映了中华民族悠久的历史、灿烂的文化和发达的科学技术,而且为今天的新建筑、新艺术创造提供了重要的借鉴,是进行爱国主义教育和旅游观光的重要场所。

### (一)长城、古城遗址、宫廷建筑群

**1. 长城**

长城西起嘉峪关,东至鸭绿江虎山,全长 7 350 千米,并不形成封闭城圈,东西延伸,蜿蜒万里之遥,故名“万里长城”。随着时代的变迁,长城已失掉了作为军事工程的意义,但其高超的建筑艺术却是中华民族大智大勇的历史见证,成为中华民族的象征,具有极高的旅游价值。尤其关隘之地,城墙完好无损、地势雄伟、关塞险峻,是长城的典型代表。如“天下第一关”的山海关、气壮山河的嘉峪关等。

**2. 古城遗址**

历史上,自城市出现,就产生了城防问题。中国古代,上自天子王侯的都城,下至郡、州、府、县的治所,都有城墙和护城河围绕,由城门、城楼、角楼、墙台(马面)、敌楼、堞墙、垛口等,构成一整套的城防体系。中国古代的城垣建设,不仅有很高的防御功能,而且在建筑艺术上也达到了很高的水平。险峻的城墙、高耸的城楼、宽阔的护城河,显示出雄伟森严的气势,烘托出恢弘壮观的艺术氛围,使游人凭吊之际,抚今追昔,为中华民族上下五千年的悠久文化而叹服折腰。

**3. 宫廷建筑群**

宫殿,是古建筑中最高级、最豪华的类型,是帝王专有的居所。它以建筑艺术烘托出皇权至高无上的威势。宫,在秦以前是居住建筑的通用名;殿,原指大房屋。秦汉以后宫殿成为帝王居所中重要建筑的专用名。宫殿是国家权力的中心,外有宫城,驻军防守。

宫殿的形制有一个历史发展的过程。殷商时期,帝王宫殿呈院落式布局;周和春秋战国时代,分外朝、内庭两部分,确立“三朝五门”制;秦汉各宫占地面积大,建筑物布局稀疏,秦有咸阳旧宫、甘泉宫和阿房宫,汉有未央宫、长乐宫和建章宫;隋唐时,在中轴线上建“五门”、“三朝”。由于王朝的更替,这一切都变成了废墟,留给后人的只是史书记载和遗址,供人研究与凭吊。

北京故宫始建于永乐四年(公元 1406 年),历经 14 年,于永乐十八年(公元 1420 年)建成。是世界上现存最大、最完整的木结构古建筑群,占地 72 万平方米,建筑面积 15 万平方米。现有殿房共 9 000 余间,各建筑物全部是红色墙壁、黄琉璃筒瓦,十分豪华壮丽。先后经历明清两代 24 个皇帝,直到 1924 年溥仪被逐为止。现为故宫博物院,对民众开放。

(二)坛、庙

坛庙是祭祀性建筑物,在中国古建筑中占很大比重,其建筑规模之大、建筑造型之精美,达到了相当高的程度。

**1. 坛**

坛是中国古代用于祭祀天、地、社稷等活动的台型建筑。最初的祭祀活动在林中空地的土丘上进行,后逐渐发展成用土筑坛。早期,坛除用于祭祀外,也用于举行会盟、誓师、封禅、拜相、拜师等重大仪式。后来,逐渐成为封建社会最高统治者专用的祭祀建筑。规模由简而繁,外形随天、地等不同祭祀对象而有圆有方,结构由土台变为砖石砌,并且发展成宏大的建筑群。

天坛,是明清皇帝祭天和祈祝丰年的地方,是保存下来的封建帝王祭祀建筑中最完整、最重要的一组建筑,也是现存艺术水平最高、最具特色的优秀古建筑群之一。天坛整个组群由内外两重围墙环绕,总面积 280 公顷。围墙的平面接近正方形,但北面两角采用圆形、南面则为方角,以附会"天圆地方"之说。按使用性质分为四组。在内墙内,沿南北轴线,南部有祭天的圜丘;北部有祈祷丰年的祈年殿;内墙西门南侧是皇帝祭祀前斋宿的宫殿斋宫;外墙西门以内有饲养祭祀用牲畜的牺牲所和舞乐人员居住的神乐署。其中圜丘和祈年殿是建筑群的主体,中间为长砖砌成的 400 米甬道,通称"丹陛桥"。

**2. 庙**

庙,是中国古代又一类祭祀性建筑,其形制要求严格整齐。大致可分为三类。

(1)祭礼祖先的宗庙

中国古代帝王宗庙称为太庙。庙制历代不同:夏 5 庙,商周 7 庙,东汉以后只立 1 座太庙,分供各代皇帝神主。太庙是等级最高的建筑,惯用庑殿顶。北京劳动人民文化宫是历史上唯一保存下来的太庙建筑。

(2)奉祀圣贤的庙

祭祀圣贤先哲的庙遍及全国。其中以祭祀孔子的文庙(孔庙)和祭祀关羽的武庙(关帝庙)最多。孔庙以曲阜孔庙最大、历史最久、规制也最高。它是我国现存仅次于北京故宫的巨大古建筑群,也是中国古代大型祠庙建筑的典型,保存着宋金以来的总体布局和金元以来的 10 座古建筑。现存孔庙平面为一不等边的近似长方形,东西宽 141 ~ 153 米,南北宽 637 ~ 651 米,总面积 9.6 公顷。其建筑仿皇宫建制,共分九进庭院,中轴线两侧对称排列。整个建筑包括五殿、一阁、一坛、二庑、二堂、十七座碑亭、三祠、二斋,共 466 间。四周围以高墙配以门坊、角楼。成为我国古代建筑、雕刻、绘画、书法之集锦。这一庞大建筑群,面积之广大、气势之宏伟、历时之久远、保持之完美,被古建筑学家称为世界建筑史上"唯一的孤例"。1994 年底它同孔府、孔林(简称"三孔")被联合国教科文组织批准列为世界文化遗产。

(3)祭祀山川神灵的庙

我们的祖先在生产、生活中,首先看重的是受天上日月星辰、雷雨风云影响的草木庄稼的生长,认为有神灵保佑,从而产生了对天地的崇拜;高山像个柱子立在大地上,支撑着苍穹,与天相接,因而产生了对大山的敬仰。中原大地上,以黄河为中心,西有华山、北有恒山、南有衡山、东有泰山、中有嵩山,尤以泰山雄伟高大、立于东方。因此自黄帝起,泰山成为历代帝王巡狩、封禅和设神祭祀的对象,由"秦既作畤"、"汉亦起宫",到唐封"天齐王"、宋封"天齐仁圣帝"并建庙,以帝王规格祭祀泰山神。

(三)亭、台、楼、阁、厅、堂、榭、舫、廊

亭、台、楼、阁等是古建筑群或园林中的单体建筑类型,成为风景区中的主景。

**1. 亭**

亭,是周围开敞的小型点式建筑,供人驻足、观览,也用于典仪,俗称亭子,出现在南北朝中后期。随着园林建设的发展,亭子利用越来越广泛,种类也越来越多,造型富于变化。

**2. 台**

台,是一种露天的、表面比较平整的、开放性的建筑物。一般上面可以没有屋宇,供人们休息、眺望、娱乐之用;也可建造屋宇,使其更为高耸、壮丽。我国筑台历史悠久,早在殷纣王时就筑有鹿台,距今3 000多年。战国时期筑台之风最盛,如齐国的路寝台、楚国的章华台、燕国的黄金台、韩国的鸿台、赵国的丛台、魏国的文台等。

**3. 楼、阁**

楼、阁都是两层以上的屋宇建筑。由于体量、高度远远超过周围的一般低平建筑,压住周围环境成为主景。楼与阁在早期是有区别的,楼指重屋,阁指下部架空、底层高悬的建筑。宋以后楼与阁已无严格区别。按功能分,有观景楼、藏经楼、鼓楼、箭楼、城楼、敌楼、戏楼、茶楼、酒楼、过街楼等。其中以建筑艺术高超和观景的楼阁旅游价值高,较为著名的有天津蓟县独乐寺的观音阁、湖北武汉的黄鹤楼、江西南昌的滕王阁、湖南岳阳的岳阳楼,以及蓬莱观海的蓬莱阁、青岛栈桥回澜阁等,在楼阁建筑中具有代表性。

**4. 厅、堂、轩、馆、斋,榭、舫、廊**

厅、堂、轩、馆、斋等,建筑体量虽不及宫殿和楼阁,但比普通平房体量高大、构造复杂、装饰华丽。厅、堂内部空间宽大,视线开阔,朝向较好,为院落主体。它可用于迎宾会客、起居聚餐、观花赏木,从事宗教活动以及欣赏小型戏文等。江南园林的四面厅、鸳鸯厅、花厅、荷花厅等主要供赏景之用。轩,系大型房屋出廊的部分,给人以轻巧、轩昂欲举的联想。斋,分布在偏僻、幽静之处,是休息、静养、攻读和存书之处;馆,用于园居,接待宾客之用,多建于高爽处,便于远眺,观赏风景。

榭、舫,多是单层临水建筑,从整体轮廓到门窗栏杆,均以水平线条为主。榭,

建于水边，突露出岸、架临水上，便于观赏水景。舫（又名旱航），船形建筑，多建于水边，前半复三面临水，船尾一侧有平桥与岸相连，因形状特殊、形式新颖，为水面增色，登之，有置身于行船之感。

廊，是带形建筑，是联系建筑物和景物的脉络，是景区的导游线，具有划分空间、增加景深、便于观赏，达到步移景异的效果。因此设计廊要特别注意与地形结合，最忌僵直呆板。它随形而弯，依势而曲，或蟠山腰，或穷水际，蜿蜒逶迤，富于变化，可分为直廊、曲廊、波形廊和复廊等类型。它辗转于园林之中，可使本来较为单调的空间不感乏味。著名的颐和园长廊，长728米，共273间，北依万寿山、南临昆明湖，随湖岸曲折而曲折，穿花透树，对称延伸在排云殿的两翼，像根彩带，把万寿山南麓的建筑连缀起来，使湖山之间的景色更加层次分明。

（四）桥和水利工程

**1. 桥**

桥为横跨江河之上的建筑，不仅能提供过河交通之便，还可因其造型及工艺而为水景增色。人行桥上，望惊鸿照影、掬水弄月，顿觉水面可亲，成为赏景最佳之处。

我国造桥历史悠久，最早的桥梁建筑可见之于5 000～6 000年前的半坡遗址中。随着工程技术的发展，古代工匠们创造了各种结构、材料和造型的桥梁。从结构和形式上看，有梁桥、拱桥、索桥、浮桥、廊屋桥、铁桥、竹藤桥、网桥等。其中历史久、工程独特、艺术价值最高的桥有河北赵州桥、北京卢沟桥、泉州安平桥等。

**2. 运河**

运河是人工开掘的河道，供运输之用。我国重要的运河是灵渠和大运河。灵渠，又名湘桂运河，位于广西兴安县境内，是秦始皇为了向岭南运输兵员、粮饷，命史禄率军民开凿的。这里渠水清澈，两岸垂柳成行、松竹苍翠，座座拱桥似彩虹横跨，亭台楼阁掩映在绿丛之中，形成淡雅清新的风格，成为游人络绎的旅游胜地。

京杭大运河，是同万里长城齐名的伟大水利工程。它北起北京，南达杭州，纵贯东部六省市，联结海、黄、淮、长、钱五大水系，全长1 795公里。像这样规模宏伟、历史悠久之古运河，在世界上也是独一无二的，堪称世界一大奇迹。在运河两岸，城镇繁荣，文物古迹丰富，风景名胜众多，是中华文明荟萃之地。

**3. 堰**

堰，是古代的一种水利灌溉工程，是较低的拦水和溢流建筑。在古代水利工程中以四川成都的都江堰最为著名。它位于玉垒山麓的岷江中。经过改建、扩建，都江堰区的灌溉面积已扩大到800万亩。渠道一带已成为风景秀丽、文物古迹众多的游览胜地，主要有伏龙观、二王庙、安澜索桥、离堆公园和玉垒山公园。

**4. 堤防**

堤防，是人工在海、河岸上筑起的堤墙，以防海潮和洪水的袭击，保障人民生命财产的安全,对农业生产具有重要作用。我国著名的古代堤防有海塘、荆江大堤和黄河大堤。海塘是江浙沿海和长江、钱塘江河口两岸为阻挡海潮和台风而修筑的海堤。新中国成立后,海塘得以修整,加高加固,大大提高了抵御海潮的能力。

(五)乡土建筑

乡土建筑,是指除宫殿、官署和寺观以外的居住建筑,受气候、土质、地形、民族文化和生产力等诸多自然和人文因素的影响,带有明显的地方特色。可分为木构架庭院式住宅(四合院、"四水归堂"式住宅、"一颗印"式住宅、大土楼等);黄土窑洞(靠山窑、平地窑、靠山窑院);干栏式住宅;包房、毡帐(蒙古包、帐房、仙人柱);"阿以旺式住宅"(维吾尔族为了适应新疆低洼沙漠地区夏季少雨炎热、冬季严寒大风的气候而创造的住宅)等。

(六)坊、表、阙、经幢

坊、表、阙、经幢,是指古代纪念性、标志性建筑物。

**1. 坊**

坊,即牌坊,又称牌楼,为单排立柱式建筑,起划分空间或控制空间的作用。不带屋顶的为牌坊,带屋顶的为牌楼。据其功能不同可分为三类:

一是形制级别较高的坊,常用庑殿顶或歇山顶。此类坊多分布在离宫、苑囿、寺观、陵墓的入口处,对主体建筑起前奏、标志、陪衬作用,营造出庄严、肃穆、深邃的气氛。

二是级别较低的坊,多为悬山顶式建筑。此类坊多分布在大路起点、十字路口、桥两端、商店门前,起标示位置、丰富街景的作用。

三是"旌表功名"或表彰"节孝"的牌楼,多近于城镇。安徽歙县棠樾牌坊群全国著名,有7座牌坊迤逦而建,表彰鲍氏忠孝家族。乾隆手书:"慈孝天下无双星,锦绣江南第一家。"

**2. 华表**

华表为成对立柱,起标志性或纪念性作用,建在宫殿、陵墓前,个别立在桥头。华表结构下为须弥座、上立圆形石柱,刻有云龙,上为云板。表上立一蹲兽,俗称"朝天吼"。天安门和十三陵华表为现存典型代表。

华表顶没有云板的称表,或望柱。如武则天乾陵前的一对望柱,八棱,高8米。

**3. 阙**

阙为中国古代用以标志建筑群入口的建筑物,常建于宫殿、城池、宅第、祠庙、陵墓之前,为显示门第、区别尊卑、崇尚礼仪的装饰性建筑。现存最早的是公元36年四川梓潼李业阙。阙为单檐或重檐顶式建筑,有人物、四灵、车马等浮雕。

**4. 经幢**

经幢为立于佛寺庭院内大殿前的小型佛教建筑,常用多块石料堆砌而成,底有高两层或三层的须弥座,幢身(石柱)竖须弥座之上,幢身上刻有陀罗尼经或其他经文,故称经幢。幢身常被宝盖、仰莲等分成二至三段,并雕刻有不同花纹、图案。河北赵县北宋陀罗尼经幢,高15米,是现存规模最大、最精美的经幢。

(六)陵墓

陵墓作为旅游资源,从已开发利用和具有开发潜力上分析,可分为帝王陵墓、名人陵墓和悬棺。

**1. 帝王陵墓**

帝王陵墓由于占有空间大,山水形胜,地面和地下建筑辉煌和文物众多,成为我国旅游胜地。著名的有秦始皇陵,唐乾陵和昭陵,明孝陵,清康熙景陵、乾隆裕陵、咸丰定陵、同治惠陵等皇帝陵和孝庄、孝惠、孝贞(慈安)、孝钦(慈禧)等皇后陵。明十三陵是中国现存规模庞大、体系完整的帝后陵墓,具有较高的历史、文物和旅游价值。

**2. 纪念性陵墓**

我国古代墓葬中,还有一大批纪念性陵墓。有三皇五帝、昔哲先贤、诗人画家、骚人墨客、三教九流等。这些墓葬中有的是真人真墓、有的是衣冠冢,有的纯系传说。其中除个别著名人物的陵墓外,一般都规模不大,殉葬物微薄稀少,甚至空无所有。但因其在历史上的作用,受到人民群众的敬仰,成为重要的游览胜地。

**3. 崖墓与悬棺葬**

在我国西南与东南山区,有两种墓葬形式甚为特殊,一是崖墓,一是悬棺葬。

(1)崖墓

崖墓,是人工沿着山崖凿成洞,安放棺木,当地人称"蛮子洞"。其最深达90米,小的约6米,宽达10米左右,高2.8米,由墓门、享堂、墓道和棺木组成。时间为东汉到南北朝时期,分布在四川宜宾、乐山、彭山一带。墓内外浮雕有车辇图、牧马图、宴乐图、车骑图,还有老莱子、荆轲、孙叔敖等故事。尤为珍贵的是,在乐山麻浩崖有一尊佛像浮雕,是现存有准确年代的最早佛像雕刻。

(2)悬棺

悬棺,是在悬崖高处凿孔,安设木桩,然后将棺木放在桩上。在我国分布于三处:宜宾地区兴文和珙县、三峡、武夷山九曲溪。

三峡悬棺多在风箱峡中,人称"风箱"。武夷山九曲溪小藏峰岩壁上因棺木如船形,人称"船棺",经鉴定已有3 800多年的历史。

陵墓成为旅游资源的主要条件:一是环境,二是建筑,三是文物,四是历史和传说。其余大量的只是社会文化的一部分,不能进入旅游观赏和研究范围。

(七)历史文化名城

历史文化名城,是指有悠久历史,在地面和地下保存有重要历史价值、艺术价值和科研价值的文物、建筑、遗址以及具有优美环境的城市。我国现有历史文化名城99座,大体分为6类,即古都,纪念名人的名城,园林、文化城市,少数民族历史文化名城,历史重要港口和手工艺中心城市。

(八)小城镇

中国地域辽阔,区域差异性大,数以千计的小城镇,具有鲜明的地方特色。它们以漠河、蓬莱、同里、丽江和凤凰城为代表。

(九)园林

我国园林大致可分为三种类型,一是帝王苑囿,二是士大夫私家园林,三是寺观园林。这些园林由于营造目的和地理环境的差异,各有特点。

(十)宗教建筑与礼制建筑群

**1. 佛教寺庙建筑**

“寺”,原为古代官署的称谓,东汉明帝时,中天竺高僧摄摩腾和竺法兰携带佛教经像来洛阳,最初住在接待外宾的官署鸿胪寺。后来在雍门外街道旁,为高僧建馆舍,名为白马寺,这是中国第一座寺庙。后世遂以“寺”为佛教建筑的通称。南北朝至唐代,佛寺已遍及全国,布局也渐趋稳定。

大约在两汉之际,即公元前后,佛教开始由印度传入中国,经长期传播发展,形成了具有民族特色的中国佛教。由于传入的时间、途径、地区和民族文化、历史背景的不同,中国佛教形成了三大系,即汉地佛教(汉语系)、藏传佛教(藏语系)和云南地区南传佛教(巴利语系)。隋唐时,中国佛教达到鼎盛时期,在汉地佛教中逐渐形成了天台宗、三论宗、法相宗、律宗、净土宗、密宗、华严宗、禅宗八个宗派。藏传佛教是中国佛教的一支,主要流行于中国藏族、蒙古族、土族、裕固族等少数民族地区。到13世纪后期,西藏上层僧侣逐渐掌握了西藏地方政权,经过不断发展,终于形成了西藏地区独特的佛教形式,并形成宁玛派(红教)、噶当派(白教)、萨迦派(花教)、格鲁派(黄教)等许多独立的派别。

佛教寺庙是供奉佛像、保存佛经、举行佛事活动和供僧众们生活、居住的场所。因此,各类佛教寺庙的建筑和布局,无不与其功能相适应,同时又受到当地传统建筑风格的影响,从而形成了自己的特色。大体与三种佛教派别相适应,寺庙类型可分为:汉地佛教寺庙、藏传佛教寺庙(喇嘛庙)、南传佛教寺庙、汉藏混合型寺庙。

**2. 道教宫观建筑**

道教,是土生土长的中国宗教。道教的正式形成在东汉顺帝以后,到南北朝时盛行起来。东汉顺帝(公元125—144年在位)时,张陵开创的五斗米道;东汉灵帝(公元167—189年在位)时,张角组织的太平道,是道教组织最初的两大教团。道教奉老子为教祖,尊称他为“太上老君”。

道教称有十洲三岛,又有十大洞天、三十六小洞天、七十二福地,都是神仙栖息的胜境阆苑。这十洲三岛在四海之中,洞天福地则在陆地之内。“十大洞天者,处在地名之间,是上天遣群仙统治之所。”“三十六小洞天,在诸名山之中,亦上仙所统治之处也。”如葛洪在《抱朴子·金丹篇》中记：“华山、泰山、霍山、恒山、嵩山、少室山、长山、太白山、终南山、女儿山、地肺山、王屋山、抱犊山、安丘山、潜山、青城山、峨眉山、绥山、天台山、罗浮山、阴驾山、黄金山、鳖祖山、大小云台山、四望山、盖竹山、括苍山，此皆正神在其山中，其中或有地仙之人。”现在的道教名山宫观，除宋后新起者外，凡渊源于唐代以前的，多在此范围之中。

**3. 伊斯兰教建筑——清真寺**

清真寺是伊斯兰教聚众礼拜的场所，亦称礼拜寺。中国唐代称“礼堂”。据传元延祐二年（公元1315年），咸阳王赛典赤、瞻思丁奉敕重修陕西长安伊斯兰寺庙，奏请赐名“清真”，以称颂清净无染的真主。

清真寺建筑结构严谨、质朴，由礼拜大殿、邦克楼、经堂、浴堂及阿訇办公居住用房等组成。大殿是清真寺中的主体建筑，宗教活动的中心。清真寺的建筑布局和形式较为灵活，但内部设计较为固定：一是大殿内圣龛方位背向麦加，因为教徒礼拜时必须朝向麦加；二是大殿面积取决于附近教民的多少，地上铺绒或席子；三是圣龛前左侧为宣谕台，为阿訇教义处；四是室内装饰常用几何纹、阿拉伯文字、植物纹，一般不用动物纹。室内素洁淡雅。

**4. 基督教建筑——教堂**

教堂，亦称“礼拜堂”，是基督教举行宗教活动的场所。“教堂”一词源于希腊文，意为“上帝的居所”。

中国最早的教堂为大秦寺。唐贞观十二年（公元638年）始建于长安城内。现存的北京南堂（宣武门教堂）、上海徐家汇天主堂、沐恩堂，广州石室堂等，都是我国著名的教堂。

## 第五节　休闲、求知、健身类旅游资源

### 一、博物馆、展览馆

集中陈列或展览具有参观价值的自然、历史发展和社会经济成就的场、院、所，称为博物馆、展览馆。全国已建成各种不同类型而富有教育性和知识性的博物馆、展览馆共800多处。综合性的如首都博物馆、上海博物馆以及其他各省市自治区的地方性博物馆；专门性的如北京的中国历史博物馆、中国革命博物馆、军事博物馆、地质博物馆、自然博物馆、农业展览馆、美术展览馆，以及地方性的如山东曲阜孔子生平展览馆，孔府珍宝文化展览馆，南海、洛阳、苏州、绍兴等地的民俗博物馆，大同的蒸汽机车博物馆，杭州的胡庆堂中药博物馆，苏州的丝绸博物馆，景德镇的陶瓷博物馆，西昌的宇航博物馆等。可以说我国的博物馆、展览馆分布广泛，内容丰富多彩，从各个不同侧面和层面展现了中华文明。

## 二、旅游度假区

旅游度假区是环境质量好、区位条件优越，以满足康体休闲需要为主要功能，并为游客提供高质量服务的综合性旅游区。旅游度假区按其区位可分为滨海、滨湖、高山滑雪和高山休养等四大类型；按其服务标准和接待对象分为国家旅游度假区、省级旅游度假区、环城旅游度假区。我国国务院[1992]46 号文件明确指出："国家旅游度假区是符合国际度假旅游要求，以接待海外游客为主的综合性旅游区。"我国已建成 12 个国家旅游度假区和一批环城旅游度假区。

青岛石老人、三亚亚龙湾、上海佘山、福建武夷山、福建湄洲岛、北海银滩、昆明滇池、杭州西湖、苏州太湖、广州南湖、无锡太湖、大连金石滩，均为国家旅游度假区；黑龙江镜泊湖、南京长江、西安曲江、黑龙江亚布力高山滑雪场(风车山庄)、江苏阳澄湖、武汉龙阳湖、四川乐山、广东肇庆北岭、湖南灰汤等旅游度假区，均为省级旅游度假区。我国的旅游度假区可说类型齐全，条件优越，环境优美。为此，国家旅游局还于 1996 年举办了"'96 中国度假休闲游"活动，接待了数十万国外旅游者来我国度假观光。

## 三、公园

公园，是供游人休息的园林处所。即在一定地域内通过改造地形、种植树木花草、营造建筑和布置路径等，创建而成的优美自然环境或游息境域，包括庭园、宅园、小游园、花园、盆景园及一般性公园。我国的公园很多，遍布全国各地。有专门公园，如海洋公园、森林公园、地质公园、植物园、动物园等；综合性公园，如北京颐和园和北海公园、杭州西湖公园、昆明西山公园、上海西郊公园、长沙岳麓公园等。随着我国旅游业的发展，为满足旅游者生态旅游和森林度假观光的需要，出现了森林公园。张家界是我国第一个国家级森林公园，至今全国已有近 400 处森林公园。除西藏外，各省、市、自治区都有森林公园分布，80 年代中期以来出现了一类经人工制作的主题公园(人造景观)。其项目类型由初始阶段的单一型，如深圳的"锦绣中华"、北京的大观园，发展到多元的复合型，如深圳的"中华民族文化村"、"世界之窗"，北京的"世界公园"，长沙的"世界之窗"等。主题公园突破了我国传统园林形态的观景造园观念，产生了以"主题"为原则的新型造园观，令人耳目一新，以致形成了"主题公园"热潮。

## 四、植物园和动物园

收集、种植各种植物，以科研为主，并进行科普教育和供游客观赏的园林称为植物园。我国的植物园有综合性的，如北京植物园、南京植物园、广州植物园等；有专门性的，如西双版纳热带植物园，南京、杭州亚热带植物园等。建于 1930 年的南京中山植物园为我国最早的植物园；拥有3 000多种植物的北京植物园，为全国规模最大的植物园。全国另有一些地方性植物园，如庐山植物园、杭州植物园、厦门植物园、衡山树木园等。

专门饲养各种动物以供展览观赏，并进行科普教育与科学研究的场所称为动物园。我国有城市动物园37所，以北京、上海、广州三大动物园规模最大，驯养的动物最多。另有一些专门性动物园，如大连蛇岛、武夷山蛇园、广西梧州蛇场、青岛海洋公园水族馆、北京海洋馆，以及亚洲最大的上海海洋水族馆等。

### 五、休、疗养院（所）

利用自然条件和资源，为休养性治疗而修建的、拥有必要条件和设备的机构称为休、疗养院（所）。我国休、疗养院（所）的类型很多，如在森林区建立的浙江天目山森林康复中心、福建南平茫荡森林医院；在温泉、矿泉区建立的黑龙江五大连池矿泉疗养院、庐山矿泉疗养院、内蒙古阿尔山矿泉疗养院、湖南灰汤温泉疗养院；在沙漠区建立的吐鲁番沙疗康复中心、宁夏中卫沙坡头沙疗康复中心，以及无锡太湖康复中心、北京中国传统功法旅游保健中心、四川科学院青城山国际生命医学院、河北保定气功医院等。

### 六、游乐场所

游乐场所，是指拥有多种现代化或富有趣味性的娱乐设施，进行各种商业性活动的场所。大凡旅游城市和大规模旅游度假区都设有俱乐部、乐园、康乐中心之类的游乐场所。如大连金石滩国家度假区的高尔夫球场、国际游艇俱乐部；青岛石老人国家度假区的国际高尔夫球场、海洋公园海豚表演馆、海上乐园；昆明滇池国家度假区的国际垂钓娱乐中心、滇池体育度假娱乐中心，以及上海太阳岛俱乐部、南京珍珠泉高尔夫球场、江苏阳澄湖康乐园、苏州太湖山庄康乐中心、岳阳南湖不夜城娱乐中心、三亚海洋俱乐部、中山长江乐园、杭州高尔夫球场等。狩猎是高消费娱乐旅游活动。狩猎场在我国也有发展。条件较好、规模较大的狩猎场，有福建罗源湾皇苑狩猎俱乐部、黑龙江桃山动物猎场和连环湖水禽猎场、新疆且末县阿尔金山狩猎场、湖南郴州五盖山猎场、甘肃张掖肃南康隆寺狩猎场、云南思茅蔡阳猎场、吉林露水河国际狩猎场等。

### 七、体育中心和运动场馆

体育中心，是指设备完善、容量大、场馆类型多、功能齐全，可进行综合性或专项性体育比赛的建筑群。综合性的，如北京亚运村、北京体育中心；上海、武汉、成都、昆明、福州、南宁等国家体育训练基地。专门性的，如湖南郴州女排训练基地、西藏拉萨的长跑训练基地、吉林松花湖和黑龙江亚布力的滑雪训练基地等。

运动场馆,是指体育中心或其他单个的运动场所。全国比较著名的,如球类,有上海体育馆、北京体育馆等;田径,有上海虹口体育场、湖南贺龙体育场、广州越秀山体育场等;跑马场,如福建东山岛马术中心、山东牟平县中国烟台国际赛马场等;滑雪场,有吉林长白山冰雪场、吉林市北大湖滑雪场等。

### 八、野营地

野营是户外游憩的一种,是暂时性离开都市或人口密集的地方,利用帐篷、睡袋、汽车旅馆、小木屋等在外过夜,享受大自然的野趣、优美的自然景观和生态环境,享受其所提供的保健功能,感受野外的幽静与孤独,并参与其他休憩娱乐的活动。为开展这种活动提供的场所称为野营地。野营地按其住宿设施划分有营帐式、野营车或野营拖车式以及其他营舍式营地;按区域位置划分有湖畔式、河边式、高原式、海滨式、山区式等营地;从形态看有通过型、基地型、度假型营地。发达国家野营区建设已十分成熟,我国尚处在初创阶段有待发展。目前我国部分城市已有一些野营地建设。如北京怀柔红螺山、平谷金海湖;河北涞水野山坡、秦皇岛南戴河,以及上海横山岛、深圳红枫湖等,都是人们休闲、娱乐、康体的好处所。

## 第六节　购物旅游资源

### 一、民间传统节庆活动

民间传统节庆活动,是城乡各地定期举行的各种节日庆祝活动。如汉族春节燃放烟花爆竹和耍龙灯、端午龙舟竞赛、中秋赏月;云南大理白族"三月街"赛马、歌舞、演戏、篝火等;贵州苗族的登杆表演和吃新节的芦笙盛会、斗牛;延边朝鲜族年节唱歌跳舞、田间点火、荡秋千、跳板、长鼓舞;壮族的男女情歌互答、抛绣球、碰彩蛋、抢花炮等,皆热烈活泼、引人入胜。为让更多国内旅游者能享受到我国民间传统节庆活动的喜悦,并达到"旅游搭台,经贸唱戏"的目的,1995 年国家旅游局正式推出了以节庆活动为中心的"'95 中国民俗风情游"活动。如海南国际椰子节、云南傣族泼水节、湖南岳阳国际龙舟节、福建妈祖节等 10 多项民俗节庆活动。

### 二、民居民俗

我国是一个拥有 56 个民族的多民族国家。在长期的历史发展过程中,各民族在特有的自然和社会经济条件下形成了具有自己鲜明特色的传统习俗。即使同一民族因不同地域也会有不同的风土民情。因此,早在汉代就有"百里不同风,十里不同俗"的说法。除最具旅游价值的民族、民俗、民间传统节庆活动外,还有住居民俗、服饰和饮食民俗、礼仪礼节习俗等。

良好的居住条件是人类对美的追求。各地人民在长期生产、生活实践中，除创造了适合于本地区、本民族的传统节庆活动外，还创造了适合于本地区、本民族特点的居室类型。如汉族分布地区多为上栋宇式木构架结构的院落住宅。但北方多为坐北朝南的四合院；江南水乡为封闭式院落住宅；南方丘陵山区多为高低错落的台基式院落住宅；闽西南和粤东北的客家人为城堡式生土楼院落或围垅屋住宅；云南为"一颗印"住宅；黄土高原地区广泛使用窑洞式住宅等。各少数民族地区的居住形式更为多样。如南方壮、傣、布依、黎等民族至今保留着干栏式住宅建筑，主要形式有傣族竹楼、拉祜族正方形掌楼、独龙族竹木结构矮楼、海南岛黎族船形屋和纳西族的木楞房等；北方游牧民族多居住拆卸迁移方便的帐幕式住宅，主要形式有蒙古族的圆形毡房（蒙古包）、鄂温克族的伴型住宅"希楞柱"、鄂伦春族的圆锥形住宅"仙人柱"等。此外，还有羌族的寨子、渔家居住的船楼舟舍、林区猎户的棚屋和茅棚等。

服饰民俗是人们在衣服、鞋帽、佩戴和装饰穿戴方面所形成的风俗习惯。我国各族人民的传统服饰丰富多彩，如汉族北方男子喜穿宽袍大褂，南方妇女喜着绣花裙；瑶族妇女喜戴盆形蓝布缠头饰，未成年女子戴头架；白族妇女喜着白上衣红坎肩，头戴有白缨穗的花巾；苗族妇女喜穿"锁噜"绣花衣；景颇族男子有佩带长刀的习惯；傈僳族人身不离弩刀和砍刀；维吾尔族男子喜戴花帽等，均别具风采。

各民族的饮食习俗因其所从事的生产内容和所处的环境而异。汉族以大米、面粉为主食，但各地口味不同。如西南喜辣，西北爱酸，华北喜咸，东南沿海喜甜等；春节北方人吃饺子、南方人吃年糕；正月十五南北普遍吃元宵。以畜牧业和狩猎业为主的各少数民族，以肉食为常，但各民族风味不同。蒙古族喜食牛、羊烧肉和酸奶；藏族主食青稞做的糌粑，伴以酥油茶；回族吃牛、羊肉，忌食猪肉；南方侗、苗、瑶等族，都有腌制酸鱼、酸肉的习俗等。

中国素享"文明古国"、"礼仪之邦"的美誉。在待人接物方面，各民族均具有一套本民族特有的礼仪礼节。如汉族人待客，多杀鸡杀鸭，买肉买酒，热烈非凡；壮族迎客设鸡宴，敬交臂酒；苗族迎客穿节日盛装，敬"牛角酒"，宴前跳民族舞蹈；藏族向客人赠哈达、敬青稞酒和酥油茶；柯尔克孜族人以羊头肉敬客；水族设鱼宴待客；侗族则以"拦门酒"和"拦路酒"迎宾等，皆隆重热烈、趣味横生。

### 三、神话传说

中国的风景名胜地，几乎都有许多关于景物景点的神话传说，而且大多充满了鞭挞邪恶、歌颂善良勤劳、追求理想和幸福的美好情感，浪漫色彩浓厚，使风景名胜更加神秘离奇，可为旅游者助兴添神。岳阳君山"七十二螺丝仙女为搭救遇难船民而忍痛脱壳结成72峰"的传说；长江三峡神女峰"神女导航"的传说；吐鲁番火焰山"孙悟空借扇过山"的神话故事；九嶷山斑竹"因二妃哭舜泪洒山竹而留斑"的传说;万里长城"孟姜女寻夫哭长城"的传说;杭州断桥和雷峰塔的"白蛇"传说;嵩山少林寺"十三棍僧救秦王李世民"的传说故事等,无不令人遐想神驰。

### 四、地方戏曲和曲艺

戏曲把文学内容和舞台艺术紧密地结合在一起,具有形象生动、趣味浓厚、感染力强、生活气息浓郁等特征,素受广大人民群众的欢迎。中国地方戏曲有3 000多种,享有"戏剧王国"的美誉。最为著名的地方戏有北京京剧、山东吕剧、山西晋剧、广东粤剧、江浙越剧、四川川剧、安徽黄梅戏、河北梆子和评剧、陕西秦腔、湖南湘剧和花鼓戏等。它们均以功底深厚、艺术精湛、地方特色浓郁而深受国内外观众的喜爱。相声、京韵大鼓、天津快板、山东快书、江苏评弹、河南坠子、东北评书、小品等曲艺形式,均以其特有的艺术魅力而享誉国内外。

### 五、楹联和碑碣

楹联,是一种别具风格的文学书法艺术形式。我国风景名胜之地多有楹联分布,使自然风光锦上添花,给旅游者增添了欣赏的情趣。如济南大明湖楹联,"四面荷花三面柳,一城山色半城湖",仅用14字就描绘出大明湖"荷花吐艳,翠柳如烟、山色如染,水波粼粼"的美好山水风光。楹联佳句配名胜古迹,可深化意境、启迪后人。如黄帝陵联"大哉黄祖丰功洪德震中外;伟矣民魄浩气雄风励古今";南京陶行知墓联"千教万教教人求真;千学万学学做真人",均令人情舒意爽、奋发为怀。还有一些楹联写景抒情以长取胜,如昆明大观楼长联:

五百里滇池,奔来眼底。披襟岸帻,喜茫茫空阔无边!看东骧神骏,西翥灵仪,北走蜿蜒,南翔缟素。高人韵士,何妨选胜登临。趁蟹屿螺洲,梳裹就风鬟雾鬓,更蘋天苇地,点缀些翠羽丹霞。莫辜负四围香稻,万顷晴沙,九夏芙蓉,三春杨柳。

数千年往事,注到心头。把酒凌虚,叹滚滚英雄谁在?想汉习楼船,唐标铁柱,宋挥玉斧,元跨革囊。伟烈丰功,费尽移山心力。尽珠帘画栋,卷不及暮雨朝云,便断碣残碑,都付与苍烟落照。只赢得几杵疏钟,半江渔火,两行秋雁,一枕清霜。

上联描绘滇池及其周围的秀丽景色、四季风光;下联概括云南历史沧桑、风云变幻,情景交融、气势磅礴,被称为"海内第一佳长联",毛泽东曾称赞长联"从古未有,别创一格"。

碑碣是一种历史文物,也是一种书法艺术。我国最早的原始碑文是现存于北京国子监的周文王时的"石鼓文";其次是秦代李斯手书的"泰山刻石";西安碑林是我国规模最大的碑林群,保存碑林墓志2 000多件;湖南祁阳浯溪碑林为我国最大的露天碑林,其中由元结文、颜真卿书,并刻于悬崖峭壁之上的"大唐中兴颂",号称为我国"摩崖三绝"。我国风景名胜之地往往是碑碣最为集中的地方,各以其独特的艺术价值和历史文物价值而深受旅游者欢迎。

### 六、名食佳肴

名食佳肴包括地方菜系、风味特产和风味小吃等。

我国精巧烹饪技艺所制作的精美菜肴，以其选料讲究，刀工精细，配料奇巧，色、香、味、形、器俱佳而享誉世界。中国地方菜系最著名的有川、鲁、淮(阳)、粤、浙、闽、湘、徽“八大菜系”，而且各具特色。如川菜以酸、辣、麻见胜；鲁菜以清鲜、脆嫩、原汁原味著称；粤菜以选材奇杂、口味鲜爽滑嫩而引人入胜等。名菜系除地方菜外，还有过去由宫廷传入民间的“宫廷菜”(包括西安唐菜、北京青菜、曲阜“孔膳”等)；以新鲜、味美的素菜为原料，模仿荤菜式样制成而风味独特的“素菜”；以及将药物和食物配合食用的“药膳”(如“百合鸡子汤”、“当归生姜羊肉汤”)等特殊菜系，也很有名。

由于料质和加工方法的不同，各地还形成了不同风味的特产。如安徽宿县符离集烧鸡、河南滑县道口烧鸡、江苏常熟叫化鸡(煨鸡)、北京烤鸭、江苏南京板鸭、江苏苏州香酱鸭，浙江金华火腿、四川里脊熏肉、江苏无锡排骨、广东烤乳猪、湖南益阳松花皮蛋和韶山火焙鱼等。

由于特殊的加工工艺，各地还涌现出不少具有强烈地域特色的风味小吃。如上海五芳斋的点心和老人房的糕点；四川成都的担担面、灌县白菜鲜花饼；广东的荷叶饭和云吞面；北京的龙须面和大顺斋糖火烧；江苏无锡小笼包和南京的蟹王汤包；以及云南昆明的“过桥米线”、湖南长沙臭豆腐、天津的“狗不理包子”、广西西牙楼的尼姑面等。

### 七、地方土特产品

我国地大物博，土特产品丰富多彩。

中国有 5 000 年酿酒历史，已形成白酒、黄酒、葡萄酒、果酒、啤酒和配制酒等六大系列，以及名目繁多的地方名酒。1953 年全国第一届评酒会上曾评选出“八大名酒”，1963 年和 1979 年相继又进行了全国第二届、第三届评酒会，各评出“十八大名酒”。如贵州的茅台酒、董酒；四川的五粮液、泸州老窖、泸州特曲、剑南春；山西的汾酒、竹叶青；山东烟台的白兰地、味美思和红葡萄酒，曾获 1915 年巴拿马万国博览会金质奖；绍兴加饭酒曾获 1925 年巴拿马万国博览会银质奖；茅台酒和汾酒于 1951 年巴拿马万国博览会再度获金质奖。

中国是茶叶的故乡，有着悠久的制茶和饮茶历史，形成了中国特有的茶文化。由于各地特殊的自然环境和加工工艺而形成了许多享誉国内外的名茶。绿茶中的杭州西湖“龙井茶”、苏州太湖“碧螺春”、六安“瓜片”、岳阳君山“银针”、黄山“毛峰”、信阳“毛尖”、太平“猴魁”、庐山“云雾茶”、雅安“蒙顶茶”和长兴“顺渚茶”，被称为中国的十大名茶。红茶名品有祁门红茶、宜宾红茶等；乌龙茶名品有武夷山

“大红袍”、安溪“铁观音”等；此外，苏州的茉莉花茶、普洱的紧压茶、益阳的伏砖茶等也很有名。

中国果树栽培历史源远流长，各地人民所培育的地方品种全国至少在1万种以上。其中最为著名的名果，苹果有山东烟台青香蕉、辽东半岛的国光、陕西宝鸡地区的红富士等；梨有山东莱阳梨、天津鸭梨。此外，福建闽江红橘、四川广橘、湖南脐橙、广西沙田柚等亦享誉全国。葡萄有新疆吐鲁番无核白葡萄、北京玫瑰香葡萄、山西清徐黑鸡心葡萄等；桃有山东肥城佛桃、河北深州蜜桃等；红枣如山东乐陵金枣、河南新郑鸡心枣、陕西大荔圆枣等。香蕉、荔枝、龙眼、菠萝、椰子等为我国著名的热带、亚热带水果，名品有广东龙牙蕉、台湾仙水蕉、广东增城“挂绿”荔枝、福建莆田龙眼等。

中国采集、栽培、加工和使用中草药的历史极为悠久，并发现和培育了不少驰名中外的名贵中草药材。如东北三省的人参和鹿茸，宁夏的枸杞，甘肃的黄芪，山西的党参，青海的大黄和冬虫、夏草，云南的三七和当归，四川的麝香和贝母，云贵川的天麻，以及广西的砂仁、山东的阿胶、台湾的樟脑等。

中国传统工艺品以工艺精湛、品种丰富、风格独特和观赏性、实用性兼具等特点而享誉世界。

刺绣是中国的传统工艺。苏绣、湘绣、蜀绣、粤绣为国内“四大名绣”。苏绣以绣工精细、针法活泼、图案秀丽、色泽雅洁而著称；湘绣产品以着色富于层次、案面色彩明快、图景画面逼真而闻名，曾在巴拿马、芝加哥等世界博览会上获奖；蜀绣以针法严谨、色彩明快、图案秀雅为特色；粤绣以构图丰富、风格活泼欢快、色彩浓厚鲜艳称绝。中国织锦与刺绣齐名。南京云锦、苏州宋锦、四川蜀锦为我国“三大名锦”。云锦因绣纹如云而得名，以图案古雅、色泽明快著称；宋锦以色彩瑰丽、图案灵活多变为特色；蜀锦则质韧色丽，图案多姿多彩。此外，北京京绣、温州瓯绣、开封汴绣、贵州苗绣、湖南瑶绣、广西壮锦、云南傣锦、海南黎锦、湖南土家锦等也都各有特色。

中国有“陶瓷古国”之称。最著名的陶制品有江苏宜兴陶、广东石湾陶、安徽界首陶、山东淄博陶、湖南铜官陶等。宜兴有“陶都”之称，所产紫砂陶制品以工艺精细、色泽淡雅、形制古朴而饮誉世界。中国瓷器以坯洁白、细密，音响清澈而有别于陶器。江西景德镇、浙江龙泉、河南禹县（古称均州）和临汝（古称汝州）、湖南醴陵和界碑、福建建化等，都是优质瓷产地。景德镇有“瓷都”之称，所产瓷器以“薄如纸，声如罄，白如玉，明如镜”而驰名。此外，漆器是以我国天然生漆制成并具有透明、发亮、防腐、耐酸、耐碱特点的一种装饰品。造型古朴典雅、做工精巧细致、色彩和谐绚丽的扬州漆器，工艺精细、制品轻巧美观的福建脱胎漆器，以及四川漆器和贵州大方漆器等，都是我国漆器中的上品。

牙雕、玉雕、石雕、木雕、竹雕、椰雕、骨雕、蛋雕、泥塑、胶塑、面塑等雕塑艺术，在中国都有着极为悠久的历史,且工艺超凡,地方特色浓烈。如北京牙雕以古装仕女、花鸟取胜,上海牙雕以小件人物见长,广州则以精雕象牙球著称。其共同特点是技艺精湛,能在微型物体上雕刻出熔诗词、书法、绘画于一炉的宏观场景画面。

纸、墨、笔、砚是中国书画必备用品,素有“文房四宝”之称。安徽泾县(古称宣州)的宣纸、浙江湖州的湖笔、安徽歙县和休宁(古属徽州)的徽墨、广东肇庆(古称端州)的端砚,为“四宝”之首。

上海珐琅工艺品、北京景泰蓝工艺品、山东潍坊风筝、河北人造琥珀和固安柳编制品、天津杨柳青画、内蒙古银器具、河南洛阳“唐三彩”(陶器)和麦秆画、浙江西湖绸伞、广东佛山剪纸、湖南浏阳花炮和岳阳羽毛扇、黑龙江玛瑙和麦秆工艺盒、四川瓷胎竹编和竹丝垄扇、云南个旧锡工艺品、贵州安顺蜡染织品、湖北武汉陶制戏剧脸、陕西扎粱制品和秦俑制品、新疆和田地毯和民族小花帽、宁夏鼻烟壶、海南黎锦香荷包等,都是富于地方特色的产品。

## 案例　武汉市旅游资源特色分析

武汉地处长江中游,雄踞华中腹地,是湖北省政治、经济、文化的中心,华中地区最大的商贸中心和水陆交通枢纽;是我国六大城市之一,现有面积 8 467.11 平方千米,人口 728 万,辖 9 个城区、2 个郊区和 2 个县。武汉是一座具有 3 500 多年历史的文化名城,自然资源和人文景观绚丽多姿,有着发展旅游的先天优势。

(一)旅游资源空间分布

从已调查的 275 处主要旅游资源点来看,各区县均有分布,现按中心区、边缘区、腹地区进行归类统计,凡位于市区的景点列入中心区;位于城乡结合部的景点列入边缘区;位于郊区、县的景点列入腹地区。(见表 3-1)

**表 3-1　武汉市旅游资源空间分布表**

| 类型 \ 数量 \ 区域 | 中心区 | 边缘区 | 腹地区 | 合 计 | 百分比 |
|---|---|---|---|---|---|
| 地文景观类 | 6 | 6 | 5 | 17 | 6.2% |
| 水域风光类 | 7 | 5 | 14 | 26 | 9.5% |
| 生物景观类 | 5 | 4 | 7 | 16 | 5.8% |
| 古迹与建筑类 | 70 | 21 | 14 | 105 | 38.2% |
| 民俗风情类 | 33 | 6 | 4 | 43 | 15.6% |
| 商品饮食类 | 63 | 1 | 4 | 68 | 24.7% |
| 合 计 | 184 | 43 | 48 | 275 | 100% |
| 百分比 | 67% | 16% | 17% | 100% | |

由表3－1可看出，武汉市旅游资源空间分布有以下特征：

**1. 各区域空间组合状况良好**

从资源类型结构来看，各区域旅游资源类型较齐全，组合状况较好。旅游资源七大类别，每个区域都有分布，且各有侧重、特点分明，有利于突出主题分别开发。（见表3－2）

**表3－2　武汉市主要旅游资源分类表**

<table>
<tr><th>总类</th><th>分类</th><th>亚类</th><th>景点（景观）</th></tr>
<tr><td rowspan="4">自然旅游资源</td><td rowspan="4">地文景观类</td><td>山岳</td><td>龟山、蛇山、洪山、珞珈山、马鞍山、九真山、木兰山、伏虎山、磨山、龙泉山、青龙山、将军山、喻家山、凤凰山</td></tr>
<tr><td>岩溶洞穴</td><td>白云洞</td></tr>
<tr><td>奇特与象形山石</td><td>浪淘石</td></tr>
<tr><td>生物化石</td><td>硅长木（阳逻）</td></tr>
<tr><td rowspan="8">自然旅游资源</td><td rowspan="4">水域风光类</td><td>江、河</td><td>长江、汉水、滠水河、府河</td></tr>
<tr><td>湖泊</td><td>东湖、南湖、莲花湖、墨水湖、月湖、木兰湖、梁子湖、龙阳湖、道观河、武湖、涨渡湖、沙湖、汤逊湖等</td></tr>
<tr><td>泉</td><td>卓刀泉、柏泉古井</td></tr>
<tr><td>瀑</td><td>九真山瀑布</td></tr>
<tr><td rowspan="4">生物景观类</td><td>森林资源</td><td>嵩阳山庄国家森林公园、素山寺国家森林公园、九真山国家森林公园、青龙山国家森林公园、将军山国家森林公园、马鞍山森林公园、磨山植物园</td></tr>
<tr><td>动物类</td><td>武汉动物园、新世界水族馆</td></tr>
<tr><td>古树名木</td><td>汉阳树、水杉</td></tr>
<tr><td>奇花异草</td><td>梅花、珞珈山樱花、荷花、兰花、桂花</td></tr>
<tr><td rowspan="5">人文旅游资源</td><td rowspan="5">古迹与建筑类</td><td>军事遗址</td><td>汉阳赤壁、江夏赤壁、辛亥革命武昌起义指挥机关（都督府）、武昌起义政府旧址、起义门、工程营旧址、楚望台</td></tr>
<tr><td>古城、古建筑遗址</td><td>盘龙城遗址、槐山矶驳岸、木兰山古建筑群、黄陂明末清初民居群</td></tr>
<tr><td>宗教寺观古塔</td><td>归元寺、宝通禅寺、长春观、莲溪寺、古德寺、报恩寺、清真寺、卓刀泉古刹、柏泉天主堂、洪山宝塔、石榴花塔、兴福寺塔</td></tr>
<tr><td>殿堂楼阁亭</td><td>黄鹤楼、晴川阁、抱冰堂、禹稷行宫、铁门关、江汉关大楼、岳飞亭、双凤亭、留云亭</td></tr>
<tr><td>碑碣</td><td>孙中山铜像、黄兴铜像、彭刘扬烈士雕像、岳飞雕像、林祥谦雕像、吕锡三雕像</td></tr>
</table>

续表

| 总类 | 分类 | 亚类 | 景点(景观) |
| --- | --- | --- | --- |
| 人文旅游资源 | 古迹与建筑类 | 陵园、墓 | 楚昭王陵园、黎元洪墓、贺胜桥北伐阵亡将士陵园、球场路辛亥首义烈士墓、钟子期墓、孟宗哭竹生笋处—孟母墓冢、施洋烈士陵园、鲁肃墓、九女墩、李汉俊烈士墓、向警予墓、红色战士公墓、苏军空军志愿队烈士墓、庚子烈士墓、利济路辛亥首义烈士墓、辛亥铁血将士公墓、国民革命军第四独立团北伐攻城阵亡官兵诸烈士墓、陈定上烈士墓、孙武墓、刘静庵墓、蔡济民墓、陈友谅墓、樊哙墓等 |
| | | 摩崖字画 | 大别山摩崖、梅子山摩崖、九峰山摩崖、洪山摩崖、胭脂山摩崖 |
| | | 纪念地 | 古琴台、鹦鹉洲、京汉铁路总工会旧址、中央"五大"开幕式旧址暨陈潭秋革命活动旧址、中华全国总工会暨湖北省总工会旧址、八七会议旧址、叶家田革命遗址、将军洞革命遗址、八路军武汉办事处旧址、"六一惨案"遗址、林祥谦烈士就义处及塑像、二七烈士纪念馆、中央农民运动讲习所旧址、詹天佑故居、恽代英故居、施洋故居、项英故居、毛泽东故居、刘少奇故居、陈昌浩故居、董必武故居、周恩来故居、《新华日报》社旧址、武汉国民政府旧址、"一三"惨案遗址、三烈士亭、武汉中央军事政治学校旧址 |
| | 民俗风情类 | 风景区 | 东湖风景区(国家级)、龙阳湖旅游度假区、木兰山、木兰湖旅游风景区、龙泉山旅游风景区、道观河旅游风景区 |
| | | 主题公园 | 黄鹤楼公园、武汉动物园、武汉金银湖高尔夫球场、楚人狂欢岛 |
| | | 一般公园 | 中山公园、解放公园、汉阳公园、莲花湖公园、龟山公园、市青少年宫、首义公园、滨江公园、能廷弼公园、汉水公园 |
| | | 民俗风情 | 老汉口风情、民众乐园、楚风剧院 |
| | | 节日庆典 | 武汉国际杂技节、武汉国际渡江节、黄鹤楼文化节、东湖金秋园林艺术节 |
| | | 都市风光 | 武汉都市风光、科技城、轿车城、商业城、钢铁城、长江沿岸风光、长江一桥、长江二桥、武汉港、汉口新站、天河机场、龟山电视塔等,江汉路、中山大道、解放大道、建设大道、中南路等 |
| | 商品饮食类 | 大型商厦 | 武汉商场、武汉广场、中南商业大楼、中商广场、汉阳商场、中心百货、六渡桥百货、新世界百货、亚贸广场、佳丽广场、黄鹤大厦、利济路商场、车站路商都、友谊大厦、青山商场、天河百货商场、中南商都、汉口商业大楼、司门口商业大楼 |
| | | 专业批发市场 | 汉正街小商品市场、大夹街服装市场、宝成路电器一条街、前进四路电子一条街、江汉路商业一条街、宝成路夜市、中华路夜市、大兴路鞋市场、沿江水产品市场、顺道街灯具电器一条街、西汉正街装饰装潢一条街、徐东路水果中心批发市场 |

续表

| 总类 | 分类 | 亚类 | 景点(景观) |
| --- | --- | --- | --- |
| 人文旅游资源 | 商品饮食类 | 工艺、美术、古迹、旅游品商店 | 武汉工艺美术大楼、武汉国画院、武汉珠宝商店、文物商店、荣宝斋、文物市场 |
| | | 特色风味美食 | 大中华武昌鱼、四季美汤包、老通城豆皮、小桃园煨汤、谈炎记水饺、蔡林记热干面、老谦记牛肉豆丝、福庆和面粉、吉庆美食街 |
| | | 汉派服饰 | 太和、莹和、隆祥、元田、雅琪、红人、鸣笛、佐尔美、劲松等品牌服饰 |
| | | 土特产品 | 象牙雕刻艺术、绿松石雕、木雕艺术(木刻船)、高洪泰铜锣、武昌鱼、牛肉豆丝、豆皮、青山麻烘糕、长江大桥片棉花糖、马蹄软糖、洪山红菜苔、特制黄鹤楼酒、黄陂泥塑 |

**2. 空间分布总量以中心区为主**

从已调查的275处资源点来看,中心区有189处,占67%;边缘区有43处,占16%;腹地区有48处,占17%。从数量来看以城区为主,有利于武汉旅游资源的综合开发,实施"以城市中心区为突破口,采取重点开发,以点促线,以线带面"的战略思路。

**3. 中心区人文旅游资源占绝对优势**

中心区旅游资源中古迹与建筑类、民俗风情类、旅游购物类均在全市占绝对优势,分别占全市旅游资源的67%、77%、93%,表明武汉市旅游资源开发的重点应努力寻找三个结合点:一是历史文化名城的文化内涵与旅游的结合点;二是城市商贸经济发展与旅游的结合点;三是现代都市风光与旅游的结合点。

**4. 边缘区、腹地区以自然风光为主**

边缘区、腹地区旅游资源中,地文景观类、水域风光类、生物景观类则占有较大优势,分别占全市旅游资源的65%、73%和69%,表明边缘区、腹地区不仅有广阔的水土资源,还有优美的自然风光,有利于布局大型旅游项目以及开发水乡风情、乡村风光、度假休闲、森林疗养等生态旅游系列项目。

(二)旅游资源的类型分析

按照《中国旅游资源普查规范》,可将武汉旅游资源划分为地文景观类、水域风光类、生物景观类、古迹与建筑类、民俗风情类、商品饮食类等六大类,每大类又可分为若干个基本类型。表3-2中分类统计分析表明:

**1. 旅游资源数量、类型齐全**

武汉市主要旅游资源景点有275处,其中地文景观类17处,占6.2%;水域风光类26处,占9.5%;生物景观类16处,占5.8%;古迹与建筑类105处,占38.2%;民俗风情类43处,占15.6%;商品饮食类68处,占24.7%。从以上数据可看出全市旅游资源种类齐全、数量丰富,为建设综合性旅游城市奠定了基础。

**2. 旅游资源特征较为突出**

从全市六大类旅游资源的结构上看，古迹与建筑类、商品饮食、民俗风情三者合计已占到78.4%，其他三类合计仅占21.6%。由此看出，武汉市的旅游资源开发应突出历史文化、商业购物及风俗民情等三个方面。

**3. 旅游资源富含文化内涵**

从武汉市旅游资源看，黄鹤楼、琴台、归元寺所代表的名胜古迹系列；东湖楚城、楚天台、省博物馆所代表的楚文化系列；卓刀泉、龟山鲁肃墓、三国城所代表的三国文化系列，以及起义门、红楼、“二七”纪念馆、八七会址、农讲所、民国政府旧址所代表的革命文化系列等四大资源系列，文化内涵丰富，品位较高，有着较广泛的开发前景。

## 第七节　中国的世界遗产资源

中国是一个旅游资源十分丰富的国家，拥有壮丽的山，秀丽的江、泉、瀑，雄伟的古代建筑艺术，奇特的动植物和数不尽的名胜古迹，可谓自然景观与人文景观交映生辉。众多的世界自然与文化遗产更是闪烁着中国人民智慧和勤劳的光芒。

### 一、中国世界遗产名录

**世界文化遗产(24项)**

北京和沈阳明清故宫(1987,2004)
北京颐和园(1998)
长城(1987)
北京天坛(1998)
平遥古城(1997)
承德避暑山庄及周围寺庙(1994)
周口店北京人遗址(1987)
丽江古城(1997)
苏州古典园林(1997)
秦始皇陵及兵马俑坑(1987)
大足石刻(1999)
武当山古建筑群(1994)
拉萨布达拉宫(大昭寺、罗布林卡)(1994,2000,2001)
龙门石窟(2000)
曲阜孔庙、孔林、孔府(1994)
明清皇家陵寝(2000,2003,2004)
青城山和都江堰(2000)
敦煌莫高窟(1987)
云冈石窟(2001)
皖南古村落——西递和宏村(2000)
澳门历史城区(2005)
高句丽王城、王陵及贵族墓葬(2004)
开平碉楼与村落(2007)
安阳殷墟(2006)

**世界自然遗产(6项)**

九寨沟风景名胜区(1992)
黄龙风景名胜区(1992)
武陵源风景名胜区(1992)
云南三江并流保护区(2003)

四川大熊猫栖息地(2006)　　中国南方喀斯特(2007)

**世界文化与自然遗产(4 项)**

泰山(1987)　　黄山(1990)

峨眉山和乐山大佛(1996)　　武夷山(1999)

**文化景观遗产(1 项)**

庐山(1996)

**非物质文化遗产(4 项)**

昆曲(2001)　　古琴音乐(2003)

蒙古族长调民歌(2005)　　新疆维吾尔木卡姆(2005)

## 二、世界遗产资源举例简介

### (一)开平碉楼与村落

广东省开平市内,1 800 多座欧式古典风格与中国传统建筑风格交错在一起的碉楼,形成别具特色的文化景观。开平碉楼的兴起距今已有百余年历史,它们的建造者是一些早年远渡重洋谋生的华侨。

开平碉楼种类繁多,若从建筑材料来分,大致有钢筋水泥楼、青砖楼、泥楼、石楼四种,其建筑风格和装饰艺术更是千姿百态,也有国外不同时期的建筑形式、建筑风格,大多数碉楼更是把多个国家的建筑风格融为一体。古希腊的柱廊、古罗马的券拱和柱式、伊斯兰的叶形券拱和铁雕、哥特时期的券拱、巴洛克建筑的山花、新文艺运动的装饰手法以及工业派的建筑艺术表现形式等,都融入了开平的乡土建筑之中。开平碉楼,充分体现了华侨主动吸取外国先进文化的一种自信、开放、包容的心态。2007 年 6 月,联合国教科文组织第 31 届世界遗产委员会大会上,“开平碉楼与村落”被正式列入《世界遗产名录》,成为我国第 35 处世界遗产,广东省第一处世界文化遗产。

### (二)安阳殷墟

殷墟是商代后期都城遗址。位于中国历史文化名城河南安阳西北郊小屯村及其周围。商代从盘庚到帝辛(纣),在此建都达 273 年,是中国历史上可以肯定确切位置的最早的都城,也是中国历史上第一个有文献可考并为考古发掘所证实的古代都城遗址,距今已有 3 300 多年的历史,总面积超过 24 平方千米。

殷墟至今共出土 15 万片甲骨文和大量精美的青铜器,现存宫殿宗庙区、王陵区和众多族邑聚落遗址、家族墓地群、铸铜遗址、制玉作坊、制骨作坊等众多遗迹,具有很高的历史文化价值。2006 年 7 月 13 日,第 30 届世界遗产大会中国安阳殷墟入选《世界文化遗产名录》。

### (三)长城

长城是世界上修建时间最长、工程量最大的一项古代防御工程。自公元前七八世纪开始，延续不断修筑了2 000多年，分布于中国北部和中部的广大土地上，总计长度达50 000多千米，因而在几百年前被列为“世界七大奇迹之一”。1987年12月，长城被列入《世界遗产名录》，世界遗产委员会评价它是“世界上最长的军事设施，它在文化艺术上的价值，足以与其在历史和战略上的重要性相媲美”。

绵延万里的长城是由城墙、敌楼、关城、墩堡、营城、卫所、镇城烽火台等多种防御工事所组成的一个完整的防御工程体系，在布局上，总结出了“因地形，用险制塞”的经验，成为我国2 000多年来军事布防上的重要依据；在建筑材料和建筑结构上“就地取材、因材施用”，创造了许多种结构方法。

美国前总统尼克松在参观了长城后说：“只有一个伟大的民族，才能造得出这样一座伟大的长城。”所以说，长城作为人类历史的奇迹，列入《世界遗产名录》，当之无愧。

(四)明清皇宫(北京故宫、沈阳故宫)

**1. 北京故宫**

北京故宫博物院位于北京市中心，1961年，经国务院批准，故宫被定为全国第一批重点文物保护单位。1987年，故宫被联合国教科文组织列入《世界文化遗产名录》。

依照中国古代星象学说，紫微垣(北极星)位于中天，乃天帝所居，天人对应，所以故宫又称紫禁城。自明代第三位皇帝朱棣建造这座宫殿，至1924年清朝末代皇帝溥仪被逐出紫禁城，共有24位皇帝曾在这里生活居住和对全国实行统治。

紫禁城，四面环有高10米的城墙和宽52米的护城河，城南北长961米，东西宽753米，占地面积达720 000平方米。城墙四面各设城门一座，其中南面的午门和北面的神武门现专供参观者游览出入。城内宫殿建筑布局沿中轴线向东西两侧展开。城南半部以太和、中和、保和三大殿为中心，是皇帝举行朝会的地方，称为“前朝”。北半部以乾清、交泰、坤宁三宫及东西六宫和御花园为中心，是皇帝和后妃们居住、举行祭祀和宗教活动以及处理日常政务的地方，称为“后寝”。前后两部分宫殿建筑总面积达163 000平方米。整组宫殿建筑布局严谨，秩序井然，寸砖片瓦皆遵循着封建等级礼制，反映出帝王至高无上的权威。

**2. 沈阳故宫**

沈阳故宫始建于公元1625年，是清朝入关前清太祖努尔哈赤、清太宗皇太极创建的皇宫，又称盛京皇宫，清朝入主中原后改为陪都宫殿和皇帝东巡行宫。沈阳故宫经过多次大规模的修缮，现已辟为沈阳故宫博物院。北京、沈阳两座故宫构成了中国仅存的两大完整的明清皇宫建筑群。

沈阳故宫设在沈阳老城“井”字形大街的中心，占地6万平方米，现有古建筑114座。沈阳故宫按照建筑布局和建造先后，可以分为3个部分：东路为努尔哈赤时期建造的大政殿与十王亭；中路为清太宗时期续建的大中阙，包括大清门、崇政殿、凤凰楼以及清宁宫、关雎宫、衍庆宫、启福宫等;西路则是乾隆时期增建的文溯阁等。整座皇宫楼阁林立,殿宇巍峨,雕梁画栋,富丽堂皇。

## 本章小结

为了更好地开发和规划我国旅游资源,使其满足不同旅游者的需要,我们必须对我国旅游资源的成因、性状、类型及功用等方面进行分析研究,挖掘其深层次可持续的内因。

我国地质构造典型,名山繁多且各具特色,如泰山、华山、黄山属花岗岩山岳景观;丹霞山、武夷山属砂岩景观。岩溶、海岸、风蚀、地震等自然灾害遗迹,标准地层剖面,古生物化石点星罗棋布,蔚为壮观。水体、生物,更是一派生机盎然。而水域风光与生物本身又极具观赏性,是构景的"血液"与"皮毛",这一切交织在一起绘制成壮美山河画卷。

在这幅壮丽的画卷中,烙印上人类深深的足迹。我国旅游资源的枝枝叶叶都诠释着文化的精华,鼓舞着游者,感召着游者。因此,我们应充分认识和了解,切实有效地进行合理有序的开发与规划,让旅游资源配置最优化,让旅游者需求得到最大满足。

## 思考与练习

1. 请简述地层的界定及云南梅树村界线剖面(被置"金钉")。
2. 选项填空练习题

(1)______海蚀景观　______花岗岩景观　______古生物化石
______风蚀景观　______砂岩景观
a. 泰山　b. 自贡恐龙博物馆　c. 武夷山　d. 天涯海角　e. "魔鬼城堡"

(2)______火口湖　______海迹湖　______堰塞湖
______构造湖　______人工湖　______冰川湖
a. 杭州西湖　b. 镜泊湖　c. 千岛期　d. 滇池
e. 长白山天池　f. 天山天池

(3)______观花植物　______观景植物　______观叶植物
______观形植物　______藤本植物　______水生观赏植物
______形态动物　______色泽动物　______动态动物
______听声动物
a. 水杉　b. 爬山虎　c. 水仙　d. 牡丹　e. 梨　f. 枫叶　g. 榕树
h. 睡莲　i. 木瓜　j. 蟒　k. 坡鹿　l. 金丝猴　m. 孔雀

n. 弹琴蛙　o. 麋鹿　p. 鹦鹉

3. 请区别一下宗教建筑与礼制建筑的不同特点。

4. 选一个典型旅游区分析一下该地区旅游资源的类型。

5. 结合案例《武汉市旅游资源特色分析》,谈谈你对武汉市开发和规划旅游资源的观点和看法。

# 第4章

# 旅游资源欣赏

## 课前导读

“……美丽的城郭、馥郁的山谷、凹凸起伏的原野、蔷薇色的春天和金黄色的秋天,难道不是我们的教师吗?”这是俄国教育家乌申斯基对旅游资源的赞美。可见,“美丽的风景”给人的教育是深刻的,是令人难以忘怀的。旅游正是人们主观审美心理同客观的美产生共鸣时出现和产生的以游览、观赏为主的审美活动。本章将重点阐述旅游资源的欣赏方法及美感享受。

## 学习目标

通过学习本章,要实现以下目标:

- 分析心理美感和生理美感的异同
- 了解旅游业与旅游欣赏的关联
- 掌握旅游资源欣赏的方式和方法
- 运用典型例证比较旅游资源色彩美、状态美、音响美、味(嗅)觉美的不同特征

## 第一节　旅游资源的美感享受

懂得审美,才会欣赏旅游资源的美;能欣赏旅游资源的美,才能获得旅游乐趣。美感从不同的角度来考察,会产生不同的形式。从认识论角度来考察,可以把美感作为一种认识。美感是人类对现实的一种特殊的认识形式——审美认识,其产生美感的过程是一种特殊的认识过程。如“花是红的”属于科学认识,反映了客观对象的本质属性;而“花是美的”则属于审美认识,是审美主体对客体的审美属性的一种价值评判。从心理的角度考察美感,可以把美感看做是一种心理活动,可产生审美心理;从思维科学的角度考察美感,可以把美感当做一种思维形式,即形象思

维;从生理学的角度考察美感,可以把美感过程当做大脑活动的一种生理反应,属于本能审美。美感的不同内容,可以引起人体感应的反射活动,通过人的耳、鼻、目、舌、身来本能地体验美,反映美,认识美。下面我们仅就心理和生理两个方面谈谈审美效果。

## 一、心理美感

就心理学而言,美感是指包括感觉、知觉、联想、想象、情感和思维等因素的心理活动过程。我们不妨把这种心理美感称为"活的美感"。比如一棵树,当你在一株幼小的树上刻上一个较深的印记之后,这个印记随着树的成长、壮大,越变越深刻,越来越显赫、清晰,不会自然销迹。人们对自然景观或人文景观的心理美感,是一种能力,在高级而复杂的劳动实践中,人们的美感能力也会得以无限的发展。比如对于一个文学家、画家或者艺术家来说,各自可以从不同的心理角度来领略、体会、认识景观的含义和美感。他们可以从自己的职业特征对美的客体产生不同而丰富的想象,提出不同的看法和认识。他们能通过自己的心理过程把这种美感体现在自己的文学作品和绘画作品中,从而产生出高于现实美的效果。这种美感会久久地甚至永恒地保存在人的心灵里。随着时间的推移,这种美感可以得到新的认识和新的引申,同时给后人留下一种美的想象。比如一个文学家游览了长城,他不仅仅是身临其境地看到了高大逶迤的长城,体验到了长城的雄伟,更多的是想到了长城的建设者和建造长城的历史背景、历史作用和社会影响,以及我国劳动人民的智慧,并从长城的沧桑史中体味到中华民族辛酸的过去。他一定会感到长城之美,美在其悠久的历史;美在它是中华民族智慧的象征;美在它举世无双、绝无仅有;美在它的雄伟、壮丽。这就给人以活的美感,留下了"活的记忆"。又如,绍兴的沈园,对陆游来说留下了不同寻常的回忆,当陆游重游沈园时,尽管杂草丛生,人迹已逝,一派秋风落叶之景,但他却倍感亲切。他对这里的一草一木都有很深的感情,一草一木都能使他回忆起过去和唐婉相见的情景。

## 二、生理美感

生理美感是通过人们的生理感官,包括眼(视觉)、耳(听觉)、鼻(嗅觉)、舌(味觉)、身(指皮肤、肌肉和内部器官,专司触觉、温觉、内在筋肉运动感觉,身体对外部事物位移的感觉等)和大脑体现出来的。这些感官对客体对象的感性把握,是美感经验产生的生理基础,不妨称做"本能的美感"。生理美感大致可以产生如下的效果。

### 1. 色彩美

所谓色彩美,是指不同的色彩给人不同的感受,最直观的是各种颜色给人的感受。颜色有暖色、冷色和中性色,它们对人所产生的心理作用不同。一般人认为暖色为积极的颜色。如红色、橙色、黄色等,可以引起人们瞳孔放大、心脏脉搏跳动加剧、神经兴奋,有扩张炎热的感觉。红色乃血液的颜色,使人欢快、催人奋进,给人以激越和热情的感觉;淡红色给人以活泼娇美之感;黄色给人以柔和、温顺之感;鹅黄色更是温柔娇嫩、楚楚动人。冷色一般被认为是消极的颜色,如淡绿、淡蓝。不过绿色在大自然中却是生命的基调,活力的象征,给人以清雅、幽静、清新、舒适之感;蓝色象征高远和开阔,仰望蓝天,心旷神怡。思绪千里,给人以自由感、奋进感和搏击自然的自豪感;白色使人感受到高洁、纯真、无瑕之美;紫色给人以持重、端庄、老成之感;灰色则给人寂寥之感、萧条之情,若配以灰黄、暗红、深绿,则如临深秋、初冬之势;灰黑色在某种场合下给人以肃穆、严酷之感……当然色彩的综合更能使美感显著而集中,如红、黄、绿相互点缀,则如同一群天真活泼的儿童在欢快地跳舞、唱歌,同样显示出欢快的效果和青春的活力,而且比单一的色彩更能鲜明地体现美感。

在自然景观中,光、水体、大气和万物都会给人带来美的享受,产生美感和神秘感。光的效应所产生的色彩美感,如"佛灯"或"佛光"、大气在海滨和沙漠地区产生的"海市蜃楼"、雨后的彩虹等;水体构成的色彩,如蔚蓝的大海、湛蓝的天空、雪白的浪花和冰雪的色彩美。雪后,大地银装素裹、万树银花,给人以纯贞、洁净的色彩美;而淡云满雾使人产生无限情思,显得柔和、淡雅、协调、亲切。

**2. 音响美(听觉美)**

音响有自然产生的,也有人类创造和动物活动发出的。自然界里,潺潺的流水、婉转的鸟语、呼啸的山林、澎湃的海涛、淙淙的小溪、叮咚的清泉、春天的绵绵细雨、炎夏的滂沱大雨,总之,风声、雷声、波浪声、松涛声……这些都是自然的音响。人类创造的音响,如各种器乐演奏的音响。

人类创造的音乐,是高雅而文明的音响。音乐给人类带来了极大的乐趣和精神享受。它可以改变人们的思想情绪,可以鼓舞人们的斗志,如同色彩一样可以激人奋进。如果音响美配以色彩美,更能达到完美的效果。

**3. 嗅觉美**

嗅觉美以各种芳香气味的嗅觉美感和舌觉美感为特征。鲜花散发的馨香,喷泉的甘甜、清冽;山村和海滨的清新空气;原野田园的泥土香等,这些都是自然界赋予人类的嗅觉美感对象。人为的嗅觉美,如一些饮料的芳香、一些洁身用品的芳香味和各类化妆品的芳香味;还有烹调的各种美味佳肴、各色各样的食品等,都会通过鼻、舌给人带来美感,带来精神上的愉快。

**4. 状态美**

状态有静态和动态两种形式。就静态美来说可以有形象美与体态美。各种自然景观,如山石风光的雄、险、奇、秀;人文景观,如各种建筑和造型艺术、园林艺术、各种工艺品、雕塑的形态和体态,都可以作为静态美或形象美。

动态美有主动型动态美和被动型动态美。各种动物都是主动型动态美的典型,例如,狮子的威严、鹿的敏捷、兔子的灵巧、猴子的好动。被动型动态美的例子很多,如在狂风的作用下树的摇曳;被微风吹拂的柳枝的轻松愉快;在狂风的作用下,海浪猛烈地拍击海岸而“卷起千堆雪”。另外还有些人物塑像和生物造型,可反映外在的形体美、动态美及其内在的象征意义。

综上所述,生理美感给人带来愉悦和快感,这种生理快感属于生理本能的低级状态。它是感官由于获得物质上、生理上的满足而产生的一种自由舒适的感觉。这种生理快感偏重于实用价值和物质享受方面,受时间和空间的严格控制。此时此地有美的对象,生理美感便很快反映出来,时过境迁,生理反应和接受美感的兴趣也就会随之转变。时间越长,美感的印象也就越淡薄,直至在人的大脑中被排除。因此这种美感可以看做是一种“死的美感”。就如同一块石碑,当初刻着深刻而清晰的碑文,随着时间的流逝,以及风吹、雨打和日晒,会逐渐消失,不能永驻于人的大脑之中。相反,前面所述心理上和精神上的美感,则以精神生活为满足,反映了人们对精神文化的渴求。也就是说,美感在于通过感官感受到感官对象对精神所产生的作用,并由此而升华为一种高级形态的满足和愉悦,从而深刻地领悟、理解和欣赏到感官对象本身所蕴藏的更多、更深的审美内容。

## 第二节 旅游资源欣赏

### 一、旅游业与旅游欣赏

说得简单些,旅游业是从事旅游经营活动的事业,属于国民经济中的第三产业。说得详细些,旅游业是利用旅游资源,为人们旅行游览提供服务,属于文化建设的综合性服务行业。它包括一切直接向旅游者提供服务及商品的交通、宾馆、餐饮、娱乐、购物及旅行社等部门和场所。随着人民生活水平的提高,度假旅游已成为人民生活的一项重要内容,推动着旅游业的发展。

旅游业是旅游者欣赏、享受旅游景观时必不可少的媒介。旅游者从旅游业所提供的服务里,不仅得到物质方面的享受,还有精神方面的陶冶。

为了使服务体贴周到,各地各类旅行社和大饭店等旅游企业,不仅对游客的旅游路线、游览内容进行周详的安排,而且对旅游者的食宿处所、搭乘的交通工具和停留的时间也都有恰当的调度。这种一揽子承包的导游服务,也就是“旅游智力资源”的提供。它可分担旅游者的杂务,使他们能集中时间和精力更好地对旅游景观尽情欣赏和享受。

一揽子服务的旅游业,必须对各个环节进行系统考虑、妥善安排。首先,要根据已有的资料——旅行社或旅客登记表进行游客心理分析。从游客的年龄、籍贯

(国籍)、性别、民族、职业、职务、文化水平、婚姻状况等情况出发,作出多种不同的安排。

例如:对新婚旅游者要安排他们在单房独间住宿,旅游时要多安排他们单独活动的时间,因为他们对景物的欣赏往往融于甜蜜的情爱中;对老年旅游者,宜放慢节奏,路线宜精不宜散,因为他们虽然体力较弱,但阅历丰富,不满足于一般性的泛泛而谈,喜爱细腻地观察;对摄影爱好者要多提供诗情画意、欣赏角度美妙的场所;对年轻力壮、喜动厌静的青壮年,可多引导到惊险的景点去欣赏、游览。

旅游业经营者在食宿方面应为游客多准备几套方案,如山西游客爱喝醋,四川游客爱麻辣,北方游客不喜过多的鱼腥,江南游客喜甜食,广东游客爱吃蛇肉等,还要兼顾少数民族的生活习俗。过惯城市生活的人意欲多尝新鲜蔬菜、瓜果,国外来的旅客喜中餐甚于西餐。这种游客的饮食心理分析是十分重要的,否则不问东西南北,一律提供豪华的筵席,浓油赤酱,中西全席,非但不能赢得旅游者的喜爱,而且每餐大鱼大肉、猜拳行令,把欣赏美景的时间都白白浪费掉,可谓是舍本逐末。

要使旅游业的经营走上现代化、优质化的道路,还应对"可吸引范围"内的游客进行系统的性格和气质分析。

按照心理活动的倾向划分,游客的性格大致可划分为外向型和内向型。

外向型者,心理活动倾向于外部,活泼、开朗,容易流露自己的感情;待人接物决断快,但比较轻率;独立性强,一般不拘泥小节,喜欢同他人交际等。

内向型者,心理活动倾向于内部,感情比较细腻深远;待人接物比较小心谨慎,经常反复思考;常因过分担心而缺乏决断力,但办事锲而不舍;多自我分析,不爱交际等。

性格是一个人对客观事物的稳固态度和习惯化了的行为方式。如上所述,它表现在对现实的态度、意志、情绪和理智四个方面。

与性格有区别却又与之密切相连的是气质。

气质表现于心理过程的速度、稳定性和心理活动的指向性等方面。气质的差异给社会上的每个人在外观上都染上了独有的"色彩"。一般说来,人的气质可分为:多血质(活泼好动)、胆汁质(直爽热情)、黏液质(安静稳重)、抑郁质(多愁善感)等。

气质和性格是互相渗透、互相联系、互相制约的,一定的气质往往赋予一定的性格。当然两者之间有时也有参差和重叠。

在旅游中,不同气质、不同性格的人对旅游资源的欣赏要求是有许多差异的。外向型的旅游者在旅游欣赏上往往表现为"追新猎奇型",而内向型的人往往表现为"安乐小康型"。

现把这两种类型的旅游者对旅游欣赏的差异,列表比较如下:

表4-1　两种类型旅游欣赏差异表

| | |
|---|---|
| 安乐小康型 | 追新猎奇型 |
| 熟悉的旅游地 | 自己足迹未到或游客足迹罕至之处 |
| 传统的旅游活动项目 | 新内容、新项目、新情趣 |
| 阳光明媚的观光娱乐场所 | 稀奇古怪的场所 |
| 活动量小 | 活动量大 |
| 乘车前往旅游地 | 乘飞机或徒步旅游 |
| 设备齐全的食宿设施 | 较好的食宿服务，但不一定是现代化的设施。喜野餐露营 |
| 熟悉的气氛、朋友和娱乐场所 | 跟不同文化类型的人会晤、交谈 |
| 把旅游活动排得满满的，包价旅游、团体旅游、带向导或陪同旅游 | 要有基本的旅游安排（交通和旅馆），但允许较大的自主性和灵活性 |

理想的旅游业，应根据不同类型、不同动机、不同经济文化水平的游客，作出多样性、多方案的安排。游客们也可按照自己的志趣、爱好和经济力量进行充分的选择。这样的旅游业才能被称为现代化的、优质的旅游业。而那种不问青红皂白，不管多层次、多客源的不同志趣、爱好和实力，一哄而起，盲目攀比，到处兴建高级宾馆、高价供应，内容又千篇一律、枯燥乏味的旅游业，只能说是低水平的、不完善的，既会造成国民经济的损失，又不受多数游客的欢迎。

总之，开展旅游业，首先要结合"旅游资源分析"来作具体的安排。

## 二、旅游资源欣赏的方式

旅游资源可供游览欣赏，但不同的欣赏方式可产生完全不同的欣赏效果。因此，掌握好游览欣赏的规律，是欣赏旅游资源的理想办法。

（一）状态欣赏方式

**1. 静态欣赏**

静态欣赏，是指游客停步或在休憩处静坐欣赏景色。这种欣赏方式比动态欣赏时间长，可以充分获取感受量。适应这种欣赏方式的旅游资源构景一般比较复杂，能吸引游客细心观摩，有的资源虽不复杂，但具有含蓄、深远的意境，耐人寻味。例如山崖瀑布、地貌造型、湖面白帆、大海波涛，殿宇中的佛像、溶洞中的钟乳石造型、石窟的壁画及各种古桥、题记、诗赋、古木等，都需或坐或立，在相对固定的位置上加以静态欣赏。

**2. 动态欣赏**

动态欣赏，是指游人处于动态中的观景行为。按"动"速又可分为：步移景异的慢速游览和车动景移的快速游览两种。前者速度慢，可以接受较多的感受量，因此风景点配置一般应密集些，当然也不能过密、过于连贯，以便使游者在疏密相间的游程中有起有落地欣赏风景。后者移动速度快,游客所能获取的感受量有限,故汽车游览路线宜于配置间距较大的观景物。这种欣赏方式多是一带而过,变换极快,只能了解概貌,是游览城镇市容的适宜方式。

(二)远近欣赏方式

**1. 近距离欣赏**

这种欣赏一般较细,看得真切,适宜安排小体量的景点。如池中观鱼,湖岸观光,殿宇内观壁画和佛像,桥上观栏柱石刻,以及门前观楹联、喷泉、花卉等。有时为加强欣赏对象边高耸感,必须把欣赏点置于主景前的局部环境中,意在营造崇敬的气氛。如纪念碑、塔,近距离欣赏,碑、塔高耸,使人产生崇敬感。

**2. 远距离欣赏**

远距离欣赏,一般适于观全景、远景、大体量的景致。例如群山逶迤之景、水天一色之朗、湖光塔影之妙、大江奔流之势、大桥飞架之姿、白云飘逸之趣等,这些构景,只有远眺方可领略其精深而博大,恢弘而昊渺之所在。如站在含鄱口观鄱阳湖,可感气吞湖水之势、景名来历之妙。有些地貌造型,只有远看方觉形象逼真,走近则面目皆非,就像一幅油画,近视效果很差。

(三)高低欣赏方式

一般对景物的欣赏是先远后近,先群体后个体,先整体后细部,先特殊后普通,先动景后静景。另一方面,游人在欣赏过程中,由于所处位置不同,平视、俯视、仰视,给游人的欣赏感受大不一样。

**1. 平视欣赏**

平视欣赏风景,人们的头部不必俯仰移动,是比较舒服的。故远近景色以多布置平视方式为宜。

**2. 俯视欣赏**

俯视是居高临下地观看景物,能够看得更远,适于眺望辽阔的风景全貌,可给欣赏者以豪迈险峻的感觉。但有时会有生命危险,因此,必要时须建造一些安全设施。

**3. 仰视欣赏**

仰视是当景物高于视点时,仰头上望,能增加风景的高度感和庄严肃穆的气氛。欲取得这种观景效果,一般应选择好仰视欣赏的最佳位置。

## 三、旅游资源欣赏的方法

风景欣赏,主要是旅游者动用视觉方式,从不同角度对旅游资源进行观赏,从中得到不同心理感受的一项审美活动。一般从不同的方位、角度、距离观察风景,会获得完全不同的景观感受效果,归纳起来,大致有以下八法。

**1. 纵目远眺法**

这种方法主要适合于高深、辽远景致的欣赏。它可以扩大视野,获得扑朔迷离的观景效果。“白日依山尽，黄河入海流。欲穷千里目，更上一层楼”，可谓远眺赏景之绝唱。

**2. 近览细品法**

若要欣赏景物的细枝末节，采取此法较好。如观摩碑碣石刻、楹联匾额、馆藏文物、书法绘画等，循此法仔细鉴赏玩味，可以觅得真趣。站在寒山寺碑廊前细读《枫桥夜泊》：“月落乌啼霜满天，江枫渔火对愁眠。姑苏城外寒山寺，夜半钟声到客船”，好似沉浸在唐代诗人张继当时所处的意境之中。

**3. 翘首仰望法**

身在山麓仰望. 山势显得格外巍峨高耸，大有压顶之势，使人产生某种威严和压抑。如置身大渡河尽头沙滩上，仰望岷江对岸的乐山大佛，挺拔高矗，端庄肃穆，鬼斧神工，令人叹服。

**4. 凭栏俯瞰法**

每处风景区都有几个视线开阔的欣赏点。楼台亭阁、山头塔顶等制高点，通常是俯瞰佳境。如登临黄山天都峰，此刻大地、群峰、峡谷、溪流、树林都在自己脚下，朵朵浮云在山腰间冉冉而过，甚至可以看到飞鸟的背脊，大有“会当凌绝顶，一览众山小”之气派，登临者莫不产生踌躇满志之感。

**5. 环顾一览法**

欣赏者选择一个适当位置为中心点，随着视线的横向移动，一个个景物展现在眼前，心胸为之开阔。站在狼山之巅环顾四望，并欣赏广教寺前一幅石刻对联：“长啸一声山鸣谷应，举头四顾海阔天空。”与游人心境相呼应，登临者无不心旷神怡。

**6. 移步换景法**

有许多山峰或巨石，由于自身奇特的形态，欣赏者立足点选择得当，诸景就会惟妙惟肖地展现眼前。雁荡山大龙湫附近的一帆峰，从不同位置、角度、距离看，有一支香、一支笔、啄木鸟、剪刀、夫妻、天柱、八面皆峰等形象出现，可见，欲穷无限风光，就得移步，就得登攀。从特定的时间和空间去审视，会获得无穷乐趣。

**7. 时间交差法**

不同景物由于季节和时间的差异，给人以不同的感受。如杭州西湖的四季景，即苏堤春晓、曲院风荷、平湖秋月、断桥残雪；普陀山的四时景，即朝阳涌日、莲洋午渡、磐陀夕照、莲池月夜。有时同一景物，在不同时间显现出不同形象。如雁荡山灵峰附近的一座山峰，白天称合掌峰，而夜间像一对相亲相爱的夫妻，故又称夫妻峰。

**8. 即景抒情法**

人们常说触景生情，就是景物的鲜明形象，给人以浓郁的主观感受，陶冶情操、触发情感游览嘉兴南湖，参观烟雨楼前那艘曾经是中共“一大”会址的仿制游船，人们会不由得缅怀毛泽东、董必武等老一辈革命家，更加珍视无数革命先烈流血牺牲换来的和平幸福,憧憬未来时日之美妙,并产生热爱共产党、热爱祖国、热爱家乡之感,树立献身四化、振兴中华的高度责任感。

总之,欣赏风景是一项综合性艺术,只有调动全身感觉器官,才能培养高尚的情操,获得人生之大乐趣。

## 第三节 旅游资源美的典型例证

### 一、旅游资源的色彩美

色彩美在旅游资源中最为直接地映入游人的眼帘,给人留下深刻的色彩美感。色彩美可以分为天文型、气象型、山水型、生物型及建筑型。

天文型,以日光、月光最为典型。在某些风景区的特定景点及特定时节、时辰,日光和月光能给人以美的享受,从而形成天文型色彩美。北京的“卢沟晓月”、“金台夕照”;杭州的“苏堤春晓”、“雷峰夕照”、“三潭印月”及“平湖秋月”;广州的“鹅潭印月”、“红陵旭日”、“东湖春晓”;陕西关中一带古八景中的“骊山晚照”;武汉的“江汉朝晖”;九华山的“天台晓日”,以及泰山、黄山等风景区的日出,都是日光、月影给人类留下的天文色彩美。

气象、气候型的色彩美,主要指由雨、霜、露、雾、汽、云、风、虹等所形成的色彩美。积雪型的,如陕西的“太白积雪”、北京的“西山晴雪”、杭州西湖的“断桥残雪”、九华山的“平冈积雪”、避暑山庄的“南山积雪”等;云雨型的,如广州的“双桥烟雨”、武汉的“白云黄鹤”、三峡的“巫山云雨”;还有霜露型的,如“玉阶生白露”、“春晨花上露”,以及“赤橙黄绿青蓝紫”的虹霓美。

生物型,如北京的“居庸叠翠”、“蓟门烟树”,武汉的“宝塔岳松”、“珞珈林海”,杭州的“黄龙吐翠”;又如内蒙古大草原上一群群的牧羊,如同朵朵白云。前者是以花木为主体的植物型色彩美,以其枝、叶、花、果而取胜,后者以动物色彩美而感人。纯粹以花为主体的色彩美者,如广东的“罗岗春雪”(梅花)、烂漫的山花、春山的迎春花等,另外云南的山茶花、峨眉的杜鹃花、北京的月季花、洛阳的牡丹花、东北的君子兰、广东的木棉花等,不仅给人们留下了美的享受,而且成为人们美好理想的寄托。

山水型的色彩美,实际上主体仍然为植被与花草树木,常言“青山绿水”,尽管咏山歌水,而本质是植被。当然也有以山水本体为特色的,如粤北的丹霞地貌、甘肃一带的雅丹地貌、大西北的黄土景观、戈壁滩的荒漠景观,体现出古朴典雅的旷世之美。水体的色彩美,如青海湖、洞庭湖,滨海型的北戴河、青岛、大连、厦门等地的海滩,或波光粼粼,或湛蓝深邃;长江、黄河或以烟云为托,或以碧空为衬,则另有一番茫茫然高远含蓄的色彩美感。

## 二、旅游资源的状态美

状态美有动、静之分，且有造型艺术与自然形象之别，后者也可称之为静态美或形态美，自然资源与人文资源中皆有体现。

动态美，既有动物造成的动态美，也有静物中内涵的动态美，还有自然界中的各种天象、气候造成的动态美。如动物型动态美，有万马奔腾的浩大气势，南飞大雁一忽儿排成"人"字、一会儿组成"一"字的变化美，群鸽腾空，宿鸟投林，白鹤展翅、孔雀开屏，鸭群嬉水，飞蝶流萤等；气候型动态美，有"白云松涛"（广州）、"太掖秋风"（北京）、云涛滚滚、烟云缭绕、彩云追月等；水体型动态美，有高山流水、行云流水、波涛汹涌、白浪滔天，以及瀑布形成的千尺雪、悬流喷薄、素练凝玉等。

形象美，包括象形的形象美，如武陵源的"夫妻岩"、"仙女献寿"、"采药老人"、"千里相会"，桂林山水中的象鼻山、月牙山等，以及各种奇异山石构成的天然造型美，如黄山的仙桃石、普陀岛的达摩峰、泰山的望海石等。

建筑与雕塑的造型美，如古代各种庙宇佛塔的建筑艺术，就式样而言，有楼阁式塔、密檐式塔、亭阁式花塔、金刚座式塔等，有的高大雄伟，有的则小巧玲珑，从而形成丰富多彩的塔式；故宫的威严、天坛的空旷、颐和园的优雅、十三陵的肃穆、苏州园林的悠闲娇巧等，都是造型艺术的精华。

各种石雕、石刻、木刻、金塑、泥塑、陶瓷艺术、编织、绘画艺术，为园林和博物馆增添了无限的艺术形象美。秦兵马俑自成体系，被誉为世界第八奇迹之一。神话传说中的龙、凤，在我国的许多建筑艺术和雕刻艺术中占有相当大的比例，如大同、北京等地的九龙壁，皇家园林中龙凤形象处处可见。

## 三、旅游资源的音响美

自然界中的瀑布、松涛、风啸雨滴、电闪雷鸣、叮咚泉水、潺潺溪流、大海波涛、湖浪拍岸、雨打荷叶、雨打芭蕉等，在特定的条件和环境里会成为一种供游人欣赏的音响美；动物的嘶叫、昆虫的曲鸣、百鸟的啼唱、秋夜的蛙歌等，这一切都形成了生命的交响曲。

人类创造了各种各样的音响美，如我国各地的民歌、山歌、戏剧，以及各种音乐，如江南丝竹、广乐音乐等，都是人类的瑰宝。

除音乐外，还有其他的人为音响也可成为旅游者欣赏的音响美，如古刹钟声，其代表有西安的"雁塔晨钟"、九华山的"化城晚钟"。相传九华山城有铜钟 99 口，每当红日西沉，钟声四起，声满 99 峰，可谓气势浩大。

另外在我国古建筑物的设计中，有些运用了声学原理而产生音响美，如北京天坛的回音壁。另外，被誉为世界四大奇塔之一的山西永济普救寺舍利塔（又称莺莺塔）的蛙音回声更是奇特，在塔的四周击石拍手，便可听到清晰的蛙音回声，随着位置的变换,蛙音也有空中地下的变化。石钟山的钟声则是因自然界中某些特殊的地貌(溶洞)现象而自然产生的音响美。

### 四、旅游资源的味(嗅)觉美

味(嗅)觉美就其本源是各种物体所特有的气味,以植物型为主,其次还有土、石、山、水、气的味。以植物型为例,如风景区各色花草的芳香,春天含苞待放的香气,夏日百花锦簇的浓郁香馨,秋天桂花袭人的醉香、菊花的清香,冬天梅花的暗香。其他的香味,如春雨过后山野的泥土香;海滨、湖摈的清爽之感,以及"春晨露,芳气著人衣"的清新,都使游人为之陶醉;另外还有人为的酒香和食品的美香,在游人休憩之际,斟一杯美酒,品一杯名茶,尝一点佳肴,能增添无限的惬意。

## 本章小结

本章从心理和生理两个方面对旅游资源欣赏进行了引导。一定时代和社会,一定的民族和阶级对美的凝练和积淀,构成了旅游资源欣赏的多重特征;同时,对美的感受的差异也随着美的进程打上了时代的烙印。只有充分结合现代社会实践活动,在长期的历史进程中不断丰富、发展和完善,才能够体会和总结出与旅游业发展息息相关的旅游资源欣赏的方式和方法,并借用方式和方法进行"自然的人化",进而提高审美意识。

## 思考与练习

1. 本章讲述了心理美感和生理美感。除此之外,你能否再列出两条来?
2. 你对心理美感称为"活的美感"有何见解?
3. 理想的旅游业应如何安排?

a. 根据游者类型

b. 根据游者动机

c. 根据游者经济文化水平

d. 根据游者生理状态

e. 根据游者意志

4. 试列表比较"追新猎奇型"和"安乐小康型"的旅游欣赏的差异,并提出可行性措施。
5. 旅游资源美的内涵有哪些?并举例说明。
6. 假若进行旅游,你会采用哪些欣赏方式和方法?(请选择你所熟悉的某一景点,以边赏边讲的方式举例说明)

# 第 5 章

# 旅游资源调查与评价

**课前导读**

旅游业发展方兴未艾，但由于旅游资源的有限性往往阻滞其发展。这种资源的有限性和发展的相对无限性交织在一起，迫使旅游资源开发与规划工作的第一步，必须放在弄清楚旅游资源状况，即对旅游资源进行调查与评价上。只有建立在翔实的旅游资源调查和评估基础上的合理开发利用，才能使旅游业可持续发展，从而为旅游业良性运行打下坚实的基础。本章将对旅游资源调查与评价的方法和模式作一个全面的介绍。

**学习目标**

通过学习本章，要实现以下目标：

- 明确旅游资源调查与评价的目的
- 掌握旅游资源调查与评价的内容
- 了解各种旅游资源调查与评价方法的特点
- 熟悉旅游资源调查的程序
- 把握旅游资源评价的原则

## 第一节　旅游资源的调查

### 一、旅游资源调查的目的

旅游资源调查是进行旅游资源评价、开发规划及合理利用与保护环境的最基本的工作。其主要目的是：了解一个地区旅游资源的数量、分布、类型、特点、功能、价值等，并建立一个较为全面的资源信息系统，从而为旅游资源开发导向、开发规模的确定提供有力的参考依据。

## 二、旅游资源调查的内容与重点

(一)旅游资源调查的内容

旅游资源大体上可分为两大类:自然资源与人文资源。自然资源包括:气候、湖泊、峡谷、海滩、动物、植物、火山、自然保护区、温泉等以自然造物为主的景观。人文资源包括:考古、历史与文化遗址、特殊的文化格局、文化节日、宗教信仰、工艺品与艺术品、特殊的经济活动、博物馆及文化建设、主题公园、各式会议、特殊事件、历史人物、风俗习惯、消遣娱乐与体育竞技等。因此对一个地区旅游资源的调查就必然包括上述内容。

由于旅游资源开发涉及的层面很多,所以调查内容还须包括:区域经济格局(包括人口特征、消费水平、土地利用、土地产权特征、产业结构、物价等);环境质量(包括位置、交通、通信、电力、环卫、供水、地方性传染病、自然灾害等);制度因素(开发政策结构、投资政策、旅游法规、政府管制、旅游教育与培训);旅游地承载力(包括生态的、心理的、社会的、经济的);可能的客源分析及邻近旅游地对调查区域产生的积极或消极的影响等。

(二)旅游资源调查的重点

鉴于上述调查内容繁多,旅游资源调查应着重于以下几个方面。

**1. 旅游吸引物的调查**

包括前面所提到的各类自然景观和人文景观,大致掌握哪些旅游资源具有开发价值或适合发展的旅游项目,并初步确定其分布情况和规律以及开发现状。

**2. 大城市和交通沿线及人口密集区的普查**

旅游资源调查是为旅游资源评价与开发规划服务的。旅游资源开发后,吸引游客愈多,经济效益和社会效益就愈大。在靠近大城市、交通沿线附近和人口密集的地区,因距客源近、交通便捷、潜在游客多,即使资源水平略低,数量较少,只要有一定特色,也颇能吸引游客。远离大城市和交通沿线者,只有规模宏大、特色突出、价值高的旅游资源,才能吸引一些有时间和精力、舍得花钱的游客前往。

**3. 调查区及其所依托城镇的经济、交通和社会环境的调查**

这一调查包括调查区和其所依托城镇的经济状况、接待条件、社会制度(或制度因素)、风土人情、文化素养、物产分布等。所有这些外部条件都直接影响着旅游资源开发的可行性程度。

**4. 重点新景区的调查**

重点新景区主要是指调查区内具有显著特色与功能的景观。调查其开发现状与开发前景,并与同类景观初步类比,对以后的开发利用具有重要的指导意义。

**5. 旅游承载力的初步调查**

旅游承载力的调查包括:

(1)生态承载力——地区环境问题产生的限度。如电力、供水、排污、环卫医疗、自然灾害等。

(2)心理承载力——游客在转向另外的目的地前,在该地期望得到的最低娱乐程度。

(3)社会承载力——当地居民对来访游客最大忍耐程度,或游客能够接受的拥挤程度。

(4)经济承载力——在不影响当地居民生活的情况下所能举办旅游活动的能力。

## 三、旅游资源调查的程序

### (一)室内准备工作

(1)确定调查区域范围、调查内容与项目、调查步骤与阶段性成果及最终成果要求。同时,成立由多学科专家或专业工作者与当地政府工作人员组成的旅游资源调查评价考察队。

(2)搜集整理有关文献、图表等资料,并初步制定旅游资源的分类体系。搜集和阅读前人有关本区和邻区的自然与人文环境本底及旅游资源等方面的文献、图表资料,加以系统整理,作为实地调查的参考。而分类体系的制定主要是为了使旅游地的资源类型不至于重复归类或者被漏掉。当然,分类方案也可以根据本区具体情况来制订。

(3)制订计划。主要根据所承担的旅游资源调查的要求,结合资料整理反映的情况,编写出计划任务书。包括所需完成的任务、目的要求,将采用的工作方法、技术要求、工作量、人员配备、工作部署安排,所需设备、器材和经费等,并提出预期成果。

### (二)实地调查(或野外调查)

**1. 概查**

概查又称概略性调查,指全国性或大区域性的旅游资源调查。一般利用比例尺小于1∶500 000的地理底图。概查通常是对已开发或未开发的已知旅游资源区的资源状况进行现场核查,大致掌握哪些旅游资源具有开发价值或适合开发的旅游项目。调查的结果可以用旅游资源表或旅游资源分布图表示,旨在对旅游业发展前景提供背景情况。

**2. 普查**

普查是指对一个旅游资源开发区或远景规划区的各种旅游资源进行综合性调查,一般在大、中比例尺(1∶200 000～1∶50 000)的地形图或地理图上进行。普查以实地考察为主,首先要收集比例尺为1∶50 000～1∶200 000的地形图、地质图及航空照片,对调查区的地形、地质概况有一全面的了解。在第一阶段的基础上,加密调查区的点、线，对旅游资源的规模、质量、美感、可能的客源等进行系统调查，同时利用素描、摄影（像）等手段记录可供开发的景观特征。调查的结果以旅游资源图和调查报告及辅助资料（如摄影集、录像带）的方式提供，并进行同类初步类比。目的在于为资源开发区和远景规划区提供翔实、系统、全面的旅游资源分布和景观特征的资料，为旅游资源的开发评价和决策作准备。

**3. 详查**

在以上两个步骤完成后，在所发现的旅游资源中，经过筛选，确定一定数量的高质量、高品位的景观作为开发对象，进行更详细的实地勘察，即详查。详查时须组织多学科力量对重点旅游资源进行详细勘察，以弄清资源的成因、历史演变、现状及景观类型等，并比较在同类旅游资源中的特色所在，建立旅游资源的分类体系。同时还需对调查区的自然、经济、技术、能源、交通、环境质量等进行调查分析；对投资、客源、收益及旅游业的发展给区域的经济、社会文化和生态带来的影响作出预测；确定调查区旅游发展的方向和重点项目以及解决制约因素的办法，并提出规划性建议。

此外，对具有特殊专业旅游意义的旅游资源须作专业性调查。如昆明附近的梅树村层型界面（被誉为中华大地上的第一颗金钉——作为国际层型界面之一）、元谋人遗址和第四系剖面及动物群等就须作专业调查。

（三）编写旅游资源调查报告

**1. 整理总结**

（1）资料、照片、录像片等的整理

将调查所得全部资料进行分类整理、综合分析，对所摄照片或录像片进行放大或剪辑，并加以简要的文字说明。

（2）图、表的编制和缩绘

野外填绘的各种图件是调查的重要成果之一。室内整理时应将其与室内复核分析整理过的资料互相对比、校核，增订原有内容和界线，做到内容真实准确、主题鲜明、图面结构合理、线条色彩清晰柔和，最后缩绘为正式图件。在此基础上还可拟出所调查景区的规划简图。

**2. 编写调查报告**

其主要内容一般包括：

（1）绪言。包括调查任务来源、目的、要求、调查区位置、行政区划与归属、范围、面积、调查组人员组成、工作时限、工作量和主要资料及成果等。

（2）区域地理概况与人文概况。区域地理概况包括地质地貌、水系水文、气象气候、植被土壤、交通环卫与经济格局等。人文概况包括人口特征、社会风尚、宗教信仰、传统文化与艺术等。

（3）旅游资源状况。包括旅游资源的分布、规模、成因、历史、分类、现场调查评价和初步的分析比较(尽可能附带素描、照片和录像资料)。

(4)旅游资源评价。包括评价的内容、采取的方法、所取得的初步结论等,同时还须分析调查区所依托之城镇的经济、环境和社会条件,以及外部市场动态对旅游发展产生的有利和不利的因素(可参见第二节)。

(5)提出建议或结论。

## 四、旅游资源调查的方法

旅游资源调查涉及多种学科,使用的方法也比较多。其主要方法有以下几种。

(一)资料统计分析法

一个旅游资源区是由多种景观类型和环境要素组成的,仅主要景观要素就有百余项。卢云亭先生将其分类如下:

基本景观要素——陆面、水域、山地、平原、丘陵、盆地、草原、林地、沙漠、滩地等;

风景地质地貌要素——地质构造、地质剖面、化石、地震遗迹、峰林、洞穴、峡谷等;

风景天气、气候背景要素——阳光、天空色彩、冷暖、风、云、雨、雪、日出、海市蜃楼等;

风景水要素——河、湖、泉、瀑、海等;

风景动植物要素——林木、古树、珍稀树种、观赏鱼类、鸟类、兽类、花卉、绿地等;

人文景观要素——如城市、村镇、田园、工厂、桥梁、碑碣、题记、楹联、壁画、雕塑、石窟、纪念地、名人故居、历史事件遗址等。

这些要素需要分别统计其面积、长度、宽度、深度、高度、湿度、透明度、直径、种数、个数、层数、含量等。这些基本的调查统计资料对确定一个调查区的旅游特色和旅游价值具有重大意义,也是设计旅游环境和生态系统的基本依据。

下面介绍西班牙国家旅游资源普查系统。它亦可应用于旅游区的资源普查与分类。从1961年开始,西班牙就开展了全国旅游资源普查,目的是为建立全方位的旅游资源信息系统并为西班牙旅游业发展提供科学详细的背景资料。旅游资源总共分3个一级类型、7个二级类型和44个三级类型。有以下特点:

(1)符合通常的旅游资源分类。其中3个一级类型分别是自然景观、建筑(人文)景观和传统习俗。二级类型中的自然风貌、风俗、文学历史等;三级类型中的山色、石景、草原、瀑布、湖泊、温泉、洞穴、教堂、古堡、居民、民间艺术等亦为常见类型。

(2)有明显西班牙地方特色。分类重视突出西班牙文化的人文景观与活动,如教堂、古堡、狩猎、捕鱼、酿酒、烹调、民间节庆等。

其次,普查内容与方法有条文明确规定:第一章涉及旅游资源普查范围、资源分类及调查项目与方法;第二章涉及旅游的环境因素,调查项目包括交通基础设施、城市规划、资源保护、旅游销售、旅游需求等；第三章涉及旅游资源利用，包括调查基本旅游路线、对已有旅游景点和景区、景线进行分析和评价，提出资源开发总目标及基本规划；第四章涉及制订旅游资源具体开发计划，包括计划中的实施方法、工作步骤、投资监督等。

最后，普查成果是一份旅游资源普查表，除了资源区位地理情况、资源描述、服务网点情况、资源保护等内容外，还有以下几点颇具特色：

(1)对资源按照景点本身的价值、开发利用程度、保护级别等进行分类评价；

(2)普查表中由景点隶属关系(所有权)、必要的修复、潜在客源、旅游类型、交通设施、景点之间的关系等，共同决定景点的重要程度，确定该景点是否需要开发与何时开发；

(3)普查表图文并茂。

(二)资源图表法

将调查到的资源描绘在图件上，形成旅游资源分布图、利用现状图，区分哪些区域具有开发的可能，并将旅游资源图与工、农、矿区、城市等图件重叠，进行综合平衡、评价、比较。

(三)区域比较法

采用此方法可将两地或多地不同类型或同类型资源加以比较、评价和分析，得出其景观美的一般特征和个性特征，以便开发利用。

(四)遥感调查法

现代遥感技术已初步应用于旅游资源调查中并取得了较好效果。如中国地质大学(北京)遥感中心对北京十三陵地区、故宫博物院等地带进行的调查和图件绘制，非常精确地反映了这些地带的资源现状特征。

遥感调查主要是利用卫星照片、航空照片视野开阔、立体感强、地面分辨率高等优点，判读、解译图像中的旅游资源信息。此方法的优点在于：

(1)节约人力、物力、时间，提高工作效率；

(2)易于发现野外调查不易发现的景物，还可以借助反光镜进行资源主体观察和定量测量(如峡谷长宽、瀑布宽度与落差等)；

(3)能在人迹难至、常规方法无法穿越的地区进行调查和监测管理。其局限性在于遥感只能从空中俯视，在观察角度上有所不足，故仍需与地面调查相结合。

## 第二节 旅游资源的评价

### 一、旅游资源评价的目的

旅游资源的评价是在旅游资源调查基础上进行的深入的研究工作，是对一个区域发展旅游的潜力进行界定。评价的目的主要是：

(1)通过对旅游资源类型、规模、等级、功能、价值等多方面的评价，为旅游业发展确定导向、主题形象及发展规模提供参考依据；

(2)通过对旅游资源规模品位的鉴定，为国家和地区进行旅游资源的分级规划和管理，提供系统资料和判断对比的标准；

(3)通过对区域旅游资源的综合评价，为合理利用资源、保护环境、发挥整体效应提供经验，也为旅游资源开发定位准备条件。

## 二、旅游资源评价的原则①

### (一)客观实际的原则

旅游资源是客观存在的事物，其特点、价值和功能具有客观性。评价时应从实际出发，对其价值和开发前景既不夸大、也不缩小，做到实事求是、恰如其分地评价。

### (二)全面系统的原则

全面系统的评价体现在两个方面，一是旅游资源的价值和功能是多方面、多层次、多形式的。就价值而言，旅游资源有历史文化、艺术鉴赏、科学考察、社会等价值；就功能而言，有观光、度假、娱乐、健身、商务、探险等功能，故评价时要全面系统、综合地衡量。二是涉及旅游资源开发的自然、社会、经济环境和区位、投资、客源等开发条件，评价时要给予综合考虑。

### (三)符合科学的原则

即针对旅游资源的形成、本质、属性、价值等核心问题，评价时应采取科学的态度予以正确、科学地解释，而不能全部冠以神话传说，甚至带迷信色彩的东西。应充分运用地理学、美学、历史学、民俗学等多方面的知识，提高旅游资源点的趣味性、科学性，适应大众化旅游口味。

### (四)效益估算原则

旅游资源评价的最终目的是为了开发利用，而开发的首要条件是取得经济、社会和生态的综合效益。因此在评价时，要估算其效益，以确定开发决策。如开发后得不偿失则不宜开发。

### (五)高度概括原则

旅游资源评价过程中涉及的内容众多，评价结论应明确、精练，高度概括出其价值、特色和功能，以使评价结论有可操作性，利于开发定位。

### (六)力求定量原则

在评价区域旅游资源时，应尽可能避免带有强烈主观色彩的定性评价，力求定

① 杨桂华．旅游资源学．昆明：云南大学出版社，1998：174—175．

量或半定量评价，并要求不同调查区尽量采用统一标准的定量评价，以便评价过程中在同一基准下进行比较分析。

### 三、旅游资源评价的内容

旅游资源评价的内容极为广泛，涉及资源特色、资源环境及开发条件三个方面。

（一）旅游资源特色的评价

**1. 旅游资源特色**

"特色"是吸引游客的一个关键性因素，是一个地区旅游开发发展的生命线和产生效应的内力，也是旅游资源开发的可行性、超前性的重要决定条件之一。通过对调查区与其他旅游区的比较研究，寻找出旅游资源的特色，为确定旅游资源开发方向、市场定位和具体旅游项目的设计规划提供依据。

**2. 旅游资源的价值与功能**

一般说来，拥有观赏、历史、文化、科学、经济和社会等价值的旅游资源，均具有观光、度假、健身、商务、探险、科考（科学考察）、娱乐等旅游功能，据此可决定其功能导向和开发方式。

**3. 旅游资源的结构和规模**

一些孤立的旅游景观，即使特色、价值很高，功能也多，但仅依赖这点并不能形成综合优势。只有在一定地域和时间内，多种类型旅游景观的协调布局和组合，形成一定规模的旅游资源协同结构，才能形成一定的开发规模效应，获得较高的开发效益，故旅游资源的结构和规模，应是评价的不可缺少的内容之一。

（二）旅游资源环境的评价

旅游资源环境的评价即旅游承载力或旅游资源容量的评价。

**1. 旅游生态承载力（生态容量）**

即在一定时间内旅游区的自然生态环境不致退化的前提下，所能容纳的旅游活动量。它主要立足于当地原有的生态质量，考虑自然环境对于旅游场所产生的旅游污染物能够完全吸收与净化，因此生态容量的计算取决于一定时间内每个游客所产生的污染物数量及自然生态环境净化与吸收污染物的能力，同时人工处理方法亦可扩大环境承载力。区域生态承载力计算公式为：

$$Ce = \frac{\sum NiS + \sum Qi}{\sum \cdot Pi}$$

式中：$Ce$ 为区域生态承载力；$Ni$ 为每天单位面积土地对第 $i$ 种污染物的自然净化能力；$S$ 为区域总面积；$Qi$ 为每天人工对第 $i$ 种污染物的处理能力；$Pi$ 为每位游客一天产生污染物的数量。

**2. 旅游经济承载力(经济容量)**

旅游经济承载力是指在不影响当地居民生活的情况下,能够满足游客开展旅游活动的一切外部经济条件,包括交通、水电、邮电通信、食宿及其他旅游接待设施。此外,旅游地本身的经济水平十分重要,因为风景区建设除部分依靠国家投资外,大量资源有赖于本区经济实力,从而决定旅游规模的大小,那么如何根据地区经济水平确定旅游地经济容量呢? 陈德昌等提出了“旅游规模地区经济容量数学模型”:

$$TE = f(Kt \cdot CPI \cdot PI \cdot L \cdot M \cdot O)$$

式中:$TE$ 为旅游规模;$CPI$ 表示消费价格指数,是衡量家庭和个人消费的商品和劳务价格变化的指标;$PI$ 为物价指数,指报告期市场平均消费商品物价,与基期市场消费商品物价之比,以反映出旅游消费对物价市场影响的波动情况;$L$ 为从事旅游业的人数;$M$ 为建设资金;$O$ 为其他因素,如交通、能源、邮电等; $Kt$ 为旅游花费的乘数,表示旅游者的花费对当地居民收入和经济发展的影响。

$Kt$ 是多次转移中的价值总和与原始注入价值之比,计算公式为:

$$Kt = (1 - TRI) \div (MPS + MPI)$$

式中:$TRI$ 是旅游进口倾向;$MPS$ 为边际储蓄倾向(当地居民);$MPI$ 为边际进口倾向(当地居民)。

**3. 社会承载力**

旅游业具有很大的商业性与非人格化特征,这可能导致某一地区的城市化与现代化,带来经济的繁荣与道德生活方式的变化。因此旅游所带来的外来文化很可能与当地传统文化产生冲突。起初,当地居民对旅游的支持态度随着旅游开发的加深而增强,但有一个临界点,过了这一临界点,人们的支持态度会变弱,尤其在传统习俗、宗教、禁忌、道德等领域。因此旅游开发要考虑旅游地的社会承载力,即当地居民对来访游客的最大忍耐程度,以避免因旅游开发而导致大的社会动荡或民族冲突等。

**4. 心理承载力**

心理承载力,如前所述,可以描述为游客转向另外的目的地前,在该地期望得到的最低娱乐程度。这从游客的旅游经历、滞留时间、旅游活动种类及游客的满意程度可以反映出来。但是若仅从游客的旅游需求和可获得的经济利益来考虑,许多旅游项目和娱乐活动的开发,可能会超出当地居民和部分游客可以接受的程度。

(三)旅游资源开发条件的评价

**1. 区位条件**

区位条件包括旅游资源所在地区的地理位置、交通条件与周围旅游区的空间关系。特殊地理位置可相应增加其旅游吸引力,旅游的交通区位条件也决定了旅游区的可进入性和旅游资源开发的难易程度。

**2. 客源条件**

客源数量直接关系经济效益,没有一定的游客量则旅游资源的开发难以产生良好的效益。客源存在时空变化,在时间上,客源的不均匀分布形成旅游的淡旺季,这与当地气候季节变化有一定的关系;在空间上,客源的分布半径与密度,由旅游资源吸引力和社会经济环境决定。旅游资源特色强、规模大、社会和经济接待环境好的旅游区,其客源范围和数量都极为可观,相应地旅游综合经济效益也高。

**3. 投资条件**

旅游资源的开发需要大量资金的持续支持,调查区的社会经济环境、经济发展战略以及给予投资者的优惠政策等因素,都直接影响投资者的开发决策。为此,调查区必须认真研究既能使旅游区有实惠,又能给予投资者较大优惠的地区政策环境,以便推动旅游资源的可持续发展。

**4. 施工条件**

旅游资源开发项目还必须考虑其工程量的大小和难易程度,首先是工程建设的自然基础条件,如地质地貌、水文气候等条件;其次是工程建设供应条件,包括设备、建材、食品等。对开发施工方案需要进行充分的技术论证,同时要考虑经费、时间的投资与效益的关系,以确定合理的开发施工方案。

**5. 开发的现有条件**

有的调查区旅游资源已具有一定程度的开发利用基础,评价时应注意总结其开发过程中的成功经验和失败教训,找出存在的主要问题,为下一步旅游资源的开发和保护提供建设性的建议。

## 四、旅游资源评价的方法

国内外有关旅游资源评价的方法众多,有体验性的定性评价、技术性的单因子定量评价和综合因子的定量评价,在此仅选择一些富有代表性的方法来介绍。

### (一)体验性的定性评价

**1."三三六"评价法**

卢云亭先生提出了该法,即"三大价值"、"三大效益"、"六大条件"。"三大价值"系指旅游资源的历史文化价值、艺术观赏价值、科学考察价值。历史文化价值,是指评价人文旅游资源要看它的类型、年代、规模和保存状况及在历史上的地位,一般说来越古、越稀少、越珍贵、越出自名家之手,其历史价值越大。艺术观赏价值,指旅游资源景象的艺术特征、地位和意义,强调景象种类、主副景的组合、格调和季相变化等。若其具有奇、绝、古、名等某一特征或数种特征并存,艺术欣赏价值就高。科学考察价值,指景物的某种研究功能。"三大效益"指经济效益、社会效益和环境效益。"六大条件"指旅游资源分布区的地理位置和交通条件、景物或景类的地载组合条件、景区游客量条件、施工难易条件、投资能力条件和旅游客源市场条件。

**2. 美感质量评价**

美感质量评价，是一种专业性的旅游资源美学价值的评价。这类评价一般是基于旅游者或旅游专家体验性评价基础上进行的深入分析，其评价结果具有可比性的定性尺度。其中有关自然风景视觉质量评价较为成熟，已发展成为四个公认的学派，即：

——专家学派（国外代表是林顿［R. B. H. Litton］；我国是邓光磊，1982；

——心理物理学派（代表人是施罗德［H. W. Schreoeder］和丹尼尔［Danier］，1981；布雅夫［G. J. Buhyoff］，1982）；

——认知学派或心理学派（代表人是卡普兰［S. Kaplan］、吉布利特［Gimblett］和布朗［Brown］）；

——经验学派或现象学派（代表人是洛温撒尔［Lowenthal］、俞孔坚和保继刚）。

**3. 形象评估法**

游客是旅游产品与服务的消费者。游客往往根据一下旅游区留给他的形象经历来确定他是否前往某一旅游区。那么如何确定形象的存在与性质，以及形象有多大价值？特定的资源具有什么样的质量？有关这方面的理论与方法研究，始于世界旅游组织（WTO）提出的“商标形象”（Brand Image）评价法。所谓商标形象，它能够稳定持久地促使一个国家或地区的名字深入游客的头脑中。这种商标形象的典型例子是加拿大的枫叶、法国的埃菲尔铁塔。该评价法是把一个国家作为一个整体来评价，而非针对某一项特定的旅游资源，但可以为某一地区旅游资源评价所借鉴。

（1）商标形象评价法的核心是：

①详尽分析现状，主要对6种资源的强项与弱项作详尽的分析，如自然环境、社会文化环境、政府对旅游业的支持、基础设施、经济状况、旅游规划与资源管理等。

②确定合适的商标形象：通过对光顾该地的游客做旅游动机调查及选定相关人士的调研，确定这个国家的形象。

③开发并销售新形象或修正旧形象。

（2）使用商标形象评价法分析旅游资源的基本步骤：

①把旅游吸引物按特征分类。

②按“弱——一般——强”尺度对自然与社会吸引物进行评价。

③按“昂贵——便宜”尺度评价吸引物（认识透视、旅游经历），这属于经济评价。

④按照政府“支持——限制”尺度评价吸引物（特征透视、旅游基础设施），这属于政府态度评价。

⑤按“规划——不规划”尺度评价吸引物（组织透视、空间特征），这属于计划管理评价。

⑥按“合适——不宜”尺度评价基础设施（组织透视、空间特征），这属于基础设施评价。

⑦对选择的样本调查，确定旅游动机与感兴趣的吸引物类型与性质。游客喜好属于交叉透视，动机则属于认识透视。

⑧按“地方市场——拓展市场”尺度评价资源与吸引物。

（3）北亚利桑那大学教授阿伦·刘（Alan Lew）总结“商标形象”评价法，将其分为如下3种透视：

①特征透视（Ideographic Perspective）。其实质是按照字义性质的唯一性进行分类，其典型分类是：

a. 自然吸引物：（a）全景，类型有山地、平原、岛屿等。（b）地物标志，包括地质的、生物的及水文的地物标志。（c）生态环境，包括气候、禁猎区，如国家公园、自然保护区等。

b. 自然—人文吸引物：（a）观常吸引物，主要有乡村/农业、科学园林，如动物、植物、岩石或考古遗址。（b）闲暇吸引物，包括公园、旅游度假区等。（c）参与性吸引物，如登山活动、水上活动等。

c. 人文吸引物：（a）居住设施，包括使用类型、居住功能、性质（政府、教育、科学、宗教）、当地居住方式（生活方式、真实情感）。（b）旅游基础设施，由进入方式和基本需求（居住、餐饮）构成。（c）闲暇上层设施，包括娱乐消遣（表演、体育活动等）/文化、历史与艺术设施（博物馆、纪念碑、表演、节目、菜系等）。

②组织透视（Organizational Perspective）。组织透视是对旅游吸引物的时空特征与承载力作评价。

旅游吸引物的空间特征可分为：结构与非结构的、规划的与未规划的基础设施、不可进入与可进入、限制进出与自由进出、孤立的或整合的、边远地与中心地，以及地方尺度、区域尺度、国家尺度与国际尺度等。

其承载力特征包括小旅游点/大旅游业、缓慢增长/快速增长、小承载力与高承载力。

时间特征：单个事件与固定景点、短期停留或长期居住、单项观光与多项观光。

③认知透视（Cognitive Perspective）。认知透视是对某种吸引物的真实性进行了解时，游客感受到自己所愿意与能够承担的风险。

a. 旅游活动，有教育—练习—开拓；消极—积极几级对应关系。

b. 吸引物特征，包括人为的—真实的；粗野方式—日常生活；召唤类—中性类—不宜类；有组织的—无组织的；旅游性的—真实性的；现代—传统等。

c. 旅游经历。从游客的体会来评价某种吸引物包括的方面很多，如价格昂贵/便宜、服务高质量、豪华或实惠、体现人的威望；有安全担保或是自由活动；气氛是快乐、友好，有人陪伴还是新奇；旅游活动表现放松、安静、闲暇有趣还是冒险、野蛮、激动人心；在经历上属大众化经历还是独特的经历；旅游活动中有无角色转换；是娱乐性活动还是生存竞争性的历险；环境是熟悉的还是陌生的等。

### （二）技术性单因子的定量评价

即在评价旅游资源过程中考虑某些典型的关键的因子，对这些关键因子进行技术性的适宜度或优劣评判。这种评价对于开展专项旅游活动如登山、滑雪、游泳等较为适用。针对不同的评价对象，现在较为成熟的方法有对海滩和海水浴场的评价（日本洛克计划研究所，1980）（见表5－1）、溶洞的评价（陈诗才，1993），但此类方法须由专业人员实施。

**表5－1　海水浴场评价标准（日本）**

| 序号 | 资源项目 | 符合要求的条件 | 附　注 |
|---|---|---|---|
| 1 | 海滨宽度 | 30～60m | 实际总利用宽度50～100m |
| 2 | 海底倾斜 | 1/10～1/60 | 倾斜度愈低愈好 |
| 3 | 海滩倾斜 | 1/10～1/50 | 倾斜度愈低愈好 |
| 4 | 流速 | 游泳对流速要求在0.2～0.3m/s，极限流速0.5m/s | 无离岸流之类局部性海流 |
| 5 | 波高 | 0.6m以下 | 符合旅游要求之高为0.3m以下 |
| 6 | 水温 | 23℃以上 | 不超过30℃，但愈接近30℃愈好 |
| 7 | 气温 | 23℃以上 | |
| 8 | 风速 | 5m/s以下 | |
| 9 | 水质 | 透明度0.3以上，COD2ppm以下，大肠杆菌数1000MPN/100ml以下，油膜肉眼难以辨明 | |
| 10 | 地质粒径 | 没有泥和岩石 | 愈细愈好 |
| 11 | 有害生物 | 不能辨认程度 | |
| 12 | 藻类 | 在游泳区域中不接触身体 | |
| 13 | 危险物 | 无 | |
| 14 | 浮游物 | 无 | |

资料来源：保继刚，等. 旅游地理学. 北京：高等教育出版社，1993. 保继刚等引自李贻鸿（1986）。

### （三）综合因子的定量评价

该评价方法是在考虑多因子的基础上，运用数理方法通过建模分析，对旅游资源及其环境和开发条件进行综合定量评价，评价的结果为数量指标，便于不同资源评价结果的比较。这里主要介绍两种评价方法。

**1. 要素评估法**

(1)确定评估指标

在确定评估指标方面目前尚无统一意见,往往依主题和实际调查状况来确定。国外学者杰瑞因(Gearing)和瓦尔(Var)1977 年对土耳其海滨旅游度假区进行评估时选择了6个普通因素:自然美景、污染程度、历史价值、独特的吸引物、对游客的态度及其他娱乐可能性。另外还选择了7个影响海水浴的因素:使用者密度、水温、透明度与涡流、风力、沙质、沙滩坡度。因斯普(Inskeep,1991)在其评价矩阵上,主要评估因子有:可进入性,开发的经济可行性,开发的环境影响,开发的社会文化影响,国家、区域的重要性及国际重要性。而泰国旅游开发过程中选择开发区确定旅游资源潜力的指标有:基本吸引物、支持因素、辅助设施、可进入性、城市娱乐压力、旅游压力。也有的地方应用如下指标:资源价值(观赏特征、科学价值、文化价值),景点规模(景点地域组合、旅游环境容量),旅游条件(交通、饮食、旅游商品、导游服务、人员素质)。

这些指标是难以量化的,但一般采用李科特(Likert)尺度(Scale)的办法量化。即以某个指标来衡量这个区域的旅游资源,分为极差、差、一般、好、极好五个等级,分别用数字-2、-1、0、+1、+2来表示。

(2)指标权重的确定

指标权重一般用 $W$ 来表示,表明各个指标的重要性并非相等,而是有差异的,重要性大的指标,如资源的唯一性、可进入性、景点规模等级权重较大;而次要的指标,如人员素质、对游客的态度等易改善的因子权重较小,一般假设:

$0 < Wi < 1$,

$$\sum Wi = 1 \quad i = 1,2 \cdots n$$

式中:$Wi$ 表示评估指数的权重。

(3)加总评定

专家对区域的资源按各指标进行打分后,就可以计算旅游资源的总分值。以确定与比较资源的优劣。加总方程式为:

$$T = \sum WiFi$$

式中:$T$ 表示区域资源的最终评分;$Wi$ 表示评估指数的权重;$Fi$ 表示资源 $i$ 指标评估的得分。

**2. 层次分析法**

这是由国内学者保继刚提出来的。该方法是将复杂旅游资源的评价,分成若干具体的评价层次,从而构成旅游资源评价的模型树(见图5-1)。然后邀请专家以填表的方式按重要、稍重要、明显重要等评判级别,分别以1、3、5、7、9或其倒数作为量化标准,对同一层次的各因素相对于上一层次的某项因素的相对重要性给予判断,提出意见,再在计算机上进行整理、综合、检验(见表 5－2),排出最后的结果。

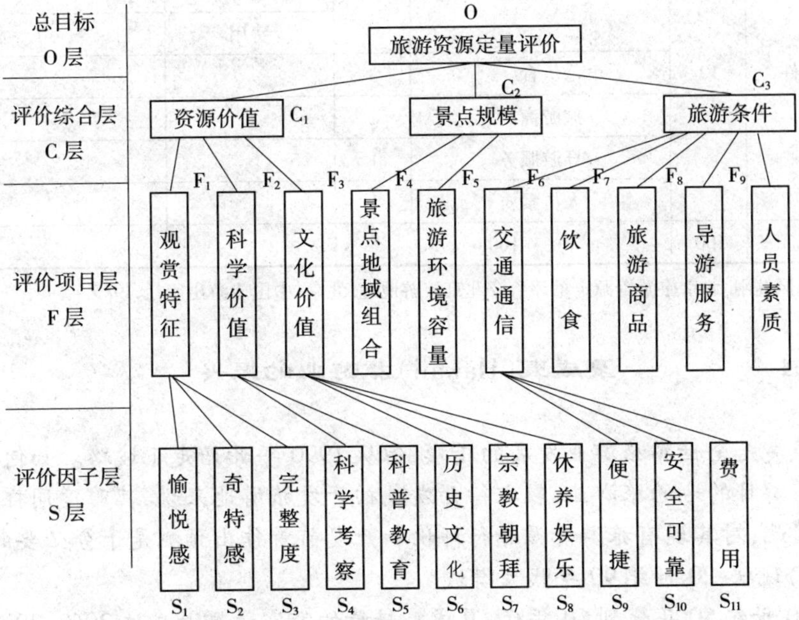


**图 5－1　旅游资源评价模型树**

**表 5－2　旅游资源定量评价参数表**

| 评价综合层 | 分值 | 评价项目层 | 分值 | 评价因子层 | 分值 |
|---|---|---|---|---|---|
| 资源价值 | 72 | 观赏特征 | 44 | 愉悦感 | 20 |
| | | | | 奇特感 | 12 |
| | | | | 完整度 | 12 |
| | | 科学价值 | 8 | 科学考察 | 3 |
| | | | | 科普教育 | 5 |
| | | 文化价值 | 20 | 历史文化 | 9 |
| | | | | 宗教朝拜 | 4 |
| | | | | 休养娱乐 | 7 |
| 景点规模 | 16 | 景点地域组合 | 9 | | |
| | | 旅游环境容量 | 7 | | |

续表

| 评价综合层 | 分值 | 评价项目层 | 分值 | 评价因子层 | 分值 |
|---|---|---|---|---|---|
| 旅游条件 | 12 | 交通通信 | 6 | 便捷 | 3 |
| | | | | 安全可靠 | 2 |
| | | | | 费用 | 1 |
| | | 饮食 | 3 | | |
| | | 旅游商品 | 1 | | |
| | | 导游服务 | 1 | | |
| | | 人员素质 | 1 | | |
| 合计 | 100 | 100 | | | |

引自:保继刚.北京旅游资源定量评价//北京旅游地理.北京:中国旅游出版社,1989.

**案例　　夏威夷(Hawaii)旅游业的振兴**

夏威夷是全世界旅游业发展的楷模,但从1990年开始走下坡路。如何振兴这种成熟旅游目的地的旅游业,较之待开发或初开发旅游地来说,其难度同样也是很大的。因此,对其现有旅游资源进行评价和开发前景作出预测是十分必要的。

(一)现状:20世纪90年代大滑坡

在20世纪50年代到60年代,夏威夷接待的游客量增长率达20%,20世纪70年代到80年代增长率降至15%左右。国际游客的市场份额逐步增加,由1984年的29.1%增长到1993年的44.6%。游客的花费在1967年至1991年逐年增长,到1991年高峰时达到106亿美元,之后逐步下降,到1993年为87亿美元。

豪华酒店供给过剩导致饭店平均房价下降,饭店折扣增加,近年平均房价保持在74美元左右,但考虑通货膨胀的影响,实际房价下降了约45美元左右。饭店创造的就业机会在1992年达到高峰,有40 982个就业机会,1993年下降到38 000个。餐饮业也从高峰期1992年的47 039个就业机会,下降到1993年的45 544个。夏威夷59%的税收源自旅游业,但由1991年的15.7亿美元下降到1993年的15.3亿美元。

(二)滑坡的根源

导致夏威夷旅游业滑坡的原因,主要是美国国内航空业结构大调整、游客偏好的改变,及新度假经历的出现。

美国大陆:美国大陆的游客越来越多的是回头客,1993年达到64%,平均游览夏威夷的次数为4.8次。加利福尼亚是夏威夷的主要客源地,市场份额逐年上升,在1993年来自加州的游客占所有来夏威夷游客总数的21%。美国游客的日均花费由1991年的141美元下降到1993年的114美元。美国游客的总花费从1991

年到 1993 年下降了 19 亿美元。60% 的游客花费下降源于饭店房价的下降。在美国尤其是西海岸，廉价的住宿包价受到广泛的欢迎。1954 年首次光顾者与回头客的比例是 76%:23%，1993 年为 38%:62%。回头客使用旅游设施远比首次光顾者少，花费也少，这导致了旅游收入的降低。

加拿大：加拿大游客总在 216 050 ~ 289 000 人之间波动。他们游览夏威夷的时间主要在冬季，而整个加拿大的旅游高峰期在夏季，这表明加拿大的市场还有潜力。60% 的加拿大游客是回头客，平均滞留时间为 13 天。51.4% 的游客住在饭店，26.2% 的游客住公寓。

亚太地区：主要是日本，日本游客占游客人数的 26%，占总滞留天数的 18%。在 1991 年后，来自日本的游客逐年下降，1993 年游客人数为 160 万人，但近年滞留时间有所延长。游客日均花费由 1992 年的 342 美元下降到 1993 年的 307 美元。日本游客在购物方面的花费有所升高，但在住宿方面的花费逐年减少。1992 年日本游客日住宿花费为 100 美元，到 1993 年降至 72 美元。日本游客 79% 是参加团队旅游，10% 左右采用散客方式旅游。86% 的游客愿意住饭店，约 1% 的游客只住在公寓里。

航空运力：近年美国航空业注重的是赢利，而对长途、低利润的线路不太重视。夏威夷的西海岸市场，1993 年前 3 季度游客下降 5.2%，滞留时间下降 5.4%，这和这一时期航空运力减少 5.8% 不谋而合。因此，美国航空业过于重视高利润的短途空运，而忽视长途空运加剧了夏威夷旅游业的滑坡。

夏威夷的旅游产品：长期以来，游客对夏威夷旅游产品的满足率很高，一直有约 90% 的游客对在夏威夷的旅游感到满意。对夏威夷最好的印象是"景色、天气与放松的气氛"，较差的印象是"住宿昂贵、餐饮与租车费用高、服务不好及过度开发"。91% 的游客认为夏威夷是他们游览的最好的旅游目的地。游客普遍反映"Aloha 精神"依赖于游客的花费，只有付高价的人才看得到这种精神。在夏威夷的日常生活中并不能体验这一点，一切已过于商业化。

昂贵的形象：夏威夷太昂贵是夏威夷的传统形象，但实质上游览过夏威夷的人只有 20% 的游客认为夏威夷太昂贵，未游览夏威夷的游客调查结果显示，71% 的人认为值得去夏威夷观光，35% 的人认为夏威夷太昂贵。

新的旅游格局：亚太地区将成为旅游热点，年游客增长率将达到 6%。游客的旅行方式由长而稀转变为短而频。一些"人造天堂"将有强大的竞争力，贸易自由化更方便游客的旅游。

竞争目的与竞争产品：亚太地区新度假区与人造景观的出现，对夏威夷产生很大的冲击。美国大陆的旅游开发也对夏威夷旅游业带来很大的竞争。据调查，美国游客最喜欢的休闲与娱乐活动是：购物（85%）、外出用餐（71%）、城市观光（64%）、水上运动与日光浴（37%）、乡村旅游（35%）、参观名胜古迹（33%）、游览主题公园(30%)、参观艺术展览或博物馆(26%)。

特殊市场:高尔夫、潜水、商务会议、修学、生态旅游、奖励旅游等市场越来越受欢迎。在美国有140个生态旅游与探险旅游经营者,他们通过一个数据库控制市场因素与建立产品标准。6 000个会议策划业者控制大部分的会议业务及120亿美元的游客花费。新的旅游市场出现,而夏威夷又没有及时调整其旅游产品,从而加剧了旅游业的滑坡。

乔治·伊克达(George Ikeda)教授认为导致夏威夷旅游业衰退的主要原因有:

(1)美国及日本的经济衰退;

(2)1991年的海湾战争,及1991年日本官方出于安全考虑,劝说国民不要到国外旅游;

(3)伊尼基(Iniki)飓风导致许多游客至今仍拒绝去考瓦依岛;

(4)昂贵的形象,夏威夷追求的是高档市场而非所有游客;

(5)强大的竞争,亚太及加勒比地区新度假区的开发,对日本及美国大陆的游客产生极大的吸引力。

(三)市场分析

(1)客源地理分布:1994年美国大陆游客占来夏威夷游客总数的55.8%、日本占27.2%、加拿大占4.8%。美国大陆客源的市场份额1990—1994年下降了23.5%。近年增长的市场是德国(+10.3%)、韩国(+9.5%)、中国台湾省和英国,下降最快的是澳大利亚及新西兰,都下降了25.4%。

(2)滞留时间:游客平均滞留时间由1991年的8.4天延长到1993年的8.8天。亚洲的游客多为6.3天,美国西海岸的游客平均滞留时间仍然保持在10.5天。

(3)旅游动机:1993年休闲旅游者占游客总数的82.1%,这个细分市场下降最快,1991—1993年下降12%。度蜜月者占7.4%;会议、奖励旅游者占6.4%;探亲访友者占6.6%;其他占3.7%。

(4)旅行方式:美国大陆游客喜欢散客自选方式;亚洲游客喜欢全包价团队方式。

(5)花费:1992年美国游客日均花费为117美元;日本游客日均花费为345美元。

(6)光顾次数:38%的西海岸游客为第一次光顾;62%为回头客;东海岸游客第一次光顾的比例较高。

(四)对未来影响夏威夷旅游业的因素的假设

(1)世界旅游业将继续以强劲的势头增长;

(2)国内与国际经济增长速度将减缓;

(3)夏威夷的航空服务将根据市场需求与赢利能力波动;

(4)新饭店的建造将减少,饭店业的重点是改造、更新现有住宿设施与吸引物;

(5)全球重视游客安全;

(6)休闲游客将有更强的价值意识;

(7)社会人口学特征的变化将影响旅游业的格局(老龄化、更多的妇女就业、单亲家庭、晚婚、无子女家庭);

(8)夏威夷至少经历一次天灾或人祸(飓风、地震、空难等);

(9)越来越多的多边贸易协定将越来越有利于夏威夷的国际旅游业;

(10)夏威夷的旅游产品开发将更能吸引不同类型的游客,如生态旅游者、文化旅游者、健康疗养旅游者等;

(11)随着竞争目的地的旅游开发为游客提供更多的选择,旅游促销花费的增加将使竞争越来越激烈;

(12)休闲旅游者对商务旅游者的比例将发生变化,会议中心的建立将对夏威夷旅游业的发展产生一个强大的刺激。

(五)竞争分析

**1. 夏威夷面临许多前所未有的困难**

(1)其他旅游目的地的促销费用增长迅速,而夏威夷促销费用增长有限;

(2)由于利润率太低许多航空公司转向有利可图的航线,导致航空运力降低;

(3)许多航空公司的促销工作地点转向世界的其他地区;

(4)消费者消费倾向的变化,例如游船业越来越火暴,夺走了一部分夏威夷的客源;

(5)夏威夷在媒介上出现的机会大大减少,远不如 20 世纪 70 年代和 80 年代,那时大量著名的电影与电视系列剧是在夏威夷拍摄的;

(6)对夏威夷旅游业构成威胁最大的方面来自:墨西哥、加勒比、澳大利亚、佛罗里达、加利福尼亚、内华达、西欧、哥斯达黎加与南太平洋岛屿,以及游船业的火暴等。

**2. 墨西哥**

(1)优势

①促销攻势强(1993 年促销费达到 5 000 万美元);

②墨西哥定位为热情、友好、多样化的度假目的地;

③单个的度假区非常有名,如 Acapulco, Puerto Vallarta, Cancun, Ixtapa, Mazatlan 等;

④海滩有阳光明媚的天气及自然美景;

⑤价格低廉;

⑥距美国大陆较近;

⑦异国情调、悠久的历史、著名的文化吸引物;

⑧丰富的夜生活、餐饮与娱乐。

(2)劣势

①健康因素(食品、水、卫生);

②到处可见的穷人与乞丐;
③安全问题;
④语言不通。

**3. 加勒比**

(1)优势

①合作促销、资金充足,仅百慕大一个地方年促销费用就达到1 500万美元;
②一流的游船交通;
③产品多样化,有许多全包价度假区;
④好的天气、热带景观与自然美景;
⑤价格低廉具有竞争力,尤其是那些全包价项目;
⑥距离美国东部较近;
⑦异国情调、悠久的历史。

(2)劣势

①航空运力有限;
②员工培训与服务有限;
③季节性强;
④对欧洲与北美有敌视情绪。

**4. 澳大利亚**

(1)优势

①对新度假区与基础设施大量投资;
②旅游委员会有充足的促销经费;
③开发海外市场,如东南亚及欧洲作为它的新的目标市场;
④日本市场增长强劲,澳大利亚计划在2000年吸引日本的游客超过100万人次;
⑤充满生气、友善的人民;
⑥自然风景优美,包括大堡礁;
⑦距离东南亚及日本较近;
⑧说英语,吸引美国及英国客人;
⑨潜水、垂钓及其他体育活动。

(2)劣势

①不熟练的劳动力/服务质量较差;
②相对价格较高的食品、住宿及购物成本;
③距离欧洲及美国较远。

**5. 佛罗里达**

(1)优势

①国际国内知名度高;

②多样化的市场，包括休闲、商务、会议与奖励旅游；

③交通发达，飞机、火车、游船及汽车都方便；

④有迪斯尼、环球电影制片厂等著名吸引物；

⑤住宿便宜、购物折扣较大；

⑥阳光、海滩度假区；

⑦家庭导向的娱乐活动吸引各种年龄的游客。

(2)劣势

①促销经费占州旅游收入的比例较小；

②政府与企业缺乏合作，没有有效的营销方法；

③街头犯罪、吸毒与种族冲突严重；

④安德鲁(Andrew)飓风的破坏力强大。

**6. 加利福尼亚**

(1)优势

①面积、人口及吸引物成为美国头号的旅游目的地，1990 年接待国内外游客 3 000万人次；

②旅游业内部非常合作、相互支持；

③丰富的城市、度假区与会议吸引物及设施；

④一流的航空与汽车交通；

⑤迪斯尼、环球电影制片厂、海洋世界及其他世界著名吸引物；

⑥阳光与海滩；

⑦独特的生活方式；

⑧大量的餐馆与特色菜肴。

(2)劣势

①旅游促销经费不稳定；

②街头犯罪、吸毒与种族冲突，尤其是在洛杉矶；

③交通拥挤。

**7. 内华达/拉斯维加斯**

(1)优势

①无论是政府还是企业都促销有力；

②每年投资 10 亿美元以上建设赌场与饭店；

③新定为家庭导向；

④著名的娱乐活动与消遣；

⑤风景吸引物与滑雪。

(2)劣势

①天气太热，一年中较长时间不舒服；

②赌博天堂带来一些消极的印象。

**8. 西欧**

(1)优势

①强大的政府促销攻势;

②忠诚并满意的游客基地;

③方便的航空交通,接近美国东部与加拿大;

④历史建筑、教堂、城堡;

⑤充满魅力的村庄、丰富多彩的风俗;

⑥世界著名的饭店与餐馆;

⑦各国独特的餐饮菜系。

(2)劣势

①由于汇率的因素,对北美游客来说,花费较昂贵;

②恐怖主义的阴云;

③距离美国西部及亚洲较远;

④语言障碍。

**9. 游船业**

(1)优势

①促销有力,顾客满意程度高;

②市场意识强;

③移动的景观;

④全包价,餐饮娱乐;

⑤浪漫的印象;

⑥异国情调的港口,如加勒比、墨西哥、亚洲、地中海及阿拉斯加。

(2)劣势

①季节性供应过剩导致削价竞争;

②大多数游船线路产品差异较小;

③昂贵;

④健康方面的考虑(疾病、晕船等)。

(六)战略对策

**1. 产品多样化**

有组织的产品开发能延长顾客的滞留时间,减少季节差异,缓解对旅游资源过度使用,为现有的旅游吸引物增加价值。开发的重点是新的旅游包价,依主题包装特殊兴趣旅游产品,改善旅游产品组合,提供游客旅游经历强化服务。夏威夷旅游产品开发要注重强化无形的“Aloha 精神”,对于有形的部分则要采用多样化战略,为成熟的游客提供更多的选择。

Aloha精神：Aloha精神是夏威夷的独特优势，这才是真正的"only in Hawaii"的东西。这是构造夏威夷独特形象的最主要的因素。根据Pukiu - Elbert辞典，Aloha是"爱、怜悯、同情、仁慈与宽恕(love, compassion, sympathy, charity and mercy)"，也意味着"心意和谐(mind and heart in harmony)"。Aloha是夏威夷人的根与魂。它体现了夏威夷人的热情与友好，是夏威夷人热情的洋溢，这可以从女招待的笑脸及夏威夷的每个角落看到这一点。Aloha精神让夏威夷人成为友善的主人，公平友好地招待各方来客。夏威夷如同天堂欢宴，款待天下的亲朋好友。可以通过各种事件、节庆活动及教育项目来强化Aloha精神。

生态旅游：生态旅游是绿色旅游，是一种负责的旅游行为，浏览自然景观，保护地方环境，保证地方人民的福利。据估计1990—1995年生态旅游者增长了约20%～25%。随着人们环境保护意识的增强，生态旅游对旅游者的吸引力越来越强。在夏威夷，鲸鱼观赏、火山历险、远洋旅行及深海潜水很有吸引力。

会议中心：会议中心不仅对会议中心的所有者有利，更对地方产业有利，包括给商店、餐馆、度假区、酒吧及其他旅游设施带来客源。在建的瓦基基国际会议中心就扮演了这种角色。在会议业务上，有很多竞争对手，包括美国大陆、加拿大及亚太地区的新加坡、中国香港、澳大利亚等。瓦基基国际会议中心的目标市场是中型会议、大型会议、贸易展览等，即国家级或国际级的3 000人到8 000人的聚会。这样的聚会需要75 000～100 000平方英尺的展览大厅，另外还要有至少200 000平方英尺的展览空间。国际会议选择的参数一般有5个：优质服务；会议室；可支付得起；住宿设施与展览设施的质量。

健康疗养旅游：一流的天气与自然环境使夏威夷成为健康旅游的最佳去处。它的目标市场是美国、加拿大及亚太地区的富人阶层。为此夏威夷要有一流的医疗保健设施、健美与康复设施。

**2. 销售渠道专业化**

销售渠道包括旅游批发商、旅行社及专门渠道。专门渠道包括：会议规划者、协会规划者及特殊兴趣集团。一般说来，成熟的大众化的产品与服务(如传统的休闲旅游线路)，往往采用长线销售渠道(供应商—旅游批发商—旅游代理商—旅游者)。而对于专业或特别兴趣的旅游项目(如探险、观鲸、疗养旅游、生态旅游、会议旅游等市场相对较小的产品)，销售渠道比较狭窄，一般要通过专门渠道，或直接对旅游者推销。对于夏威夷的旅游现状来说，应越来越强调发展专门渠道。

会议规划者(meeting planner)：绝大多数国际游客来夏威夷康复旅游，都是因为听了他的私人医生的建议。这就导致绝大多数医生愿意推荐病人到他们接受研究生教育时的机构去就诊，或推荐病人到他们通过会议、研讨等方式结识的医生那里去就诊。夏威夷缺乏强大的推荐系统，因为夏威夷医学院并不出名。因此很有必要建立强大的推荐网络来推销夏威夷的与康复疗养有关的产品。

特别兴趣团体(special interest groups):特别兴趣旅游的利润较高。一些特别兴趣活动,如:火山、热带雨林、环境与文化研究,以及绿色和平组织赛帆等,可通过特别兴趣团体来推销。

传统渠道:对于传统的成熟的旅游产品,如阳光沙滩等休闲包价旅游产品,可通过旅行代理商与批发商来销售。这些产品的消费对象是大众旅游市场,对价格敏感、边际利润较低,传统销售渠道较为有效。

**3. 价格:物有所值**

夏威夷旅游业的复兴,必须基于非价格竞争的独特的产品特征与优质的服务,但价格也扮演着重要的角色,应改变夏威夷昂贵的印象,塑造物有所值的形象。对于特殊兴趣旅游项目,可采用撇油定价法谋取高额利润,强调其销售的是情趣、价值,而非产品;而对于传统的成熟产品,则采用渗透定价法,以价格领头羊的定价方法争取市场份额。目前的游客,很少愿意为单纯基于印象与声誉而支付高价。他们强调高价格与高价值匹配,所以物有所值是定价的最高原则。夏威夷医疗康复方面的定价明显高于东南亚国家,例如鼻成形术高出21.8%,髋骨再植高出81.5%,乳房移植高出85.5%;心脏搭桥术比澳大利亚高6倍。因此,要吸引医疗康复旅游者,夏威夷必须降低其医疗价格。

夏威夷房价上升的重要原因是通货膨胀。但不管是什么原因,这对吸引顾客不利,尽管剔除通货膨胀因素后,夏威夷的实际房价是在降低,如瓦岛的房价从1991—1993年降低了4%,平均约93美元;那些非海滩饭店采用大打折扣的方法,使客房价格降低了10.4%。毛依岛的饭店房价上升5.4%,大岛与考瓦依岛的房价在1994年上升幅度最大,高于1993年约7.6%。控制通货膨胀是夏威夷的重要任务。

**4. 促销:Aloha在行动**

促销活动应重点放在Aloha精神、文化与新产品上,负责促销的单位是夏威夷观光局。它面临四个方面的挑战:(1)扭转滑坡趋势;(2)把有购买意愿的人转变成真正的游客;(3)为州带来收益、为投资者提供可观的投资回报;(4)维持地方居民的生活质量。

广告促销:20世纪70年代主题是人间天堂;80年代是色情历险、环境决定主义、女权主义;90年代则强调个人的转变。20世纪80年代中期之后,夏威夷的客源由中年人让位于青年妇女;吸引重点从文化吸引物与独特的生活方式转变为自然环境与室外娱乐,由强调社会交往转变为追求自我完善。因此,夏威夷新的促销口号是:"在夏威夷呆上几天,你就会成为一个全新的人",并采用多种媒介,包括杂志、电视节目、宣传手册、旅游博览会等。从1990年开始进行了一系列的促销活动。如"Aloha在旅途(Aloha on Tour)"、"聚焦夏威夷(Focus on Hawaii)"、"夏威夷价值组合(Hawaii Value Pack)"等。

人员促销:特殊兴趣旅游针对的是狭窄的细分市场,人员促销非常有效,要对那些大公司与行业协会进行直接的促销；对大众旅游市场，可采用常客激励法来推销夏威夷的传统产品。

公共关系：公共关系是有计划的持续的努力，目的是为了在夏威夷与公众之间建立相互理解与信任。夏威夷的公共关系应针对游客、旅行商与当地居民。各种公关活动包括：

(1)媒介关系：新闻发布会、专栏报道等；

(2)内部杂志与外部出版物；

(3)参观、访问、会议、招待会，对主要客源地的旅行商、媒介记者、航空公司等做互访、交流；

(4)研讨会与会议。

总之，夏威夷旅游业的复兴关键要靠夏威夷的根本价值——Aloha 精神与多样化。促销的重点应放在其丰富多彩的旅游产品上，要把夏威夷宣传成热情友好、拥有伟大传统文化、历史与优美自然环境的天堂。这里充满富有激情的个性生活。夏威夷应把顾客放在第一位、保持优质与价值，并致力于创新。在新世纪夏威夷一定会迎来一个旅游业复兴的新时期。

(资料来源：邹统钎. 旅游开发与规划. 广州：广东旅游出版社，1999.)

## 本章小结

旅游资源调查与评价是进行开发规划及合理利用旅游资源与环境保护的最基本的工作。对一个地区旅游资源的数量、分布、类型、特点、功能、价值等进行详细的了解，建立起较全面的资源信息系统，并在此基础上深入研究，挖掘该地区发展旅游的潜力，为合理利用资源、保护环境、发挥整体效应提供向导，为旅游资源开发及旅游业发展提供参考。旅游资源调查应注重旅游吸引物、旅游交通及城市化、社会经济环境、重点新景区、旅游承载力等几方面，并运用资料统计分析、区域比较、遥感等方法，经过范围确定，资料搜集、计划制订、实地调查、报告编写等一系列过程，科学系统地对该地区旅游资源进行查实，做到心中有数。而旅游资源评价，则在客观、系统、科学、效益等原则下，运用定性或定量评价方法对旅游资源特色、环境、开发条件进行评估，以便扩大宣传，产生良好的效应。因此，只有认真细致地做好旅游资源调查和评价工作，旅游资源开发与规划才可能有的放矢。

## 思考与练习

1. 旅游资源调查的内容有哪些？
2. 以下列举了旅游资源调查的程序，请按正确的顺序填写序号。

________范围确定　　　　________实地调查（概查、普查、详查）

________计划制订　　　　________资料搜集

________总结整理　　　　________报告编写

3. 遥感调查法的优点有哪些？
4. 请详细论述旅游资源评价的内容。
5. 试举例说明 WTO 提出的“商标形象”评价法的核心和基本步骤。
6. 请选择夏威夷旅游业滑坡的原因，“√”表示正确，“×”表示错误。

a. 美国国内航空业结构调整　　　　b. 价格高

c. 旅游者偏好改变　　　　d. 新度假地出现

7. 请结合某一旅游景点阐述“旅游资源评价模型树”的优劣。

# 第6章

# 旅游资源开发

**课前导读**

没有开发人类将停步不前,但盲目开发也将使人类遭到惩罚。人类的资源要成为旅游资源,唯一途径就是要进行科学合理的开发,使其永续持久地为旅游业所利用,实现经济、社会和生态三大效益的协调发展。本章将论述如何以市场为导向,经济、技术为手段,可持续性发展为宗旨,进行有系统、有层次、有顺序的开发。

**学习目标**

通过学习本章,要实现以下目标:

- 了解旅游资源开发的内涵
- 理解为什么要进行旅游资源开发
- 掌握旅游资源开发的原则
- 明确旅游资源开发的内容
- 掌握旅游资源开发的技术原理
- 熟谙旅游资源开发的阶段和程序

## 第一节 旅游资源开发的概念及意义

### 一、旅游资源开发的概念

旅游资源开发是一种综合性开发,是经济技术行为。它要运用一定的技术手段,充分发挥人的创造性,将存在于开发区的各种现实和潜在的资源先后有序、科学合理地组合利用和有效保护,使其能被持久永续地利用,实现经济效益、社会效益和生态效益协调发展。

传统的旅游资源开发模式，以发挥、改善和提高旅游资源的吸引功能为重点，重视各区域的合理布局，在充分统筹安排各区域的工程建设和合理利用各项资源（包括土地资源、人力资源、财力资源、景观资源等）的基础上，使旅游资源的吸引功能得到最大限度的利用。而现代旅游资源的开发，则是以经济效益、社会效益与生态环境效益的均衡发展为中心，以旅游者不断提高的旅游需要为导向，把人力、财力、物资和信息的最优分配和利用作为重要手段，努力创建自然——经济——社会相互协调的旅游环境。所以传统的资源开发模式，开发出的旅游产品在层次上多为陈列观光型产品，以满足旅游者观光、猎奇的需要；而现代旅游资源开发，则要以满足旅游者休闲、娱乐和求知的需要为前提，开发出以自然风光或人文景观为基础、民风民情作渲染，可亲身体验和参与的多层次、多功能的立体型旅游产品（见表6－1）。

**表6－1　旅游产品层次**

| 层次 | 特征 | 项目举例 | 产品功能 |
|---|---|---|---|
| 基础层次 | 陈列式观光游览 | 自然风景名胜、人文历史遗迹，如五岳、三峡、黄鹤楼、长城等 | 最基本的旅游形式，是产品规模与特色形成的基础 |
| 提高层次 | 表演展示 | 民俗风情、各种庙会、民间节庆 | 满足旅游者由静到动的心理需求，是旅游文化内涵的动态展示 |
| 发展层次 | 参与式娱乐及相关活动 | 游戏娱乐、休闲度假、购物等，如迪斯尼乐园 | 满足旅游者自主选择的个性需求，是形成品牌与吸引旅游者重复消费的重要方面 |

旅游资源开发包括三个方面的内容：一是对尚未被旅游业所利用的潜在旅游资源进行开发，使之产生效益；二是对现实的、正在被利用的旅游资源进行再生性开发，延长其生命周期，提高综合效益；三是凭借经济实力和技术条件，人为地创造旅游资源和创新旅游项目。

基于以上对现代旅游资源开发的认识，我们认为，现代旅游资源开发就是以市场为导向，运用一定的经济技术手段，开发和创建旅游吸引物，使其产生经济效益、社会效益和生态环境效益的活动。

## 二、旅游资源开发的意义

现代旅游最突出的特点是旅游的大众性或普及性，也就是参加旅游的人已经扩大到普通劳动者的范围。世界旅游组织（WTO）在1980年发表的《马尼拉宣言》中明确指出：旅游也是人类社会的基本需要之一。旅游度假已不再是少数人才可以享受的权利，它已成为普通大众人人可享有的权利。

随着国际经济文化交流的逐步发展，以及各国享受带薪假期职工人数的增多和带薪假期的延长，各种形式的旅游正在成为人们现代生活的重要组成部分。据统计，每年参与各种形式旅游活动的已达 35 亿人次之多。在经济发达国家，旅游在人民生活中更是占据着重要的位置。根据联邦德国旅游研究所的调查，旅游已占到德国人基本生活要求的第三位(一吃穿、二住房、三旅游、四汽车)，可以预见，旅游必将成为人类生活必不可少的需求。在这种形势下，旅游资源开发的现实和深远意义表现在如下几个方面。

**1. 进一步满足旅游者的需要**

(1)开发新的旅游吸引物和提高已成熟景点的综合接待能力，可缓解由于旅游者数量不断增多而产生的旅游接待地超负荷的矛盾。我国自改革开放以来，人们的生活水平不断提高，思想观念也在不断发生转变。特别是自 1995 年 5 月 1 日起实行了双休日制度之后，人们利用双休日外出旅游已成为普遍现象。各旅行社企业为满足游客的需求而制定、设计出许多二日游的线路。近几年，春节期间外出旅游过年也成了一种时尚。由于旅游地理的集中性和季节性，每逢节假日，大量旅客涌向各旅游热点，造成当地旅游接待力严重不足。例如，1999 年的“五一”和“十一”，虽然黄山景区各接待单位对这一高峰有所预计，也做了一些准备，但还是被突如其来的大量游客弄了个措手不及，以致山上山下拥挤不堪，人满为患。不仅在黄山，在全国各大景点也都有类似情况。究其原因，一方面是由于其突然性，另一方面，也说明新、老景点的开发，不能满足旅游者数量急剧增长的需要。2008 年国家实行了新的休假制度，将会形成以清明、端午、中秋为主的中国传统节日特色的休闲旅游。

(2)对旅游资源进行纵向开发，挖掘老景点的文化内涵，创建具有新型吸引因素的新景点，可满足现代旅游者的新需求。随着人们精神生活和物质文化生活层次的提高，旅游者外出旅游的目的，已不再单纯是为了观光、猎奇，更多地是为了追求文化品位、增长知识和休闲娱乐等多重目的。我国目前的旅游产品基本上都属于单一的观光型产品。如果不在此基础上进行开发和创新，那么，最终将会失去竞争力而被旅游者淘汰。近几年，我们许多旅游企业和投资开发商对主题公园项目进行了尝试，有些取得了很大的成功。如深圳的世界之窗、民俗文化村、锦绣中华和北京的世界公园等。但也有很多失败的例子。这说明，我国在旅游资源开发方面从理论到方法，都需要不断从实践中获取经验，不断摸索，逐渐完善。

**2. 促进国家或地区旅游业和经济的发展**

旅游资源是一个国家和地区旅游业赖以生存和发展的基础，而旅游业的发展又会对一个国家或地区的经济造成很大的影响。旅游创汇是工业、农业和其他产业不能与之相比的，因而受到了各国政府的高度重视。旅游资源，只有进行科学、合理地开发,有效地为旅游业利用,其价值才能充分体现出来,形成竞争优势。

例如:位于加勒比海西印度群岛北部海域的巴哈马,被称为是加勒比"旅游天堂",而与之相邻的古巴,一样拥有得天独厚的地理条件和更丰富的旅游资源,但由于开发策略和措施的差异,使巴哈马旅游业在极短的时间内超越古巴。其经济也在短时间内飞速增长,成为加勒比地区经济最富裕的国家之一。像巴哈马这样的例子可以说举不胜举。这些都说明了对旅游资源的成功开发,对国家或地区经济的发展和旅游业的发展将起到重要的作用。

**3. 有利于历史文物的保护和生态环境的改善**

有人说,"开发的本身就意味着破坏",这种说法不无道理。我们可以看到,许多景点经过开发反而加重了环境破坏和污染,很多人类文明的遗产也在开发利用的过程中遭到了损坏。例如,世界七大奇观之一的埃及金字塔,由于长时期被大量游人攀登而受到严重的损害。许多风景优美的湖泊由于游人乱丢弃物而变成一潭污水。但是,这种"开发"并不是我们所说的旅游资源开发。我们所说的开发,是要科学、合理地进行开发,开发的内涵就包括对旅游资源和生态环境的保护。在开发的过程中经过周密的规划和完善的设计,将开发中的破坏因素减至最低,使之产生积极作用。自 20 世纪 90 年代起,国际社会对"可持续发展(sustainable development)"这一主题日益关注。资源的可持续利用和环境保护成为开发者关注的焦点。基于此,世界旅游组织提出了"世界自然与人类文化遗产"保护项目,采取了一系列的措施。例如,为了保护濒临灭绝的珍稀物种,设立了自然保护区,使其在被开发和利用的同时也受到保护。在对历史文物进行开发时,采取一定的技术措施加以预防。例如开发秦始皇兵马俑时,将墓坑建为室内展览馆以减小风化作用的影响。从旅游收入中提取一定的资金,用于景点、景区的维护和整修。对于自然景观,在开发计划中首先明确保护责任,避免人为的破坏。在利用过程中对游人积极引导,实现共建共享。所以现代旅游资源开发致力于将开发、利用旅游资源与生态环境的保护相互协调统一,寻求资源的永续利用和环境条件的改善。

## 第二节　旅游资源开发的原则、内容与技术管理

### 一、旅游资源开发的原则

旅游资源开发的目的是为了实现社会、经济、生态、科技最优发展,资源最优配置。在保证区域经济的可持续性发展的同时,满足旅游者日益增长的精神和物质文化的需要,并使自然保护区、文化遗产得到保护,开发地及周边环境得到改善,地方风情民俗得以发展,民众的素质得到提高。为了这一目标能够最佳实现,在对旅

游资源的开发过程中,应当注意遵守若干原则。

(一)特色鲜明、主题形象突出的原则

特色和主题形象,是旅游资源开发工作能否取得成功的关键。对旅游资源,无论是自然风光,还是人类历史遗留物,或是人为创造的资源,只有突出其主题形象,形成特色,才能增强吸引力,具有竞争优势,从而吸引旅游者的来访。这一原则具体体现在以下几个方面:

**1. 原始性**

对于自然风光背景和历史遗留物,要尽量保持其原有风貌,体现其原始特色。特别是有着深厚文化背景和历史价值的人文资源不宜过分修饰,更不能毁旧翻新。对那些虽有记载或传说,但实物遗迹全不存在的历史人文资源,根据史料复原重建也要尽量体现原汁原味。

**2. 民族性**

旅游者来访的重要目的之一是观新赏异,体验异域风情,因此在资源开发和项目设置上应当充分体现当地的民俗文化特色。例如,泰国开发的佛教旅游、泰拳、刀棍对打、斗风筝、"人妖"表演、象会等,都是极具特色的旅游项目。深圳的民俗文化村,将我国各民族独具特色的活动项目会聚到一起,游客可以看到各民族独有的建筑、服饰,欣赏各种风情的歌舞,并能参与活动中去体验各种民族节日的气氛。

**3. 创意性**

在旅游景点的构建中,建筑特色是极为重要的。富有独创性和艺术性的建筑,其本身就可以作为吸引游客、发展旅游业的重要资源。自20世纪初美国出现摩天大楼后,世界各国掀起了一个建筑物比高低的竞争热潮。澳大利亚的悉尼在这个时候并没有随波逐流,在城市建筑上追求以独创为美,从而出现了闻名世界的悉尼歌剧院、悉尼海港大桥、悉尼塔等杰出的建筑。悉尼成为世界上最具建筑特色的城市,每年都吸引了无数的游客前往观光、游览。

(二)注重经济效益与社会效益的原则

**1. 经济的影响**

旅游资源开发的经济效益取决于两个因素:一是收入,包括外汇收入、就业、区域发展、税收、联动效应等;二是成本,包括进口商品与服务、引进技术、工资支出、宣传促销、部门竞争与通货膨胀等。在旅游资源开发中要采取一定的措施提高收入、降低成本,以此提高经济效益。例如,可以首先做投资效益预测,根据自己的经济实力,分期分批、主次有序地进行开发,在开发建设过程中应尽量利用本地能源和原材料,尽量使用本国或当地的技术力量和人员,以减少资金流失。

**2. 社会效益**

旅游资源开发对当地社会的影响体现在人口结构、就业、价值观念、生活方式、消费方式、文化等许多方面。这些影响有积极的,也有消极的。积极的影响表现为:促进城市化与现代化的进程,提高当地的文化素质和文明程度,促进文化交流与和平发展等。消极的影响则表现为:对当地传统文化的破坏和削弱,商业化气氛加重导致基于传统道德的人际关系被破坏,消费水平的提高与当地居民消费能力低下的冲突,社会风气下降等。旅游资源开发中同样也要注重社会效益,力求维持当地传统文化特色,协调好传统文化与外来文化的关系,减小旅游对社会风气的负面影响,取得最佳的社会效益。

(三)注重生态平衡与环境保护的原则

旅游资源开发活动对生态环境具有积极的影响:如保护重要的自然风景区,保存珍稀物种和野生动物,保护历史、考古与文化遗址,提高环境质量,增强人们的环境意识等。但是过度的开发对生态环境又有很大的危害:如各种污染、噪声、废物的排放,动物自然属性的退化等。因此,在旅游资源开发时,应当确定地区的环境承载力,预测开发后的旅游环境容量,控制开发密度和开发程度。在项目筹划上应倡导环境资源型的旅游开发(如生态旅游的开发),使开发与生态环境的保护有机地结合起来。在这个方面,澳大利亚的环境保护性开发值得我们学习和借鉴。

为了解决旅游资源开发与生态环境保护之间的矛盾,澳大利亚政府提出了保护性开发的口号。

(1)制定旅游开发规则时,把资源保护作为重要的内容。在实际规划中始终体现开发项目与自然环境协调的原则。确保在环境和资源保护能力许可的情况下进行开发。

(2)在旅游资源开发过程中,一旦出现资源和环境受到破坏的情况,及时调整和修改开发计划。例如,珀斯市曾一度由于开发过度造成了市内过境河流斯旺河的严重污染。州政府立即请来世界著名城市设计专家费勒尔和生物学家彼尔德共同规划,治理污染。根据专家们的规划,以斯旺河为界,北岸发展市区,南岸开辟为自然保护区,并建起一座全国最大的公园——帝王公园,而工业区则被限定在市区以南30多千米的克博桑。

(3)全民绿化,普及园林开发。澳大利亚人均拥有绿地和园林面积堪称世界之最。万花之都堪培拉人均占有绿地70.5平方米,占市区面积的58%,居世界第二位。布里斯班人口只有180万,大小公园却差不多有200座。

(四)综合开发的原则

综合开发包含多个层次的意义。一个旅游开发目的地,往往同时存在多种不同类型的旅游资源。在这个层面上综合开发是指,在突出重点旅游资源标志性形象的同时,对其他各类旅游资源适当进行必要的开发,以核心景区为基础,网络周边的相关景区,进行资源的优化组合和多功能纵深开发,形成综合产品结构和资源的规模效益。在开发手段上,促使多学科、多部门相互渗透与融合和高新科技参与。在开发内容上，综合考虑旅游者食、宿、行、游、购、娱等多方面的需要，做好配套设施建设和物资供应工作。此外在开发过程中，要注重发挥旅游的联动作用，为进行多元化经营做好铺垫，充分体现"旅游搭台，经贸唱戏"的思想，注重带动其他行业的发展，使开发目的地形成"一业兴、百业旺"的局面。

## 二、旅游资源开发的内容

不管是对多项旅游资源的综合开发，还是对某一单项旅游资源的开发，实际上，都不是局限在对资源本身的开发上。而是在考虑旅游资源是否能永续利用，资源的社会效益、经济效益和生态效益是否能协调发挥的基础上，对旅游点或旅游地的接待条件、人力资源和市场潜力进行开发和建设。开发的首要目的，是为了吸引旅游者，所以旅游资源开发最基本的内容应当包括以下几个方面。

### （一）基础设施的建设和完善

所谓旅游基础设施，是指旅游者在逗留期间必须依赖和利用的、旅游接待地不可缺少的设施。包括供水、供电、通信交通、医疗保健及排污系统等设施。

#### 1. 供水系统

大型旅游景点和旅游区由于接待旅游者数量较多，对水的需求量很大，要求水的供给要不间断，而且方便、充足、质地好。因此，一个大的景区要修建水坝，开建大水池并铺设广泛的输水管道网络。

#### 2. 供电系统

现代旅游景区的运转对供电有很大程度的依赖。电力系统对旅游区的形象也有很大的影响。很难想象一个供电不平稳、不连续的度假区，会给在那里度假的游客留下美好的印象。因此，有必要建设高压供电网和预备发电设备。此外，还要充分考虑旅游者所使用的电器类型，使电源种类与之相一致。因此，有必要在居住设施中安装变电器。为使电力设施的布局和建设不破坏景区的可观赏性，建议铺设地下供电网。

#### 3. 通信设施

现代旅游资源开发必须重视建立内部通信网络，通过电话架起游客同外界联络的桥梁。基于国际互联网网络通信对某些游客，特别是经济发达地区的旅游者来说，已成为日常生活中获取信息不可或缺的一部分，因此，应当在居住设施中设置网络接口。

#### 4. 保健和医疗设施

旅游区的医疗保健设施要能对游客进行急救和常见病的医疗与护理，保障游客的生命安全。

#### 5. 排污系统

排污系统主要是指污水的排放。它关系到游客的身体健康与景区环境的优劣,因此大型景点景区要有完善的排水系统。排水管道应根据高峰时的最大需求量设计,对于特殊地区还要有化污系统。

**6. 交通网络**

交通是旅游地"进得来、出得去、散得开"的关键,关系到旅游区可进入性的优劣。旅游地同外界的交通联系以及旅游地内部的交通运输,要做到便利和畅通无阻,根据实际情况进行水、陆、空、通道的基础设施建设。例如码头、机场、铁路、公路、停车场等。此外还有一些专门的运输工具,如登山、滑雪场用的索道和景区内部的参观车等。

(二)旅游上层设施的建设

上层设施主要是指满足旅游者娱乐、休闲需要的设施。

**1. 住宿设施**

旅游资源开发的类型和目的不同、住宿设施的用途不同,建设的位置、密度、级别与类型也不同。休闲度假区可以建设别墅、公寓和汽车旅馆等;开发都市旅游、商务旅游则可建设星级宾馆、饭店等;而以民俗文化为特色的旅游区的住宿设施建设,则要与当地的风俗相协调,突出民族风格。例如斐济的茸草房顶旅馆、英国都铎王朝时代风格的建筑,以及日本、印度与中国的宝塔式建筑,还有一些如墨西哥的蟹巢式沙丘公寓、肯尼亚的鸠巢式树上旅馆等。

要从旅游需求预测景区的规划、布局,从承载力的角度进行分析确定居住设施的规模大小和床位数的多少。

**2. 餐饮设施**

规模较大的餐馆、饭店要有中餐厅与西餐厅。中餐厅设置以下几个不同菜系、不同风格的菜馆:鲁菜馆、川菜馆、闽菜馆、粤菜馆;西餐厅设置美式、欧式及便食餐厅,另外还有日本料理、朝鲜石头火锅等。

根据消费档次和服务方式不同可以设置豪华餐厅、风味餐厅、大众化快餐厅,以及经济食堂等。

根据功能不同可以设置主餐厅、宴会厅、特别餐馆、快餐厅、酒吧或鸡尾酒廊、咖啡厅及夜总会。

餐饮是旅游者主要的消费项目,因此餐饮设施是景区主要的创收来源,这就要求餐饮设施在数量和质量上根据旅游者的需要开设,充分满足旅游者的需求。

**3. 娱乐与体育设施**

娱乐与体育设施的配置,在很大程度上受旅游区性质、目标市场特征及当地供给能力的影响,通常配备有夜总会、影剧院、自娱自乐活动(如卡拉OK等)、各种体育设施(如滑雪场、冰场、帆船、高尔夫球场、网球场、游泳池等)。

体育设施占地面积大,建设和维护费用昂贵。因此,其建设规模和类型要根据目标客源市场的需求和客源国(区)居民的消费能力来确定。

**4. 辅助设施**

辅助设施包括购物商店、加油站、洗染店、会议设施、博物馆和展览馆等。这些设施产权分散、规模较小，但是影响着旅游区的形象，所以要进行统一规划，分区配置，规范价格、质量和商业道德标准。

(三)人力资源的开发

人力资源开发是旅游资源开发的一个重要的内容。旅游区的竞争从某种意义上说也是人才的竞争。进行人力资源开发可以保证旅游资源开发利用过程中，有一个充足、稳定和高质量的从业人员来源，并可以提高资源的吸引力。人力资源开发包括以下几个方面的内容。

**1. 人力资源需求预测**

(1)根据开发目的、开发方向、开发规模和性质等因素，确定雇员人数与旅游者人数的比率。

(2)确定需要的工种数，并对每一工种的性质(如季节性、稳定性、专业性等)进行分析。

(3)确定各工种要求的人数、素质和专业水平。

(4)劳动力的可获得性预测。

**2. 人力资源的聘用计划**

在进行人力资源开发时，同样要综合考虑经济、社会效益。一般来说，中低层次的雇员从当地居民中招聘，中高层次核心部门的工作人员和专业技术人员从外部聘请。这样一方面可以降低成本，另一方面还可解决当地的就业问题。此外，还要考虑当地居民对旅游业的态度、宗教信仰方面的约束，以及对季节性聘用与解聘的适应性。

**3. 人才培训计划**

(1)旅游从业人员的岗前培训，主要是指技能培训和熟悉工作任务、工作性质的培训。

(2)旅游从业人员的岗位培训，主要是指一些短期培训、中低层管理培训和实际操作方面的考察参观，也可以是研讨班形式或管理人员的交流活动，目的是提高服务档次。

(四)旅游市场开发

旅游资源开发的最终目的，是要使旅游区或项目顺利进入市场。所以旅游资源开发与规划的一个重要环节是市场预测。它是市场开发的一部分。市场开发包括两大部分：市场预测这一环节在资源开发过程的前期进行，工作重点第一是进行市场研究；第二是市场营销和推广，通过整体营销手段与旅游目标市场消费者进行沟通，实现旅游项目与产品的销售(见图6-1)。

**1. 市场预测与定位**

市场是旅游资源开发工作的着眼点。市场预测与定位是一切决策的基础，它是在市场调查的基础上细分客源市场，对其进行分析和研究，同时对市场环境和竞争对手进行分析和研究，从而确定目标客源市场。用于旅游客源市场预测的方法很多，可以借鉴和运用已经成熟的各种市场预测方法，归纳起来主要有两大类：一类是侧重描述性评价的定性分析法（如德菲尔［Delphi］专家意见法、销售人员预测、用户调查等）；另一类则是运用数学函数构建一个测算模型，将各变量代入模型之中，得出具体测算值的定量分析法（如时间序列分析法、因果关系模型、回归模型、引力模型等）。

**2. 市场营销和推广**

旅游目标客源市场是旅游市场营销和推广的主要对象。市场推广和营销的目的，是促使目标市场的潜在客源购买已开发出的旅游产品，并在旅游目的地进行消费。

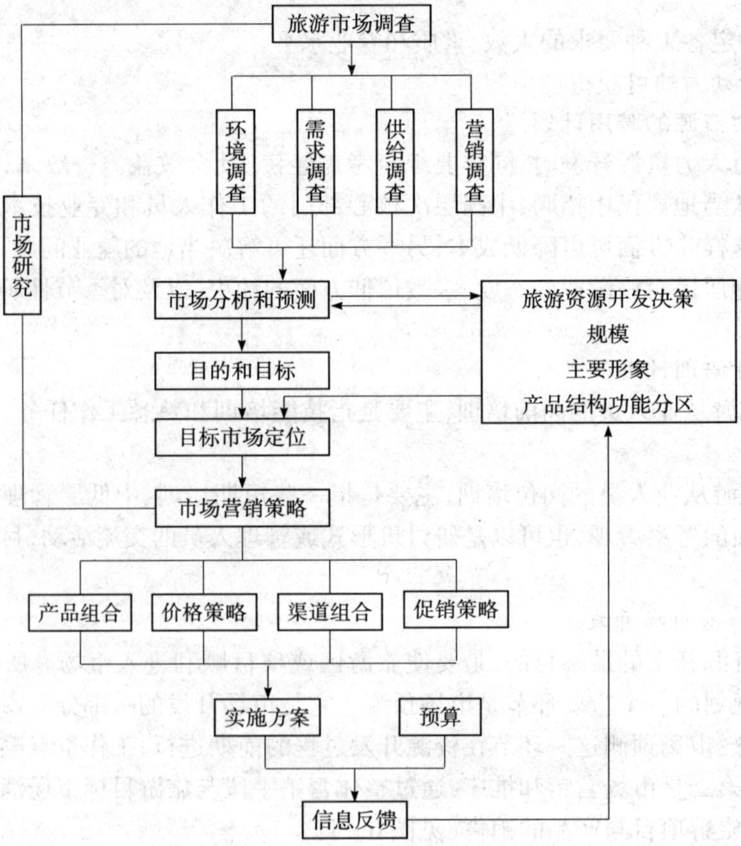


**图 6－1　市场开发系统**

(1)旅游目的地促销机构(DMO)

DMO担负着增强提供产品和服务的机构与渴望获得有关旅游产品和服务信息的旅游者之间关系的任务。这些机构包括:地区旅游协会、政府旅游主管部门、旅游开发机构、旅游企业。

(2)旅游目的地营销策略

旅游目的地营销策略包括两个层面的内容:

首先是旅游目的地的形象推广。旅游目的地形象的构成是复杂的、多维的。它往往通过一定的载体而使目标公众获得一个简明、难忘的印象。形象载体一般包括三类:①宣传口号;②形象定位、象征物、特殊事件;③节庆活动。第二是营业推广。营业推广策略主要用于短期和额外的旅游促销工作。强调在特定的时间和空间范围内,采用一系列的促销工具对供需双方进行刺激与激励,从而使旅游者产生立即或大量购买行为。

(3)旅游市场促销方法

旅游市场促销,可根据旅游者购买旅游产品的过程,划分为购买前、前往途中、抵达目的地后三个阶段,并针对不同阶段的促销目的确定不同的促销方法(见表6-2)。

**表6-2 旅游市场促销方法**

| 阶段 | 推广途径 | 目的 | 实施方法 |
|---|---|---|---|
| 购买前阶段 | 媒体广告 | 加强旅游者的感知印象,提高知名度 | 印刷品,电子传媒的反复宣传 |
| | 熟悉旅行 | 利用中间商在该地区的已成熟的销售网络,获得客源市场 | 邀请旅游中间商熟悉旅行 |
| | 突击促销 | 提高预订和形成代理客户 | 向重要的中间商进行游说性推销 |
| | 媒体炒作 | 提高知名度和树立良好的诚信形象 | 邀请新闻记者或著名作家参加免费旅游尝试 |
| | 产品展示 | 使旅游者通过现场体验增强购买欲望 | 在目的地市场进行产品与活动的模拟展示 |
| | 直接邮件 | 与消费者建立关系,双向交流 | 直接将有关资料寄往中间商和会议管理机构 |
| 前往途中阶段 | 接待中心 | 鼓励旅游者延长停留时间 | 在旅游者前往途中,由地区接待服务中心提供产品各方面的信息 |
| | 户外广告 | 对旅游者的旅游动机形成潜在影响,促其购买附加品 | 在繁华地带、高层建筑物等醒目地方设立户外广告 |

续表

| 阶段 | 推广途径 | 目　的 | 实施方法 |
| --- | --- | --- | --- |
| 抵达后阶段 | 旅游者中心 | 满足旅游者获取信息的需要,提高满意度 | 使旅游者了解当地的旅游资源、服务、设施、地方风俗活动、特殊事件的内容和举办时间等各种信息 |
| | 媒体方案 | 刺激旅游者的购物行为和再次购买欲望 | 宣传当地的特产、服务设施、娱乐设施和未来计划 |

**案例　　　　宣传与促销创造了奇迹**

新加坡位于马来半岛南端,国土面积很小,只有560平方千米,旅游资源十分贫乏。20世纪60年代,新加坡为适应世界旅游业的发展成立了旅游促进局。之后,新加坡政府采取了一系列措施发展旅游业,如整修市容,兴建、改造旅游点等。

新加坡没有出类拔萃的自然风光和人文资源,只能通过兴建人造公园和发展现代娱乐业来吸引旅游者。20世纪70年代以来,新加坡陆续兴建了一批颇具特色的人造景点,例如,裕廊飞禽公园,有三项内容达到了国际水平:一是鸟的种类最多,二是拥有最大的露天飞禽场,三是人工瀑布居世界之首。不断改善原有的景点和不断增加新的旅游项目,使新加坡吸引了许多游客。游客数量的增长率每年均超过20%,最高曾达到了62.7%。到20世纪80年代,新加坡一跃成为世界上最发达的旅游强国之一。据统计,1992年其国际旅游收入已达到55亿美元。对于一个旅游资源匮乏国来说,在如此短的时间内其旅游业发展取得了如此辉煌的成就,不能不说是一个奇迹。究其原因,除了以上所述的一些资源开发措施之外,新加坡政府在宣传促销上的努力工作确实功不可没。

首先,新加坡塑造了良好的国际形象,吸引着世界各地的游客慕名而去。新加坡虽然国土面积很小,但在国际上的名气很大:

是世界海运枢纽,1984年,吞吐量超过荷兰鹿特丹居世界第一;

是世界上的航空中心,客流量超过1000万,居世界第五;

是世界十大旅游中心之一;

是世界第六大会议中心;

是世界金融中心,居世界第四;

是世界重要的贸易中心;

自"二战"后保持和平状态,政局稳定;

是世界犯罪率最低的国家之一;

城市绿化和卫生居世界前列;

……

良好的国际形象成为一种无形的旅游资源，使新加坡旅游业打入国际市场，成为东方旅游王国。

第二，新加坡政府十分注重加强区域合作，开拓市场。从20世纪70年代开始，新加坡先后加入“远东旅游协会”、“东南亚贸易、投资及旅游促进中心”、“太平洋地区旅游协会”、“东南亚国家联盟旅游协会”等组织，对其在欧、英、日、澳及亚洲区市场的开发产生了深远的影响。

第三，通过多种渠道扩大对外宣传，主要有以下一些措施：通过海报、宣传册、幻灯、录像等形式向客源国提供旅游资料；与客源国的旅游企业(旅行社、航空公司、宾馆饭店、船务公司)及各种旅游行会合作进行促销；积极参加各种旅游交易会、博览会；举办各种旅游公共关系和其他主题活动，如在开拓日本市场时，政府拨专款在日本电视台作宣传介绍，在东京主要报刊上主办“认识新加坡竞赛”，使次年去新加坡旅游的日本游客数量比上年增长59.1%；邀请客源国的新婚作家及旅游代表免费到新加坡度蜜月；针对不同的市场、采用不同的推销策略，如针对印度尼西亚和马来西亚，竭力塑造新加坡购物天堂的形象，但由于香港的购物比新加坡便宜，因而针对香港人则宣传它是一个饮食天堂；经常派出“海外促进团”到国外进行宣传，每到一地便邀请当地旅游协会成员和旅行社负责人座谈。

形象宣传和市场促销是新加坡旅游业取得重大发展的重要因素。其各种促销措施在市场开发上获得了良好的效果，无数好奇者络绎不绝地前往，亲自体验新加坡的异国风情。

## 三、旅游资源开发的技术原理

### (一)区域旅游可持续发展理论①

旅游可持续发展是在保持和增强未来发展机会的同时满足目前游客和旅游地居民的需要。其基本含义包括三个最基本的要点。一是公平性原则(fairness)；二是持续性原则(sustainability)；三是共同性原则(common)。可持续发展的目的在于：

(1)增进人们对旅游所带来的经济效应和环境效应的理解；

(2)促进旅游的公平发展；

(3)改善旅游接待地居民的生活质量；

(4)为旅游者提供高质量的旅游经历；

(5)保护未来旅游开发赖以存在的环境质量。

在时间方面，旅游资源的可持续发展强调旅游资源的世代分配，旅游过程的顺畅运行，旅游发展的稳定、健康，强调人类在发展上的伦理道德与责任感。在空间

① 国家教委“九五”重点规划项目，马勇、董观志、舒伯阳负责。

维度方面，强调产业结构的均衡协调，强调供需关系的平衡，强调旅游管理的整体有序。具体而言，可持续发展研究的内容包括以下几个方面：

(1)区域旅游空间的划分。应建立完整的区划体系，实现正确的空间划分，包括综合自然区划、经济区划、管理区划、旅游区划。

(2)旅游可持续发展目标的确定。根据区域内的资源赋存、客源数量和旅游地居民、生态环境、社会经济等制约因素，来确定该区域旅游可持续发展的目标，以谋求区域旅游整体效益的最大化。

(3)旅游可持续发展评价指标体系的制定。包括规划指标体系、执行指标体系和预警指标体系。

(4)旅游可持续发展潜力的评估。应从旅游资源的潜在保障力、社会经济的潜在支持力和旅游环境容量三个方面进行。

(5)各类利益集团之间的协调与互补。应在不损害旅游整体效益的前提下，在协同进行、共享互补、损害有序、合理调控的原则基础上，协调各利益集团之间的利益关系。

(6)对重大自然改造工程的环境影响评估。应对可能会影响生态平衡和旅游资源重新分配的工程项目的各个阶段的不同影响程度做出评估和预测。

(7)旅游可持续发展综合效益预测。即对旅游可持续发展产生的社会效益、经济效益、生态环境效益的预测。

(8)旅游区内部结构和设计。即旅游地景观功能分区、旅游资源配置方案、各项设施的生态化设计等。

(9)旅游可持续发展管理的监控。应建立信息反馈系统，对可持续发展方案的实施进行测试和监控，为决策提供依据。

### (二)旅游环境承载力

承载力是指某一特定空间或区域的接纳、包容能力。从接待地的角度来看，承载力是指区域旅游资源和生态环境等诸因素，在没有受到消极影响的前提下所能接纳的最大旅游活动量。

旅游环境承载力由旅游的资源承载量、感知承载量、生态承载量、经济发展承载量、地域社会承载量等五个基本承载量组成。

#### 1. 旅游资源承载量

旅游资源承载量是指在保证旅游资源不被永久性破坏的前提下，在一定时间内，某地旅游资源所能容纳的旅游活动量。旅游资源承载量的测定，首先是确定某一资源的人均最低空间标准，用此标准除资源的空间规模，再结合时间因素，即可获得旅游资源的极限日容量，即 $C = T/T_0 \cdot A/A_0$。该式中，$C$ 为极限日容量、$T$ 为每日开放时间、$T_0$ 为人均每次利用时间、$A$ 为资源的空间规模、$A_0$ 为每人最低空间标准。最低空间标准的数据通过对旅游者的调查测得。表 6 – 3 为一些旅游场所人均最低空间标准的参考标准。

**表 6-3　旅游场所基本空间标准(日本)**

| 场　所 | 基本空间标准 | 场　所 | 基本空间标准 |
|---|---|---|---|
| 动物园 | $25m^2$/人 | 自行车场 | $30m^2$/人 |
| 植物园 | $300m^2$/人 | 钓鱼场 | $80m^2$/人 |
| 高尔夫球场 | 0.2~$0.3m^2$/人 | 狩猎场 | 3.2ha/人 |
| 滑雪场 | $200m^2$/人 | 旅游牧场、果园 | $100m^2$/人 |
| 码头:小型游艇 | 2.5~3ha/只 | 徒步旅行 | $400m^2$/团 |
| 汽　艇 | 8ha/只 | 郊游乐园 | $40m^2$/人 |
| 海水浴场 | $20m^2$/人 | 游园地 | $10m^2$/人 |
| 划船池 | $250m^2$/人 | 露营场:一般露营 | $150m^2$/人 |
| 野外比赛场 | $25m^2$/人 | 汽车露营 | $650m^2$/台 |
| 射箭场 | $230m^2$/人 | | |

注:ha = 公顷 = 100 公亩 = 10 000$m^2$

**2. 旅游感知承载量**

根据环境心理学原理,旅游者在旅游时对环绕在身体周围的空间有一定要求,如果空间狭小、拥挤,便会导致情绪不安和精神不愉快。感知承载量是指环境空间不致使游客产生拥挤感所能容纳的最大旅游活动量。感知承载量受旅游者各种心理因素的影响。对旅游者各种心理因素的测度,是通过对旅游者进行调查,获得统计数据来确定的。

**3. 旅游生态承载量**

旅游生态承载量是指,在旅游地域内的自然生态环境不会退化或恶化的前提下,所能容纳的最大旅游活动量。对旅游生态承载量的测度,主要要考虑一定时间内污染物的排出总量和通过人工技术或依靠自然环境本身对污染物净化和吸收的能力等因素。

**4. 旅游经济承载量**

旅游经济承载量的分析,主要从两方面入手:一方面是游客数量必须达到一定的规模,这一规模要保证能产生经济效益并按计划收回投资;另一方面规模的极限由地区经济发展程度或水平决定。其主要影响因素有下列五项内容:

(1)旅游基础设施和上层设施的容纳能力,即物质容量;

(2)用于旅游业的投资能力;

(3)当地与旅游业有关的产业满足旅游业需求的能力;

(4)正面效应与负面效应的利益比较,例如,要对一个地区进行旅游开发,必须终止正在进行中的矿产资源的开发,这就需要对二者的经济效益进行衡量对比,做出取舍；

(5)当地所能投入旅游业的劳动力供给能力。

**5. 社会文化承载量**

旅游资源的开发和旅游业的发展,可能会给接待国或接待地的社会和文化造成一定的冲击。社会文化承载量就是指由接待地区的人口构成、宗教信仰、民俗风情、生活习俗和文化特色等决定的,当地居民可以接纳的旅游活动量。社会承载力的评价主要应考虑当地社会开化度、居民接受程度、城市化与现代化程度和文化背景差异。由于我国文化背景以儒家思想为主,国民崇尚克制、坚忍,而在旅游开发上所受限制又较多,因此社会承载力问题并不显著。但随着改革开放的深入进行,旅游开发政策会逐渐放宽,在进行资源开发时,特别是在开发乡村旅游和以少数民族民俗风情为主题的旅游项目时,要认真考虑其社会承载力,以避免因为旅游开发导致社会的动荡。

## 第三节　旅游资源开发的阶段和程序

### 一、旅游资源开发的阶段

#### (一)旅游资源开发总体规划的构架

旅游规划是旅游资源开发中的重要内容,是介于开发与设计之间的重要环节,是开发目标之下的第二层次的操作系统。旅游规划主要包括四个阶段的内容。

**1. 旅游资源与客源市场调查阶段**

此阶段的主要工作,是通过对旅游资源与客源市场的调查来收集资料。资料内容主要包括:

(1)旅游开发区(地)的自然地理概况;

(2)该区(地)社会经济条件、历史背景与文化积淀;

(3)自然、人文旅游资源;

(4)基本接待条件与环境质量;

(5)主要客源市场与竞争态势。

在此基础上还要进行一定的评价和分析,确定最具吸引力的核心旅游资源,分析当前客源结构及未来的市场潜力,最后完成调查报告。

**2. 旅游开发政策与开发次序的确定**

旅游开发政策的主要内容包括:开发类型、规模、投资政策等;开发次序的内容包括:产品与服务项目的设计、土地利用规划、人财物资源的配置等。

**3. 总体规划的制定阶段**

在经过以上的准备阶段之后,规划工作将要进入实质性阶段。由政府有关职能部门或有关组织机构,与专家一同结合国家或地区的有关政策精神进行具体规划。此阶段的主要任务是规划大纲的编制,主要包括以下几个方面的内容:

(1)现状分析。指对现有的资源赋存状况、自然地理条件、社会经济条件、居民和文化背景的分析。

(2)规划依据。指有关文件精神和政策方针。

(3)开发投资条件分析。指在现状分析的基础上进行开发投资条件的利害分析。

(4)土地利用规划。

(5)环境容量的界定与环境污染预测。

(6)区划方案的制订。包括服务区、商业区、休闲娱乐区、游览区及自然保护区的圈定。

(7)开发投资预算。包括开发各阶段的投资额与经济效益核算。

(8)人员管理体制的确定。

**4. 总体规划的实施阶段**

此阶段是总体规划必不可少的重要组成部分,是一项长期的工作。在经过总体规划方案的优选、审批之后,开始进行资金筹措,付诸实施。在实施的过程中将发现原方案的不足之处,不断进行补充和修改。

(二)开发目标的确定

目标是指某项决策、规划、工作、研究等努力方向和要求达到的目的,从某种意义上看目标是一种价值标准,具有可达性、约束性、时效性与一致性。在旅游开发上其外延可分为:经济发展目标、当地人民生活水平提高目标、社会社区安定目标、环境与文化遗产保护目标、基础设施建设目标等。从时效上看有总体战略目标和阶段目标。旅游开发目标制定的作用,是监控旅游开发进程与开发意图之间的差距,从而找出原因并加以修正。旅游资源开发主要有三个目标。

**1. 满足旅游者个体需求**

主要包括以下几个方面:安静与休息,同时参与消遣和体育运动;回避喧嚣,同时与当地居民接触;与大自然、外国文化风俗接触,但又要有一定的家乡舒适感;隐匿独居,但又要求有安全保障。

**2. 提供新奇经历**

许多游客旅游的目的是为了逃避常规生活中的密集人群和受污染的环境。因此,开发要体现"回归自然"的特色,如安静、生活节奏变化、放松机会等;与大自然、阳光、海/水、森林、山地接触;人人平等;与自己生活工作圈以外的人接触;以及发现他种文化与生活方式等。

**3. 创造一个具有吸引力的"旅游形象"**

旅游形象应尽可能新颖,以赋予旅游区一种个性,使其形象易于辨认、记忆和传播。如资源特色的最佳利用;反映当地背景与气候特色,采用当地材料开发建设;对设施赋予富有想象力的处理;为旅游者提供接触当地居民、了解当地风俗习惯和工艺品的机会等。

(三)主题定位与形象塑造

主题,是旅游资源开发的理念核心;形象是开发目的地的客观现实在公众心目中的主观反映。主题往往和形象紧密结合,这是由于鲜明而一致的主题往往能稳定在人们的心目中,构造出一个积极形象。从旅游者感知的心理角度来看,旅游地形象由三个维度构成:功能性——心理性;真实特征——幻想;普通——独特。(如图6-2所示)

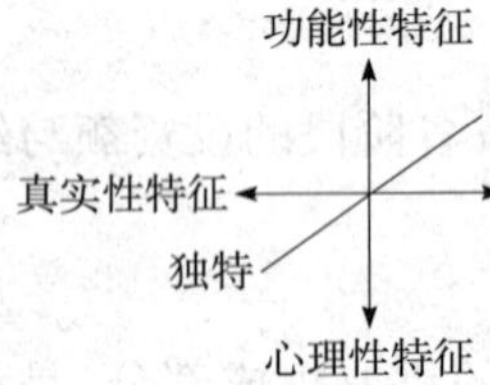


**图6-2 旅游地形象构成**

旅游目的地提供的整体产品,被旅游者以真实特征和幻想两种方式理解。真实特征是可以在旅游目的地得以求证的功能性特征和心理性特征,而幻想是旅游目的地的真实特征投射到人们内心世界的画面。普通——独特这一维度,表示目的地形象有普通的一面,由此它可以与其他目的地比较和排序;但目的地形象又有独特的一面,包括独特的事件和特征(功能性特征)或特殊的风格(心理性特征)。

从时间跨度上看,旅游形象的形成过程划分为三个阶段,第一个阶段是游客在未决定旅游之前,通过经历或教育在心中形成的对各旅游地的印象,称为原生形象。

第二个阶段是旅游者有了旅游动机之后,有意识地从各种传媒获取并提炼有用的信息,从而在心中加工形成次生形象。

第三个阶段是到达旅游目的地并完成了旅游过程之后,将自己的旅游经历结合以往的印象而形成的复合形象。(如图6-3所示)

一个旅游目的地的形象构成是复杂的、多维度的。为了使公众获得一个整体的、易于辨认和记忆的形象,就要通过一定的载体对其进行塑造和传播。旅游目的地形象载体包括以下三类:

**1. 宣传口号,形象定位**

宣传口号是一句能够体现地区整体风貌的简短用语。一个好的口号要能够概括地区或项目的特征,使公众对象容易记忆,并能够激发其旅游激情和灵感。设计口号应遵循以下几个原则:①正确,要与实际情况相符,反映真实特征;②可信,不

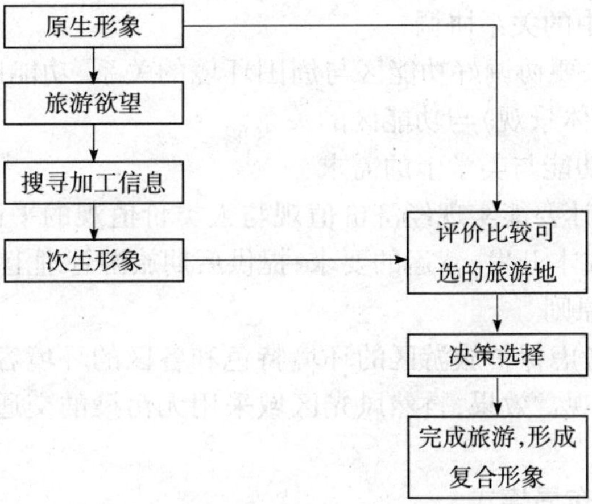


**图 6－3　地区旅游形象的形成**

宜过分夸张、渲染；③简洁，语句简短、高度概括；④有吸引力，与众不同。口号的创意要力求经典，例如“不到长城非好汉”、“桂林山水甲天下”等。

形象定位，是为自己在地区、国家或国际中的地位做简短评价，力求突出自己与众不同的特点，目的是将自己从众多的可选地中凸显出来。例如澳大利亚的定位是“金色假日”，波兰的定位是“欧洲大陆升起的明星”等。形象定位的重点，是要在调查基础上明确旅游者对本地优势和劣势的感知。它相对于竞争对手对本地的接受程度和旅游者对利益的追求。

**2. 象征物**

即在公众心目中永恒的能代表一个地区的事物，如法国的埃菲尔铁塔、中国的天安门、埃及的金字塔、美国的自由女神像、中国的万里长城等。在进行资源开发时，可考虑树立某一象征物形象，配合一定的符号和标志来强化旅游者的印象。

**3. 特殊事件和节庆活动**

通过举办特殊事件和节庆活动，同样可以在潜在旅游者心目中树立地区形象并达到良好的效果。例如，可以通过大型焦点事件来吸引公众传播媒介，产生某种光环效应，把旅游区宣传成为令人向往的目的地，也可以通过一系列小的事件来吸引不同兴趣的旅游者。

（四）空间功能分区

**1. 旅游地功能分区设计原则**

（1）功能单元相对集中

对于不同类型的设施（如住宿、娱乐、商业等设施）的功能分区，采用相对集中的布局，使各类服务综合体在空间上形成聚集效应。如果游客光顾次数最多、密度最大的商业娱乐设施区，布局在景区中心或交通便利的位置，可产生规模效应。

(2)功能分区中的关系协调

功能分区设计,要协调好功能区与周围环境的关系、功能区之间关系、主要结构物(核心建筑、主体景观)与功能区的关系。

(3)同时满足功能与美学上的需求

功能分区的设计要能实现经济价值观与人类价值观的平衡;创造充满美感的经历体验;满足低成本开发、营运的要求;提供后期旅游管理上的方便。

(4)环境保护原则

在布局上,要考虑保护旅游区的环境特色和各区的环境容量。区域内交通线路的规划要不破坏观赏效果,自然风光区域采用无污染的交通方式,如步行、电动观览车等。

**2. 典型的空间布局模式**

(1)社区——旅游吸引物综合体布局模式(如图6-4所示)

图6-4布局模式是在各旅游吸引物中心布局一个社区服务中心,通过交通联系起来,形成娱乐同心圈。

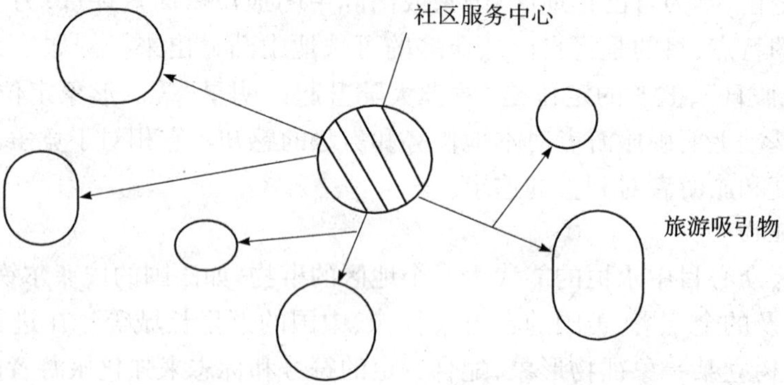


**图6-4 社区——旅游综合体布局模式**

(2)三区结构布局模式(如图6-5所示)

图6-5是典型的生态旅游区布局模式。核心是自然保护区,被严密地保护起来,外围是娱乐区和服务区。娱乐区和服务区的建设,要求旅游设施不破坏风景特色,若服务设施污染较大,应放在最外层远离保护区;职工的住宅不能引人注目;维修设施应隐蔽起来。

(3)双核布局模式(如图6-6所示)

图6-6布局模式将服务设施集中在旅游区的边缘,服务区与自然保护区构成旅游区的两个核心,中间的娱乐区则成为商业组带。

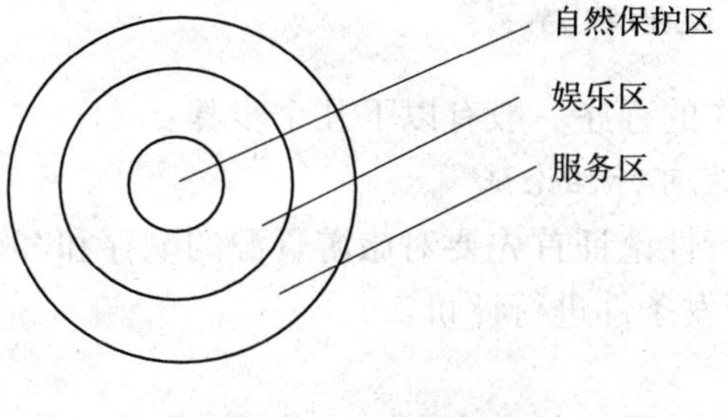


图 6-5 三区结构布局模式

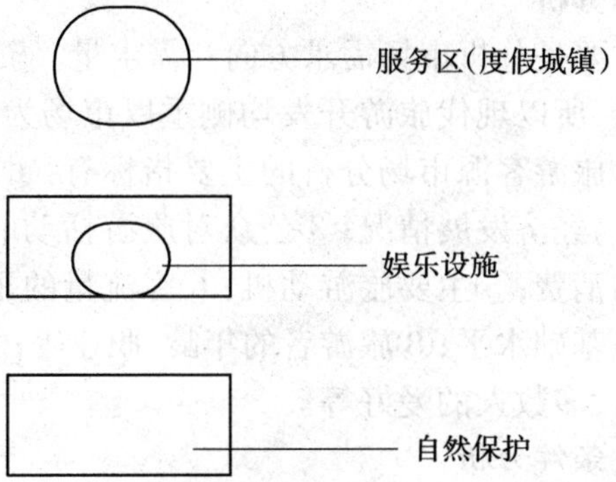


图 6-6 双核布局模式

(4)核环布局模式(如图 6-7 所示)

这种布局模式,是将某一自然景观作为核心,服务设施则环绕四周,之间以交通连接,服务设施与核心景观之间也有交通连接,形成核环式布局模式。

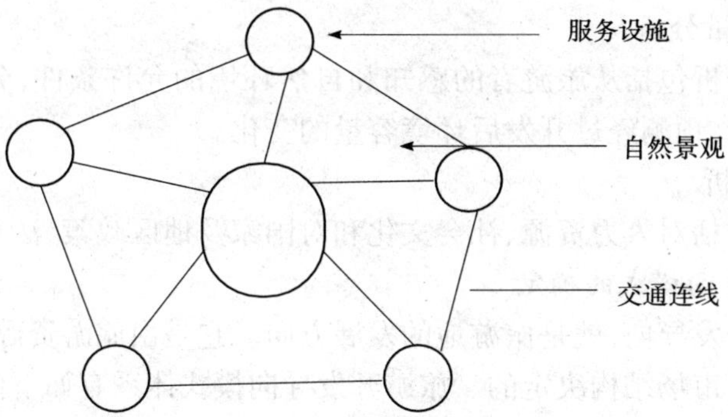


图 6-7 核环布局模式

## 二、旅游资源开发的程序

旅游资源开发工作的程序一般有以下几个步骤:

(一)旅游资源开发可行性论证

旅游资源开发可行性论证首先要对旅游资源的赋存和客源市场进行详细的调查,并对开发环境和开发条件进行评价。

**1. 资源评价**

资源评价包括对旅游资源的丰度、特色、价值(如美学价值、科学价值、历史价值等)和结构进行评价。

**2. 旅游客源市场分析**

客源市场分析主要是分析市场需求方向和需求量。资源优势转化为开发优势取决于市场需求前景,所以现代旅游开发均侧重以市场为导向。市场的分析是旅游资源开发的前提。旅游客源市场分析的主要指标有:①客源地的地理位置及特征;②客源地的社会与经济发展情况;③公众对旅游括动的态度和参与兴趣;④每年的出游人数和人均消费;⑤主要旅游动机;⑥客流量的季节性变化;⑦旅游者的文化层次和经济收入基础水平;⑧旅游者的年龄、职业等;⑨客源地的风俗习惯、宗教信仰、民族特征和大多数人的爱好等。

**3. 旅游资源开发条件分析**

(1)经济基础条件分析

经济基础条件分析包括对所在区域内经济现状和潜力的分析;对资源开发的经济支持、保障的评价,以及经济影响的评价和对经济影响的控制的分析。

(2)设施条件分析

设施条件分析包括对所在区域的可进入性分析,基本供给能力分析,基础设施的最低、正常和应急供应状况分析,经营设施(如住宿、餐饮、购物)状况的分析等。

(3)环境容量分析

环境容量分析包括从旅游者的感知和自然环境的允许条件,分析地区所能容纳的旅游活动量,预测经过开发后环境容量的变化。

(4)其他分析

其他分析包括对人力资源、社会文化和对国家及地区政策、法规影响的分析。

(二)开发导向模式的确定

旅游资源开发导向,就是旅游地的发展方向。它是由旅游资源功能特征、旅游层次、旅游项目、市场结构决定的。旅游开发导向模式体系有如下内容:

**1. 基础形象导向**

基础形象导向包括原生形象和次生形象。

原生形象,即旅游者在个人经历和所受的长期教育影响下,产生的对旅游地的基本认识。

次生形象，即在旅游促销机构的形象推广和公关活动影响下产生的形象。

**2. 总体功能导向**

总体功能导向，即旅游地的功能倾向，也就是开发是侧重于文化旅游型、商务旅游型、休闲度假型，还是体育、娱乐型。

**3. 市场功能导向**

市场功能导向，即通过准确的市场定位来确定发展方向。

**4. 景区主题导向**

景区主题导向，即根据景区的功能特征进行主题定位，主要包括景区的功能定位、景区的风格定位、开发规模定位和开发次序定位。

（三）旅游资源开发规划的制定与评价

**1. 旅游资源开发规划的制定**

旅游资源开发规划的制定，主要包括以下几个方面的内容：

（1）旅游分区规划

首先根据旅游资源的特色和性质，划定其范围和保护带及服务区、娱乐区；其次是构景规划设计：根据因地制宜、因景制宜的原则，把现存的自然风景资源与人文景观资源恰当地进行组合搭配；根据文化背景（神话传说、传奇故事、历史事件等）设计人造景观或娱乐项目，使之在空间上、层次上、功能上形成一个有机的整体。

（2）确定旅游资源的开发政策

根据本区旅游资源特色、优势与客源市场的需求，确定主题导向型旅游资源和项目及陪衬型资源和项目，并分层逐级地进行开发，确定资金配置和投资政策，以及各阶段的开发重点。对国家或地区的旅游资源开发，还要配合制定有关的地方政策和法规，形成完善的开发体系。

（3）确定环境与资源保护措施

旅游资源开发应采取一定措施，预防对旅游资源和环境造成破坏，包括自然作用的破坏和人为的破坏。例如，将服务区放在远离自然景观的地区，减少其对景区的污染；制定一系列规章制度，约束旅游者对资源和环境的破坏行为；对已形成的污染和破坏及时治理并建立环境监控系统以便及时发现问题。

**2. 旅游资源开发规划的综合评价**

旅游资源的开发规划一般有多个不同的方案，要对每一个方案进行综合评价，从而选出最优方案。评价标准主要有以下几个：

（1）能否满足开发总目标的要求；

（2）开发规模是否符合市场需求；

（3）积极与消极的社会经济和环境影响；

（4）经济和财政上的可行性；

(5)建设上的可行性;

(6)其他因素,如阶段性开发的可行性。

(四)旅游资源开发的实施与监控

旅游资源开发的实施过程中,需要解决的问题主要是资金的筹集、分配和各部门的分工。旅游资源开发的筹资方式是多渠道、多元化的,可以是政府融资,也可以是私有企业融资;可以是国内融资也可以是国际融资。融资形式有自筹资金、银行贷款和证券融资(股票、债券)。资金筹集之后,就要拿出分配方案。旅游资源开发建设要协调好各部门的分工,合理配置劳动力资源,使开发工作得以协调有序地进行。实施过程中应随时对开发的经济产出、社会指标(就业、基础设施改善、资源保护等)进行统计,将统计结果与财政预算和预定目标进行比较,找出偏差和产生偏差的原因,从而调整目标或调整实施方案,形成旅游资源开发过程的动态均衡。

**案例　　三峡文化乐园的项目创意方案**

(一)功能分区方案

**1. 第一大景区——三峡欢乐广场游乐区**

主题形象:三峡文化大会演、长江风情欢乐场。

主题标志:长江三峡欢乐女神像。

范　　围:位于本区最南端,紧靠宜古大道和游船码头,包括入口主景及建筑群,面积大约为20公顷左右。

主导功能:荟萃三峡文化精华,为游人及市民提供大型游乐广场空间。

辅助功能:(1)三峡文化乐园对外辐射宣传的门面与窗口;

(2)整个三峡文化乐园的游客集散地;

(3)大规模娱乐及节庆活动的中心广场。

**2. 第二大景区——巴楚风情游乐园区**

主题形象:聆听土家爱情故事,品味巴楚民俗风情。

主题标志:白虎金色雕像及楚凤阁。

范　　围:原来的公共游览区。

主导功能:营造浓郁的巴楚民俗风情氛围,为游客提供系列巴楚民俗娱乐的参与项目。

辅助功能:(1)建成土家歌舞园;

(2)建成土家民居风情及民间娱乐中心;

(3)展示巴楚集市风光;

(4)建成巴楚影视基地。

**3. 第三大景区——挑战自然游乐园区**

主题形象：惊心动魄，挑战人类极限。

主题标志：高悬空中的模拟热气球。

范　　围：原洞湾一带的休闲体育与探险区。

主导功能：提供给游人一片探险的空间和一个挑战自我与人类极限的机会。

辅助功能：(1)展示古代神侠怪异、惊心动魄的武侠天地；

(2)在挑战极限的运动中体验惊险刺激；

(3)让游客享受高科技带给人类的全新娱乐。

**4. 第四大景区——亚龙湾观光农业园区**

主题形象：身体力行农家乐，原草原木原生态。

主题标志：缤纷大道及红灯笼乡村民居。

范　　围：原石洞树别墅区至宜黄高速公路以南的大片地域。

主导功能：让游人感受纯自然的乡村乐趣。

辅助功能：(1)提供系列参与性观光农业项目；

(2)实现农产品交易的基地；

(3)建设为农业科普博览园；

(4)开辟亚龙湾生态植物园；

(5)让都市人回归田园农耕生活。

**5. 第五大景区——天堂湾休闲度假区**

主题形象：人间天堂龙盘湖，悠然自得清馨园。

主题标志：西洋风情清馨园(原昌丰花园)。

范　　围：现龙盘湖宾馆接待中心、昌丰西洋花园、国际会议中心及周边山地和水面。

主导功能：让游人在山清水秀中享受丰富多彩的休闲娱乐生活。

辅助功能：(1)旅游者的食宿接待中心；

(2)旅游者的游乐中心和水上休闲基地；

(3)西洋风情博览区；

(4)商务旅游者的国际会议中心。

**6. 第六大景区——山野生态游乐区**

主题形象：回归山野生态，享受天然乐趣。

主题标志：卡通野人雕塑群。

范　　围：原洗脚滩别墅区及山野游览区。

主导功能：让游人体验回归原始自然的山野乐趣。

辅助功能：(1)野外驯马中心及赛马场；

(2)野外露营地及篝火烧烤场；

(3)模拟野人活动区,提供野人考察系列知识教育;

(4)游人射艺练习场和小型狩猎场。

**7.第七大景区——三国军事野战区**

主题形象:体验三国惊险,重温军事经典。

主题标志:三峡兵书宝剑塔。

范　　围:原跑马场及森林游览区。

主导功能:让游人体验古代战争的感受,重温三国实战经典场景。

辅助功能:(1)建成模拟三国古战场;

(2)建成实弹练靶场;

(3)建成卡丁赛车场;

(4)建成现代军事体育游乐区。

(二)分区项目策划方案

**1.第一大景区——三峡欢乐广场游乐区**

(1)造景设计

①主题项目

a.三峡神女雕塑:以神女为代表的三峡民间传说文化,揭开三峡文化乐园的序幕,将三峡神女作为欢乐广场的标志物。三峡神女雕塑的建造要有一定的高度和视觉冲击力,夜间以泛光灯照射,使路经宜古大道的车辆都能看到,造就中国三峡神女的第一直观形象。另外神女雕像四周绿草如茵,群鸽飞舞,以烘托和平、宁静、快乐的祥和气氛。

b.激光音乐喷泉:通过圆弧状的造型设计与三峡神女雕塑遥相辉映,通过五彩的激光与变幻的水形以激昂的音乐营造出欢快热闹的气氛,为三峡欢乐广场锦上添花。

c.三峡梦幻舞台:激光音乐喷泉中央修建一圆弧状舞台,成为各项大型文娱节目表演的中心;梦幻舞台正上方修建一幅超大荧屏,既可放映娱乐节目,又可制作各式广告。

d.九头鸟卡通大本营:以湖北人的象征物九头鸟为龙盘湖的卡通娱乐吉祥物,在欢乐广场上经常有九头鸟卡通人物出现与小朋友逗乐,并设计有各式各样的九头鸟模型供小朋友购买。

e.三峡奇石馆:以小型作坊的形式,向游人展示奇石制造工艺流程,并展示成品、现场售卖。

f.三峡博物馆:展示三峡出土及即将淹没的各类文物,介绍三峡人文历史。

②辅助项目

a.三峡诗词碑林:集中古今有关三峡的诗词歌赋、名人楹联等文化题材,由当代书法家书写,工艺名匠雕刻,流传后世。

b. 三峡评书茶坊：设小型茶坊为游人提供休息之所，其中穿插民间艺人演讲三峡民间故事，供游人休息听书。

c. 流水鲜花台地：沿山坡依次层层叠叠设计流水瀑布台地，水坡流泻、鲜花盛开，供游人摄影留念。

d. 三峡陶艺坊：由当地工匠向游人讲授并展示土陶制作工艺，并由游人自制陶器留念，现烧现用，定期拍卖。

e. 峡江科幻激光：采用现代光学原理，声、光、电三位一体，内厅四周以虚幻影像创造全新的科幻世界，模拟世界上宏伟水利工程壮举，并展示未来三峡工程全貌。

(2) 节庆活动设计

①三峡国际狂欢节：确定每年的固定时段开设，开展欢歌笑语、泼水狂欢、面具舞会、山野宴饮、花车游街等系列活动。

②九头鸟卡通童话节：举行童话大王比赛、卡通化装游园、卡通系列游戏等。

③三峡国际诗歌节、书法节：每年定在屈原诞生日，召开以三峡为主题的诗歌创作、诗歌咏唱、书法挥毫等系列文化活动。

**2. 第二大景区——巴楚风情游乐园区**

(1) 造景设计

①主题项目

a. 楚凤阁：楚人崇凤，以凤凰作为巴楚文化的标志物，在本区制高点建了一处金凤足踏风火轮。展翅冲向云天的楚凤阁，既有文化观赏性，又有历史标志性。

b. 楚市一条街：突出巴楚风情，采用“物物交换”的方式把游人带回远古市井。

c. 虎哥凤妹台：雕塑土家青年典型虎哥凤妹的人物雕像，上挂连心锁，以示心心相通；导游向游客讲述虎哥凤妹的传奇故事。

d. 土里巴人歌舞园：以土家歌舞的形式再现土家婚丧嫁娶的生活场面，定期安排土家“土里巴人歌舞团”现场演出。

e. 土风游乐场——八角亭：为虎哥凤妹初遇之地，设计为“斗鸡茶楼”，安排斗鸡、斗狗等民间游乐参与性项目，游客亭上围观。

f. 三宝(保)树：借三棵并排大树的象形，寓意“人的三世”、现代人的“三口之家”，让游客在游戏中祈求幸福美满的三种保佑。

g. 土家山寨：仿土家民间居住之所，模拟土家青年对情歌，如果游人能对上情歌，就能被主人邀请，进寨喝茶、饮酒和游戏消遣，并按原状模拟土家吊脚楼及室内摆饰，以供游人观赏。

h. 巴王洞探奇：利用天坑的天然地形，附会传说中古代巴人的祖先巴王曾在此带领巴人先民修炼居住，设计巴国曾在此留有仕女藏金图于天坑的悬念，在坑壁铺设藤梯供游人上下探奇。

i. 悬棺古栈道：在湖边悬崖上开凿建筑一处长约百米的仿古栈道，栈道尺头直达悬棺（仿制）处，让游客亲身体验“走古道、看悬棺、长见识”的巴国古之幽情。

②辅助项目

a. 巴楚当铺：以游戏方式模拟巴楚古代典当，让游客体会“东当铺西当铺、东西当铺当东西”的场景，并现场出售各类仿出土巴楚文物及古玩字画。

b. 巴楚历史墙：纤夫拉纤台以浮雕形式拉出一幅幅不同阶段的三峡历史场景，体现三峡历史文化的时间主轴线与三国园的散点场景相互贯通，点线结合。

c. 巴楚雕塑园：以雕塑为载体，以巴楚历史传说为内涵，再现三峡历史文化，以雕塑与卡通相结合代替单一的雕塑，以情景雕塑代替单一的人物雕塑，建成华中第一雕塑园，以“看不完的雕塑，听不完的故事”而形成特色。

d. 豌豆角龙舟竞技场：在山边水面开阔地带开展土家龙舟——豌豆角舟的划船竞技。

（2）节庆活动设计

①虎凤山歌大派对：凤阵代表女方、虎阵代表男方，每阵各选若干名选手，每逢山歌节，双方展开对垒，以歌会友。胜方不仅可获奖，而且可向对阵选手提出特殊要求，并结为好友。

②虎哥凤妹婚典：每月按土家婚俗礼节举行一次面向大众既有表演性，又有参与性的庆典，并以此对外承办婚礼。

③三峡民间故事节：设故事大王奖、幽默先生奖和吹牛猛士奖。

④土家大赶集：土家大赶集与一般集市不同之处在于不用人民币，而是将人民币换成古币（如刀币等），再进行交易，或直接采取物物交换的方式把人们带回远古商市，体会其中的乐趣。

⑤豌豆角龙舟节：在5月至9月的每月初五举行表演式或游客参与式的龙舟竞赛。

**3. 第三大景区——挑战自然游乐园区**

（1）景点设计

①主题项目

a. 低空热气球飞行历险：向参与者提供地形图与目的地资料及路线图，由参与者指挥驾驶，在指定地点必须着陆交换货物，然后进行智力问答，获取通关条文后才允许放行，对最终到达目的地的游客加以奖励。

b. 神龙洞探险：利用现有的洞穴改造为大众探险区，并营造设计三峡地区古代武侠传说中的“金蛇郎君”藏宝之处，并有武功秘籍及金蛇神剑，洞中机关重重，神秘怪异，高深莫测，阴森恐怖，开展比体力、比智力、比胆量，寻宝得大奖系列趣味活动。

c. 山地攀岩：是一项高参与性、高挑战性、高体能性的娱乐活动，攀岩者持工具从水面攀至崖顶。“无风险有刺激、高娱乐低消费”，以专题有奖活动促进消费。

d. 旱地雪橇：三峡地区以山高水险著称，本项目引进德国技术，沿山建造，设计雄关重重，仿三峡雄、秀、幽，游客自行驾驶，山地速滑，惊险刺激。

e. 夔崖蹦极：仿三峡雄关“门关”之险，借鉴欧美非常流行的蹦极娱乐项目，蹦极处建于垂直水面的崖面处，参与者双脚系高弹力橡皮筋跳出崖面，反复上下振荡，是一项高参与性、高刺激性、高挑战性的娱乐活动。

f. 高架跳伞：在山崖上建一跳伞塔，形成居高临下之势（距水面40米），从伞架上放伞向湖面上的浮垫跳伞。

②辅助项目

a. 山地自行车：组建山地越野俱乐部，定期设计各种节目，举办山地自行车越野赛。

b. 水上飞渡：崖面两端设钢丝绳连接，游人可从水面滑到对岸，享受水上飞行的乐趣。

c. 山地滑草：沿山坡种植长叶滑草或铺设塑料草，供游人仿山地滑雪快速滑降。

(2) 节庆活动设计

①定期召开三峡地区武林擂台赛，从智力、体力、知识与毅力的竞赛中，选拔出“峡江第一英豪”。

②开展“三峡寻宝热线游”，组织探险旅游者按路线大搜宝。

③组织山地神龙探险节，开展山地攀岩、蹦极、滑草等系列竞技活动。

**4. 第四大景区——亚龙湾观光农业园区**

(1) 景点设计

①主题项目

a. 三峡锦绣谷：有选择地种植三峡地区的特种花草和农作物，培植各式天然盆景，并传授相关知识，使游客在游娱之中增长农业及生态知识；将此建成三峡花卉培育基地和植物园，种植数百亩樱桃、梅花、玫瑰，并汇集三峡地区各种奇木异果，供游人观赏、采摘、购买，形成一个花卉批发市场。

b. 缤纷大道：以三峡地区具有代表性的植物花卉，如绞股蓝、牵牛花、紫薇、葡萄藤等，架设2公里长的乡村缤纷大道，以装饰性的牛车作为该景区的交通工具，行于阡陌之间，使旅游者充分感受“稻花香里说丰年，听取蛙声一片”的农村田园气息。

c. 橘园迷宫：以屈原《橘颂》为题材，布置景点项目，大门外建一屈原雕塑及诗词碑林，并对园中小道进行迷宫化设计（如八卦阵），让游人穿行探索，寓智于娱。

d. 梅岭：借助山坡地形，广植梅树，形成“梅岭飘香龙盘湖，山岳浮动香雪海”的景象。

e. 桃花村：仿造陶渊明之桃花源，建造一世外桃源，阡陌纵横、耕地片片，其间点缀“人面桃花相映红”的桃花小店数处。

f. 红灯笼乡村乐园：仿三峡乡间木楼民居，高悬乡村灯笼，展示农家生活情调，建成乡村式旅馆，供游客居住。

g. 三峡茶园：建设成为三峡名茶叶（邓村茶、宜红茶等）生产示范基地，大力开发观光农业，让游人在种茶、采茶、制茶、品茶四位一体的工艺流程中增加茶文化知识、愉悦身心；建一处茶圣陆羽雕像。

②辅助项目

a. 乡村博物馆：集三峡地区农事活动于一体，展示水车、纺车、碾子、犁耙传统农具及农村生活用品系列，力求古朴、真实，并具有参与性，让游客在浏览中体验农村生活。

b. 天长地久林：吸引新婚夫妇、亲朋好友、志士仁人前来植树，开放给游客植树留念。

(2)节庆活动设计

①农家乐旅游线：以参与型观光农业旅游项目“走乡间、下田地、品瓜果、当农民、学农艺”等系列为载体，开发各种生态旅游区。

②花仙子节：每逢花开时节，为小朋友们举办各种“花仙子”游乐项目。

③三峡柑橘节：橘树成熟时，开发“橘树任你摘”的旅游项目，并可开展各种竞技活动供游人娱乐；建成三峡地区一处具有影响的柑橘集散地。

④龙盘花鸟集市：每周开办花鸟集市，吸引众多的花鸟爱好者，传播鸟类知识，培养爱鸟之情，建成宜昌具有一定规模的花鸟市场。

**5. 第五大景区——天堂湾休闲度假区**

(1)景观设计

①主题项目

a. 三峡休闲水上世界：主要包括以下活动系列：

未来三峡水城堡——设计成《未来水世界》中的水上城堡，它不仅是游人进入未来水世界的必经之地，而且充分营造其神秘科幻未来色彩，使其成为集歌、舞、食、乐于一体的水上不夜城。

三峡水战城——建造水战军事演习区，区内备有各种模拟实物形状的水上战车、潜水艇、水雷设施，以及机关枪、水枪、水炮、水导弹等武器，在“战争”与“和平”中，给人们带来快乐。

银色沙滩——沿湖建造长 200 米的人造沙滩，上面开展冲沙、沙滩排球等沙滩运动项目。

鳄鱼滩——毗邻银色沙滩设计仿生鳄鱼滩，滩头和水面上漂浮着各式各样的仿生鳄鱼，或沉或浮，张牙舞爪，游者谁能成功地穿越到达目的地，即可获得“猛士奖”。

山地水滑道——为人工水滑道，依山而造，水流冲击、崎岖入湖，通过滑道的高低起伏，穿越各种仿生怪物，让人们体验惊奇刺激，设多种滑道组合、跳台、冲浪池、蹦蹦船，既有情节又有欢乐气氛，供游人夏日戏水。

b. 人类伟业大观：主要包括以下系列：

世界水利之窗——利用龙盘湖湖堰众多的地理优势，依湖造景、依山造势，模拟世界上著名的水利工程，使之成为“世界水利实景大观”。

三峡全景画馆——以全景画的形式展现未来三峡工程的宏伟场面，并收集、陈列历史上对三峡工程有卓越贡献的名人和专家资料，以及三峡工程的全部建设资料与媒体对它的论述与评价。

c. 商务休闲中心：利用现有国际会议中心的基础设施，建设成商务旅游、会议旅游的高档综合休闲场所，采用会员制。

d. 丽人乡：即龙盘湖现在的钓鱼湾，利用现有的设施，改造成汉代风格，广集兴山等地靓丽佳人，营造其“丽人昭君温柔”的氛围。定期举行“昭君出塞”和“选美”活动。

e. 西洋风情清馨园：在原昌丰花园别墅基础上稍加旅游功能点缀，建成一处有异国风情观赏价值的景观。

f. 龙盘垂钓场：选一处水静林茂的湖岸，建若干小型凉亭式垂钓场，供游人休闲垂钓。

(2)节庆活动设计

①定期开展由企业赞助的专题“水上休闲夺标”活动。

②每周开展一次“水战大演习”。

③三峡火把节：结合三峡地区的古代传统，在每年的3月3日晚，以火把代替灯光照明，开展火把歌舞场、火把游山、野营篝火等多种形式的野趣古俗游乐活动。

**6. 第六大景区——山野生态游乐区**

(1)景观设计

①主题项目

a. 三峡珍稀百鸟园：利用亚龙湾鸟雀众多之天然优势，集中放养三峡地区各种珍稀鸟类，以大网罩住各种奇异鸟雀，并在网中设计自然生态，养鸟、观鸟、售鸟三结合，鸟类表演与游人收养同步，使游人与鸟同乐。

b. 狩猎场：放养野兔、家禽等小型动物，供游人狩猎。

c. 野人谷：模拟三峡神农架野人部落，以“追踪野人、野人追人”等游戏方式，开展游人与卡通野人的智力与体力较量。

d. 野人迷踪长廊：以书画雕刻长廊展示野人传奇。

e. 小型野考馆：野考馆陈设对现代野人进行科学考察的实物图片及原始标本。

f. 森林小木屋：仿三峡地区典型的森林小木屋，营造游客休息的小型景观。

②辅助项目

a. 山野射艺园：以移动的“跑兔、跑狗”等模拟动物标靶供游人弓箭射击。

b. 天然烧烤场：为宜昌市民提供一个野炊、烧烤的理想场所。

c. 野趣斗牛场：山野设场、牛牛相斗，游客竞猜押宝，以决输赢，既有观赏性，又有娱乐性、参与性。

(2)节庆活动设计

①野人狂欢节：每月开展一次野人大搜捕活动，组织旅游团队根据野人活动的线索展开集体大搜捕和相关狂欢游戏。

②三峡斗牛节：挑选三峡地区的各种斗牛，开展斗牛赛，冠军封得“牛魔王称号”，并给予奖励。

③青少年篝火节：每逢节假日，对青少年朋友优先开放，成为他们理想的野营活动中心及篝火烧烤园。

**7. 第七大景区——三国军事野战区**

(1)造景设计

①主题项目

a. 兵书宝剑塔：建成古今武器博览园和中外兵书藏书楼。

b. 三国史诗长廊：以浮雕形式描述三国传奇故事、英雄人物的史诗画卷。

c. 三国演义园：向青少年朋友介绍三国用兵大法，由游客参与演练，然后分兵三路各自为阵，由各路“兵马”自行筹划对敌战略，并在模拟战场上进行三国大战演习。

d. 张飞跑马场：举行仿张飞(戴面具)赛马活动及三国马战“三英战吕布”片段。

e. 诸葛八卦阵：仿诸葛亮八卦阵，让游客在其中游戏穿行。

f. 长坂坡野战林：以彩弹枪为武器，模拟实弹场景，双方对垒，以中弹彩点数决定胜负。

g. 三国计谋殿：在大殿中以三国计谋长廊为主体，通过声、光、电三位一体的形式展示三国传奇故事与计谋，并在殿内通道上设置机关重重，让游客在斗智斗勇中游戏穿行、寓智于娱。

②辅助项目

a. 实弹练靶场：实弹射击，让游人过一把真枪实弹瘾。

b. 军事野战训练区：制造各种沟壕、地道及前线阵地场景，建成供游人进行模拟战备的训练场。

c. 卡丁赛车城：提供各式卡丁赛车供游人享受现代化一级方程式赛车的刺激，过一把赛车瘾。

(2)节庆活动设计

①三国擂台赛:每月组织一次三国兵团大演练,组织青少年学习并实践谋略与军事知识,进行模拟实战的谋略游戏。

②张飞飙车节:游客驾驶卡丁赛车,举行速度竞赛。

③枪王大赛:每周开展实弹射击大赛,以各种游戏方法决定胜负。

## 本章小结

旅游资源开发是以满足旅游者休闲、娱乐和求知的需要为前提,对现实或潜在的资源进行科学合理的组合利用和有效保护的过程。开发就是为了实现社会、经济、生态、科技的最优发展,达到最佳资源配置。因此,在开发过程中应突出主题,注重经济和社会双重效益,兼顾生态平衡和环境保护,实行综合开发,形成以自然景观或人文景观为基础,民俗风情作烘托,具有体验和参与的多层次、多功能的立体型旅游产品;同时,在具体实施开发时,要深入调查、精密论证、把握政策、确定目标、制订计划、慎选开发导向模式,作好可行性研究,并从建设、完善基础设施,提升上层设施,发掘人力资源,开展市场营销等几方面着手进行全方位规划。此外,在整个开发过程中,必须将主题形象的塑造和展现始终贯穿其中,并通过空间功能分区,将旅游资源的鲜明特色凸显出来,使其成为令旅游者向往的旅游吸引物。

## 思考与练习

1. 本章讲述了旅游资源开发的三大意义,除此之外,你还能想出其他的意义来吗?

2. 将以下概念和解释搭配起来。

________是旅游资源开发　　________是提升旅游上层设施

________是旅游可持续发展　　________是旅游资源的承载量

________是旅游资源开发的导向

a. 旅游目的地发展的方向

b. 以市场为导向,运用经济技术手段,开发和创建旅游吸引物

c. 保持和增强未来发展机会,并满足当前游客和旅游目的地居民的需要

d. 满足旅游者娱乐、休闲需要的依托物

e. 旅游资源在不被永久性破坏前提下所能容纳的旅游活动量

3. 请详细讲述旅游资源开发的内容,理清思路,做一个你所熟知的景点的开发

规划。

4. 结合新加坡案例,谈旅游目的地营销策略和促销方法。

5. 旅游资源开发要经历哪些阶段和程序?

6. 阅读案例三峡文化乐园项目方案中七大功能分区特点后,你受到哪些启迪?倘若付诸实施该方案,你认为还应注意哪些问题?开发后吸引力有多大?

7. 请评价下列开发方案是否合理可行,并简要说明原因。

(1)中山舰已打捞出水,计划修复后开辟有关纪念馆。

(2)瑞典斯德哥尔摩朗霍尔门监狱饭店。

(3)长城上修建索道。

(4)原汁原味的民族风情街。

(5)仿建秦始皇地下兵马俑宫殿。

# 第 7 章

# 风景名胜区开发与规划

**课前导读**

风景名胜区特色鲜明,资源比较集中,是旅游者向往的旅游目的地。中国素有“自古名山僧占多”的说法,这表明人类在很早以前就开始利用自然景观了。然而正是人类旅游活动的涉足,使得众多风景名胜区遭到不同程度的毁坏。今天,为了能很好地开发利用现有留存为数不多的风景名胜区,我们必须重视依赖风景名胜区自身发展的特性,进行合理的可行性综合规划与开发利用,在使其产生经济效益、社地效益的同时,得到妥善的保护。

**学习目标**

通过学习本章,要实现以下目标:

- 了解风景名胜区及其划分标准
- 理解风景名胜区规划的必要性
- 熟悉风景名胜区规划的程序和内容
- 明确风景名胜区规划的类别
- 掌握风景名胜区总体规划审批程序及其阶段和内容
- 把握旅游线路设计的原则和程序

## 第一节 风景名胜区规划的必要性和程序

### 一、风景名胜区及其划分

风景名胜区,是指具有观赏、文化或者科学价值,自然景观、人文景观比较集中,环境优美,可供人们游览或者进行科学、文化活动的区域。2006 年国务院颁布

《风景名胜区条例》将风景名胜区划分为国家级风景名胜区和省级风景名胜区。

自然景观和人文景观能够反映重要自然变化过程和重大历史文化发展过程，基本处于自然状态或者保持历史原貌，具有国家代表性的，可以申请设立国家级风景名胜区；具有区域代表性的，可以申请设立省级风景名胜区。

(1)设立国家级风景名胜区，由省、自治区、直辖市人民政府提出申请，国务院建设主管部门会同国务院环境保护主管部门、林业主管部门、文物主管部门等有关部门组织论证，提出审查意见，报国务院批准公布。

(2)设立省级风景名胜区，由县级人民政府提出申请，省、自治区人民政府建设主管部门或者直辖市人民政府风景名胜区主管部门，会同其他有关部门组织论证，提出审查意见，报省、自治区、直辖市人民政府批准公布。

## 二、风景名胜区规划的必要性

虽然我国地广物博、资源丰富，但是由于资源的数量有限，同时由于资源的不可再生性，决定了在利用资源时一定要进行规划。因此对风景名胜区进行规划是延长风景区生命周期，尽可能合理有效地分配与利用风景名胜区内一切资源及接待能力、交通运输能力，提高风景名胜区的知名度和声誉度，产生经济效益、社会效益和环境效益的一种经济技术行为。

**1. 有利于延长风景名胜区生命周期，焕发风景名胜区生命力**

“产品生命周期”是美国经济学家在20 世纪50 年代发现，在60 年代正式提出的理论。它是指产品投入市场到最后淘汰的全过程，一般经历导入期、成长期、成熟期、衰退期四个阶段。风景名胜区不进行规划，听其自然则可能走向消亡；若经过规划，采取必要的适当的措施，则可以延长成熟期，重新焕发活力。风景名胜区生命周期的延长，关键在于技术的不断创新和进步。

风景名胜区因具有空间不可转移性，并且与特定环境密切相连，同时优美的风景名胜区，总是有人类的足迹，蕴涵着丰富的历史和文化内涵，在规划中应具有高水平创意、高超的构思和新颖的表现方式。当然，风景名胜区要延长生命周期，保持其持久的吸引力，稳固地占有旅游市场，就必须不断地进行规划。譬如西安秦始皇兵马俑 1 号坑和铜车马相继发掘出土，却有意将铜车马推迟几年才公开展出。当秦始皇兵马俑 1 号坑的轰动效应开始下降时，又推出了铜车马，这就保持了西安旅游的吸引力。

**2. 有利于提高知名度，扩大信誉度**

风景名胜区保持原有的自然风光和人文足迹，具有极高的观赏和美学价值。风景名胜区只有经过合理而适当的规划和开发，才能展现其风采。否则，再好的景点，游客不能进入，不能身临其境去感受其内在之美，就不会产生持续的吸引力，知名度和信誉度也无法体现。譬如国家级风景名胜区武陵源位于湖南省西北部，包括张家界市、慈利县索溪峪和桑植县天子山三个景区,总面积约360平方公里。武陵源风景名胜区地层以红砂岩、石英砂岩为主,经长期地质作用、水流切割、风化侵蚀,形成罕见的砂岩峰林峡谷地貌,数以千计的石峰危岩平地拔起,形态各异,亭亭玉立于金鞭溪、索溪峪等峡谷两侧,集奇、野、幽、趣于一体。但起初由于交通设施、住宿等基础设施不健全,造成游人"进不去、出不来、游得慢",虽然有巧夺天工的自然风光,可是不能尽情享受和领略。后来国家经过各种途径(譬如投资、集资、招商引资)相继建设了国际机场和高等级公路以及星级宾馆设施,为游客的食、住、行、游等提供了便利条件。由此,武陵源的美景名扬天下,提高了知名度,扩大了信誉度。

**3. 有利于扩大资源利用的深度和广度,产生经济效益、社会效益和环境效益**

风景名胜区经过详细严密的调查评价,配以科学合理的规划,能够多角度、多层次地发掘风景名胜区的可利用空间,以扩大资源利用的深度和广度,吸引旅游者,产生经济效益、社会效益和环境效益。

例如:著称于世的伟大工程——长城,以其悠久的历史、雄伟的建筑,成为中华民族的象征,征服着一代又一代游客。一代伟人毛泽东的著名诗句:"不到长城非好汉"更体现出其内在的价值。但是如何继续发挥其潜力,在经过多方论证之后,"夜长城"的开发应运而生。"夜长城"就是在长城城墙上装饰不同形式的色灯,同时配上古典的服装,让现代人十足地过一把过去皇室之瘾,并能潜移默化地将中华民族的历史介绍给青少年,这样长城便扩大了这一著名的旅游景点的利用深度和广度,产生了三大效益。

**4. 为新资源的建立积累经验,产生综合效益**

风景名胜区的再开发有的非常成功,有的却归于失败,这是符合自然发展规律的。在不断总结和完善改进之中,便积累了许多经验,为新资源的规划开发提供了借鉴。深圳"世界之窗"、"中华民俗村"规划之所以成功,一是依托了一定的风景优势;二是借鉴了规划的经验,突出主题,形式各异,产生了综合效益。

总之,风景名胜区规划不仅可以延长其生命周期,提高知名度和信誉度,而且能够扩大利用深度和广度,产生综合效益,因此,风景名胜区规划是必要的。

## 三、风景名胜区规划的程序

风景名胜区规划流程是一个循环系统,每一个循环应包括八个阶段:筹备工作、确定目标、可行性分析、制订方案、方案的评价与比较选择、实施、监控与反馈、调整策略。其结构如图7-1所示。

### (一)筹备工作

首先,召集来自不同领域的专家组成一个协作团体,分工明确,共同协商,解决风景区开发的经济、社会环境等问题。协作团体的参与者一般包括:经济学家、地

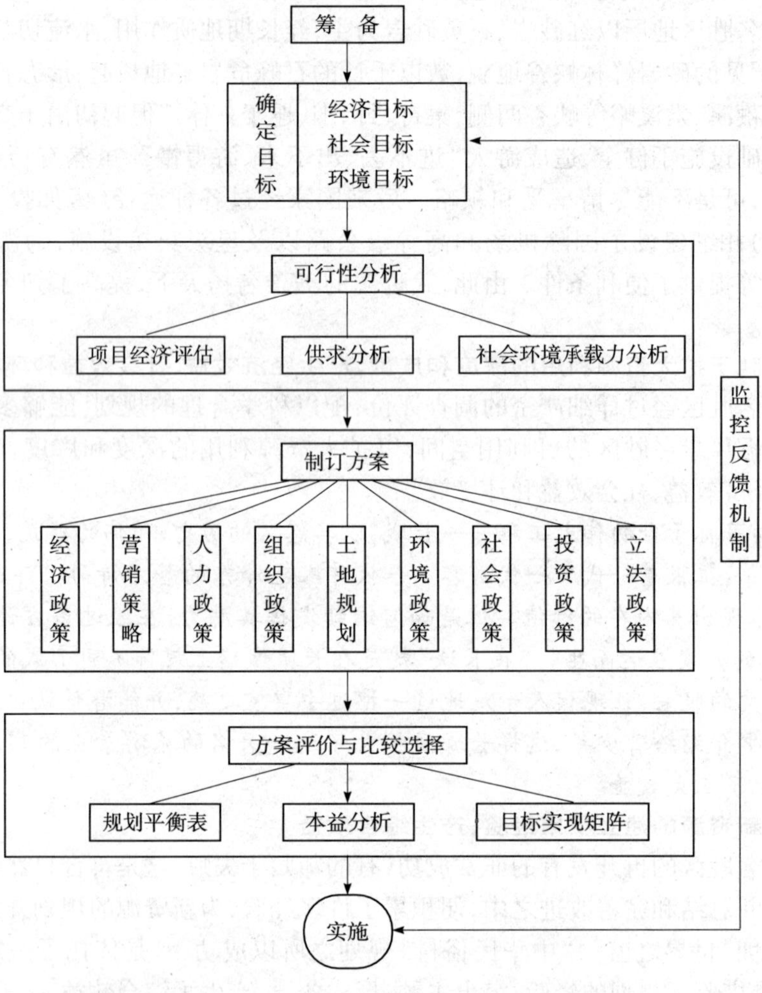


**图 7－1　风景名胜区规划流程**

理学家与园林学家、历史学家、管理者、律师、社会学家等。

在初期分析阶段，应设计出宏观的规划蓝图，提出初步质量标准、开发密度，同时确定风景名胜区的开发潜力。接着便是从事风景名胜区供给方面的规划，包括风景名胜区的评价，对其等级开发次序和为满足游客需求而新增何种资源；从事客源市场调查和投资多少；投资方向是否合理；如何使总体规划满足市场的需求与经济效益目标等问题，确定几个可供选择的方案，并逐个作出规划评估。然后是确定环境的承载力，提出合理的保护措施，提出极限环境容量与最大、最优的开发规模，认真评倘风景名胜区开发对环境带来的影响。

在筹备阶段，重点是初步确定风景名胜区开发的主要目的、风景名胜区的性质及初步的规划蓝图。

(二)确定规划目标

风景名胜区规划的目标一般包括经济目标、社会目标与环境目标。经济目标是指风景名胜区规划是为了赢利,增加收入,平衡外汇收入;同时注重美化生活环境、维护生态平衡的环境目标及增加社会就业、改善基础设施、保护传统文化的社会目标。在规划时,规划目标的确定主要以规划主体利益为重要内容,但必须兼顾地方的发展与政府的总目标,同时必须以满足游客的需求作为实现自己目标的前提。

(三)可行性分析

采用定性定量的方法,详细地调查分析与综合。要采用详细的区域调查方法、对基础设施(风景名胜区内的资源、设施、服务、交通)作详尽的普查,与有关政府官员、当地居民、相关企业深入讨论,收集并总结有关文件、数据、图片及一切有用的信息,同时借鉴国内外成功的规划经验,比较同类型竞争的情况,分析优势,避其锋芒。同时对旅游者市场进行调查,对潜在游客的特征、消费方式、旅游活动、态度,对地方旅游产品的满足程度、偏好倾向等,进行详细调查并做好详细记录,确定目标市场。要对一些旅行代办机构及国外潜在客源地的航空、旅游机构进行调查,以获取游客对度假区所在地的感觉认识及经历,从而发现自己的目标市场,找到风景名胜区的市场增长点。然后进一步决定度假区的类型、主题与最优规模。对上述资料进行综合后,确定风景名胜区开发的主要机会、问题与约束条件;测度风景名胜区开发的社会、经济与环境承载力。

根据市场预测、成本与效益估算,对规划项目进行财务分析,对国民经济状况及投资风险与不确定性进行分析,对风景名胜区规划开发的赢利能力、负债偿还能力、投资回收期、社会效益、内外部经济环境作出科学预测。

(四)制订方案

一个风景名胜区规划的方案包括两方面的内容:一是政策,二是操作规程。政策方面包括经济、立法、环保、投资政策等;操作规程方面包括风景名胜区规划、市场营销计划、人力资源配置等。

**1. 制定政策时应考虑的因素**

(1)风景名胜区类型与级别

该风景名胜区是国家级还是省级或市(县)级,是以自然风光为主体还是以人文景观为主体。从风景名胜区发展及本身效益来看最优规模是多大。对于不同类型不同级别的风景名胜区,其开发投资、经营政策是不同的。根据类型不同、级别不同制定相应的政策,以对风景名胜区规划开发起到保障作用。

(2)环境保护与永续利用

在风景名胜区规划开发时,其开发的类型、深度一定要注意限制在环境承载力负荷之内,不致造成严重生态失衡;注意与地方特色相协调,避免文化冲突,使其得到永续利用并受到所在地的支持。

(3)政府与开发企业要明确各自的角色分工

政府应从宏观方面全面分析各种大环境、大因子,进而组织专家团进行实地考察,拿出一份总体规划蓝图。同时循此总体规划对开发企业进行督查,提供优惠政策与经济刺激,积极参与规划。企业开发只是投入人力、物力、财力,使风景名胜区规划蓝图得以变为现实,同时注重投资效益及投资回收期等。

**2. 风景名胜区规划操作规程方面应考虑的问题**

(1)产品与服务设计

要能提供满足目标市场需求的产品与服务,同时该产品和服务必须具有特色,在市场上有鲜明的定位,且具有独创性。对于基础设施和服务的配置应依风景名胜区的特点、规模、类型进行配置,应以不损害风景名胜区整体效用为总体,同时又遵循方便、实用原则。

(2)人力与财力

一般是指采取有效的融资方式(公积金、股份、合资、独资)筹集资金、通过优化组合合理分配资金。对人力资源的培养、分配,更应注重合理分配人力,做到各尽其责、各尽所能。

(3)市场营销方案

认真考虑市场营销组合产品、价格、分销、渠道、公关、政府,设计有效营销战略,合理的市场定位,以扩大市场份额,提高风景名胜区的竞争力。

(4)机会与约束

寻找风景名胜区开发的新的机遇和分析风景名胜区发展的约束条件,从而进一步提出利用机会、克服约束、寻求最大利用资源的途径。

(五)方案的评估与选择

方案评估与选择,一定要注意平衡地区与风景名胜区之间的利益关系,照顾地方居民、企业与政府的目标和利益。对于方案评估一般采用本益分析、目标实现的矩阵分析和“规划平衡表”的分析方法。这里简单介绍一种矩阵评估法:

首先选择一系列评估因子($A_1$、$A_2$……$A_i$),并按其重要性对各因子给予不同的权重 $\omega_i$。

$$\sum_{i=1}^{n}\omega_i = 1(n\text{ 为评估因子数})$$

然后请各有关部门的专家对方案中的各评估因子进行打分,最后,对各方案的评分进行汇总,以分值高者为优。

(六)实施

按规划设计的政策及角色分工对方案进行实施,即进行实际性工作。风景名胜区规划一般分为四个阶段:基础设施、旅游线路与服务、经营、扩张与调整。

(七)监控与反馈

在风景名胜区规划实施过程始终加强监控与反馈,这样一方面有利于规划实施很好地进行,同时也能够发现在实施过程存在的问题并采取相应措施;另一方面,能够让规划实施始终与经济、社会、环境目标一致,确保实施的有效性。

(八)调整策略

在监控与反馈的过程中,一旦发现风景名胜区规划实施与目标发生冲突,或是规划实施产生了不利影响等,就必须进行合理调整,对策略重新评估,选定最优方案。

## 第二节　风景名胜区规划的内容与类别

### 一、风景名胜区规划的内容

2006 年 9 月 6 日国务院颁布《风景名胜区条例》,将风景名胜区规划分为总体规划和详细规划。风景名胜区总体规划的编制,应当体现人与自然和谐相处、区域协调发展和经济社会全面进步的要求,坚持保护优先、开发服从保护的原则,突出风景名胜资源的自然特性、文化内涵和地方特色。风景名胜区应当自设立之日起 2 年内编制完成总体规划。总体规划的规划期一般为 20 年。风景名胜区详细规划应当根据核心景区和其他景区的不同要求编制,确定基础设施、旅游设施、文化设施等建设项目的选址、布局与规模,并明确建设用地范围和规划设计条件。风景名胜区详细规划,应当符合风景名胜区总体规划。结合条例,风景区规划内容应包括以下几点。

**1. 确定风景名胜区性质**

景区规划的重要内容之一就是确定风景名胜区的性质。风景名胜区性质的确定是决定其利用功能、开发方向,吸引不同类型游客的基本因素,对规划旅游设施项目和内容具有重要影响。在漫长的历史文化长河中,我国众多名山大川大都遗存了许多文物古迹、革命遗址、历代业绩和诗词歌赋及传说故事,从不同侧面体现了中华民族悠久的历史和灿烂文化。它们多为具有观光、文化和科学价值的自然景观与人文景观的综合体,具有综合游览的功能和特性。这就给大型风景名胜区的定性带来一定困难,因此要在认真调查基础上,区分景区主次地位、价值取向和辐射强度等,从而给予科学和准确的定性。如北京八达岭—十三陵风景名胜区,属于人文景观为主的风景名胜区,而秦皇岛的北戴河是以自然景观为主的风景名胜区。

**2. 划定风景名胜区范围及其外围保护带**

为了便于管理,应对风景名胜区划定一定外围保护带,并确定风景区范围。在划定范围及外围保护带时，应注意保护自然环境和人文景观的完整性，这样既可以满足游者需求，又有利于保护和管理。划定后，要标明界线，建立档案，向社会公布。例如：桂林—漓江风景名胜区的范围划定为北起兴安，南至阳朔。

**3. 划分景区和其他功能区**

根据功能和性质，风景名胜区可以划分为若干景区，每个景区依靠环境独具特色，使旅游有一个合理的布局。每个景区之间虽然相对独立，但在总体上又融为一体，相互补充，共同体现景区的完整性。另外，除确定不同特色的景区外，还要规划不同的生活服务区、管理用地区、娱乐活动区、停车场等，以利于全面安排旅游设施。例如在景区划分方面，江西井冈山风景名胜区划分为茨坪、龙潭、黄洋界、笔架山、五指峰等八个景区。

**4. 确定保护和开发利用风景名胜区资源的措施**

旅游事业的发展前途和命运，与风景资源及生态环境保护息息相关。世界上许多国家都把保护旅游资源和生态环境看做旅游业兴旺发达的生命线。由于风景资源遭到破坏会失掉旅游业赖以生存的属性和环境，因此规划时除加强环境保护和制定法规外，还要因时、因地、因物建立一整套保护措施。如自然生态系统监测、文物古迹修复、旅游公害处理、专项旅游资源特殊维护方法等都要进行规范。其具体规范内容应包括以下六个方面。

(1)保护范围及其项目。包括风景名胜区范围、景区环境质量、特色和风格、景点和古迹美学环境气氛等方面。

(2)教育和管理。要因地制宜地制定法规和措施，加大环境保护宣传的力度，对旅游者进行环保意识的教育，号召做文明守法的旅游人。

(3)合理布局。严格执行《风景名胜区条例》中有关保护风景名胜区的规定，控制与自然环境、历史风貌不和谐建筑物的建设，确定旅游环境容量等。

(4)修复和维护。根据国家修复和维护文物古迹及历史遗址的“修旧如故”原则，提出合理的修复形式、结构、材料、工艺等计划。

(5)重点保护生态平衡。自然风景名胜区的生态平衡是关系到风景名胜区生命的最重要的内因，因此要着重保护生态系统平衡。如改善和维护生态环境绿化工作，防止水质及大气污染等。

(6)治理公害。要清除和净化各种可能在风景名胜区出现的公害，如旅游垃圾的处理，保护大气质量和保护地表水等。例如为了保护桂林山水，有关部门关停并转了一批污染环境的企业。

**5. 确定旅游接待容量和旅游活动的组织管理措施**

旅游接待容量，即在一定时间内风景名胜区的自然生态环境不致退化的前提下，所能容纳旅游活动的量。注意发挥旅游资源的整体效应，全面规划控制旅游活动量是确定旅游接待容量的关键措施。例如桂林芦笛岩长 500 米，旅游高峰期一天接待客人近万人，这种如同赶庙会的超负荷接待，既影响旅游效果，又威胁自然环境和安全。

除了确定旅游接待容量外，提出组织游览活动的管理理措施也是必要的。如改善交通、服务设施和游览条件；严格执行规划中确定的旅游接待容量，防止无限制地超量接纳旅游者；充分利用风景名胜区的资源特点，开展健康有益的游览文化娱乐活动，不断加强旅游教育和旅游知识的宣传，维护风景名胜区秩序，保障游客安全和景物完好。

**6. 统筹安排公用、服务及其他设施**

制定风景名胜区规划时，对公用、服务及其他设施一定要统筹安排，具体来讲应包括服务设施网状结构和空间布局、道路的布局结构、服务设施的建筑风格和布局等。

**7. 估算投资和效益**

任何项目的规划，都离不开投资和效益问题。风景名胜区规划也不例外，风景名胜区规划一个十分重要的内容就是在规划时要提出建设投资项目及预算计划，并分析投资预期效益。落实建设投资是开发的基本条件，也是规划实现的物质基础。规划工作中应在对风景名胜区建设进行全面考察基础上，制订出多种方案和投资计划，并在充分进行技术论证前提下提出准确、合理的投资方案。投资方案优化的关键是效用最大化。影响旅游效用的因素有经济、社会、环境；有近期、中期、远期；有宏观、中观和微观等，在规划中必须坚持时间、因素、层次、效益的有机统一，坚持综合效益分析。

资源的来源和运用是投资的关键，在风景名胜区开发时，需要有保护资源环境资金、基础设施建设资金、完善接待条件资金和区外交通资金等四项资金。要落实这些资金，并合理利用。

**8. 其他事项**

风景名胜区规划除以上七项内在因素外，还应考虑风景名胜区规划所处的外界大环境。它包括经济、政治、客源国及市场的变化；区域经济综合体；旅游人才培养；旅游商品开发，以及能源、交通、通信、水电供应状况等。这些都应作为规划先期考虑并长期注重的内容。

## 二、风景名胜区规划的类别

风景名胜区规划类别十分复杂，从不同角度考虑有不同的划分方法。按规划内容性质可分为风景名胜区资源规划、风景名胜区线路规划、风景名胜区设施建设规划、客源组织规划、商品规划、人才培养规划；按资源利用程序可分为潜在资源区规划、现有资源区规划等；按规划时间可分为远期规划、中期规划、近期规划；按规划空间可分为全国规划、大区域规划、地区规划；按规划内容详略可分为宏观规划和微观规划、总体规划和局部规划、综合规划和部分规划等。下面概述几种不同类别的风景名胜区规划。

(一)宏观规划与微观规划

宏观规划也就是全面规划,即风景名胜区在规划时,应从全方位、长远的角度对能改变规划的因素进行综合分析,制定出总体规划方针,并经过多次分析和论证,得出合理、正确的规划蓝图。微观规划也就是细部规划,即某一角度、某一因素着手进行具体规划。它依据总体规划不断结合动态因素适时调整,使总体规划得以及时调整和实现。

风景名胜区宏观规划和微观规划是密不可分的有机整体。宏观规划是微观规划的前提,微观规划是宏观规划的基础。风景名胜区规划时既要制定宏观总体规划,也要制定微观细部规划,以达到既统领全局,又激活个体的良性规划措施。

(二)风景名胜区线路规划

风景名胜区线路是为游客专门设计进行旅游活动的路线。它常与交通线一起构成串联各旅游点的网络。线路的形成受旅游点和地区经济发展水平、交通条件、市场、时间等因素的制约。在进行风景名胜区开发规划时依据这些因素设计线路,可形成独特格局,也可实行区域协作。但无论何种设计,都必须以“特色取胜、便捷飨人”为总原则。具体来讲游人对线路选择的原则是:一短(旅途占用时间短)、一长(游览观光时间长)、一多(项目内容多)、一少(重复路线少)、一高(观赏对象知名度高)、一低(旅游费用低)。其中观赏对象特色和路途快捷又是择线的主导因素,规划者应设计一系列线路,供不同层次、不同兴趣和不同条件的游客选择。如按时间设计一日游、二日游、数日游等;按乘坐交通工具设计徒步游、自行车游、汽车或火车游、乘船水上游、乘飞机空中游等。譬如东湖风景区开展的乘飞机空中游览项目。

(三)风景名胜区客源组织规划

旅游活动的主体是旅游者,亦即客源。客源是旅游业发展的重要环节。一个风景名胜区的知名度高低和兴衰,关键在于客源市场的争夺。客源组织规划的重点是建立市场机制,根据旅游市场的特点,掌握其动向并细分市场,选择目标客源市场,有针对性地建设设施、组织商品供应、加强营销手段、强化市场竞争策略。

客源组织规划的内容:①分析市场、确定目标和市场、排出客源市场序位。为了准确掌握客流动向,要注意研究客源市场,及时掌握旅游信息,改变市场战略机制;②扩大旅游宣传力度,提高风景名胜区的知名度,通过现代高科技手段,利用网络不断宣传,吸引众多游客;③客源组织规划,注重客源的季节平衡和冷热平衡:季节平衡问题可以通过增加旅游吸引项目或调整旅游价格等方式,使风景名胜区形成淡季不淡、旺季不衰的局面;冷热线平衡问题可通过开辟新线新点、提高服务质量和信誉、制定合理价格、与旅行社加强联系等方法来解决。

(四)风景名胜区设施规划

风景名胜区设施分为风景名胜区上层旅游设施和风景名胜区基础设施。风景名胜区上层设施是旅游者使用的建筑设施,包括旅游饭店、旅行社及娱乐设施等;风景名胜区基础设施指交通、供水、供电、能源、通信等设施。旅游业必须依赖这些物质条件才能得以顺利发展。

以饭店建设为例,旅游饭店建设是衡量一个国家和地区接待能力的标志。饭店布局规划中,客源充足程度是决定饭店规模、数量和档次的主要因素,兴建饭店时应根据游客心理的需求,建筑风格突出民族或地方特色,以增加对游客的吸引力。

(五)风景名胜区资源开发规划

风景名胜区一般多种资源并存,对风景名胜区多种资源的开发,应做到先后有序、合理有效地利用和保护资源。这不仅关系风景名胜区资源的永续利用和旅游持续发展的大问题,而且关系到能否协调发挥资源的社会效益、经济效益和生态效益。因此,在综合调查、评价与分析资源的基础上,应充分研究、论证资源开发的三大效益,并通过严格的开发项目投资预算和效益预测,提出资源开发的重点与序位、程序和方案。

(六)风景名胜区商品开发规划

旅游商品,是指游客在旅游中被吸引并购买和消费的特色物品,如工艺美术品、纪念品、日用品、食品饮料、收藏品等。旅游商品的销售可以有效促进物资交流、资金流动和增值,发挥创汇功能,并可以宣传我国丰富的文化旅游资源,提高旅游吸引力。促进商品生产和商品市场,应考虑以下几个方面:①结合风景名胜区性质和当地特色,开发设计多种、多规格的独具匠心、风格各异的特色产品;②根据风景名胜区规模和线路,合理布局商业网点,提高购买的机遇性和方便性;③加强宣传促销,激发购买欲望;④疏通渠道,减少环节、降低费用和成本;⑤力争名利双收,既发挥创汇功能,又扩大风景名胜区的知名度。

(七)风景名胜区人才培训规划

旅游业发展的核心是人才,旅游业竞争归根到底是人才的竞争。为促进风景名胜区的建设发展,应针对风景名胜区的规模、性质,制订培养服务和管理人才的计划。风景名胜区人才培训规划应包括:①风景名胜区人才需求结构;②旅游从业人员岗前培训;③旅游从业人员岗位培训;④旅游从业人员工作素质的提高和考核。

## 第三节　风景名胜区总体规划及线路设计

### 一、风景名胜区总体规划概述

在一定时期内,为推动实现风景名胜区的开发计划和发展目标而制定的系统性行动纲领(总体规划),是对风景名胜区性质、特征、作用、价值、利用目的、开发方针、保护范围、规模容量、景区划分、功能分区、旅游组织、管理措施和投资收益等重大问题的决策。它系统提出正确处理保护与使用、远期与近期、整体与局部、技术与艺术等关系的方针、策略,以达到风景名胜区社会、经济环境协调发展的目的。

(一)风景名胜区总体规划概念

风景名胜区总体规划,是为某一特定的空间或项目而制定的全面系统的规划。它涉及地域范围小,一般规划期限短,规划内容具体,必须具有较大的可操作性。

(二)风景名胜区总体规划审批程序

根据国家规定,各级风景名胜区规划的审批,须按以下程序进行:

(1)国家重点风景名胜区的规划,经省、自治区、直辖市人民政府审查后,报国务院审批。

(2)省级风景名胜区规划,经市县人民政府审查后,报省、自治区、直辖市人民政府审批,并向国家主管部门备案。

(3)市、县级风景名胜区规划,经有关人民政府联合审查或审批,并向省级主管部门备案。

(4)跨行政区的风景名胜区规划,由有关人民政府联合审查或上报审批。

(5)位于城市规划范围内风景名胜区的规划,如果与城市总体规划的审批权限相同,应纳入城市总体规划,一并上报审批。

另外,国家还规定:风景名胜区规划批准后必经严格执行,任何组织和个人不得擅自更改。主管部门或管理机构认为确实需要对性质、范围、总体布局和旅游容量等内容做重大修改或需要增建重大工程项目时,必须报经原批准机关同意。

经批准后的规划文件,具有法律效力。规划审批程序详见图 7－2。

### 二、风景名胜区总体规划的阶段及内容

风景名胜区总体规划过程一般分为四个阶段:

**1. 资源与市场调查阶段**

对风景名胜区进行旅游资源和客源市场的调查、评价与基础资料的汇编,大致包括以下内容:现在和潜在旅游资源的调查、评价;确定最具吸引力的风景名胜区段和景点;分析当前客源市场结构组成和未来的市场潜力;重新进行营销组合扩大

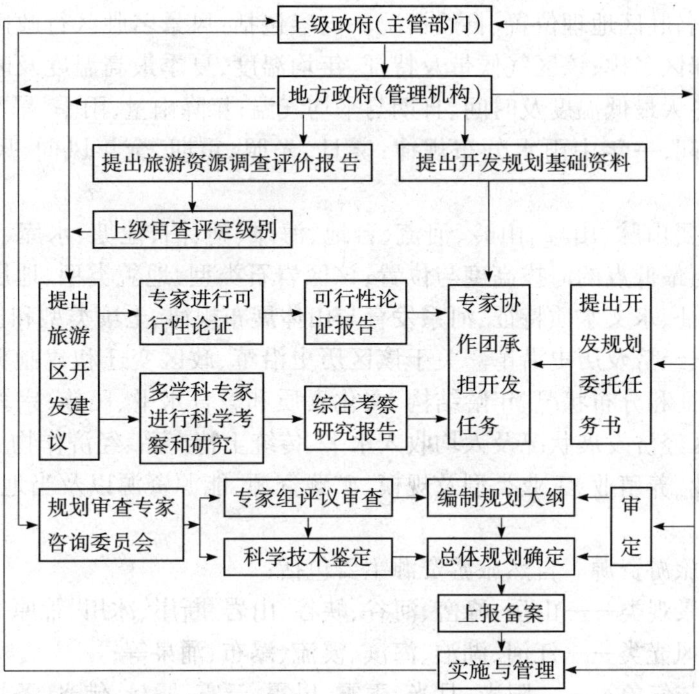


**图 7－2　我国风景名胜区规划程序审批图**

宣传;确定目标市场发展计划。

(1)资料收集的原则

资料的收集要注意四个原则:

①目的性原则。即所收集资料应是与风景名胜区开发规划和发展内容有关的内容、数据,根据当地开发实际情况确定资料内容范围。

②系统性原则。即影响旅游活动和涉及旅游发展的层面非常广、内容丰富多彩,对有目的收集的资料应分门别类地进行整理,以避免资料杂乱无章;同时应制定收集提纲或卡片,依据某些共同特点编制数据库,以便于计算机贮存和调用。

③可靠性原则。即因旅游业的发展变化迅猛,所收集的资料繁多,其中有些资料可能随时空变换已经过时,有些资料本身在当时就可能存在误差或矛盾,甚至有些是讹传。所以有必要对某些不确实的资料进行核实,去伪存真,进行取舍、整理、核查和提炼,以保证资料的可靠性。

④原始性原则。即在汇编资料时,要把资料的出处、作者或原资料的整理者、整理时间、单位等记录备案,以备工作中随时查对。

(2)资料收集的内容

①风景名胜区地理位置、自然概况。内容包括:风景名胜区行政区划、经纬度定位、周边邻区名称;该区气候带及特征、年均温度,夏季最高温度及时间、日期和平均气温,冬天最低温度及时间、日期与平均气温;年降雨量,雨季、旱季的月份、日期和延续时间,一年中雨水分布规律;雾日、光照、霜期,全年风向、风力、风速等特征。

该区主要山脉、山峰、山岭、河流、台地、海滩、湖、泊、池塘、水库、植物及动物等;最高点与最低点的海拔高度与位置;该区岩石类型、地貌类型、地层发育特征、地质构造特征、水文水质特征、河系发育与山体展布规律、土壤类型和土质等。

②社会、经济及历史沿革。关于该区历史沿革、政区变迁和建制更迭与现状;该区人口特征和分布状况、年龄结构、文化素质和教育水平、民族、宗教信仰、风俗习惯等;该区经济发展状况及人均收入水平、传统土特产品、经济作物、经济林及水果林、水产业、养殖业、工业类型及规模、矿藏资源、能源资源以及当地居民的消费特点及水平。

③自然旅游资源。自然旅游资源主要包括:

a. 地貌景观类——山岳、峰峦、河谷、峡谷、山岩、断崖、冰川、荒原等;

b. 水域风光类——江河、湖泊、海滨、溪流、瀑布、涌泉等;

c. 天象与气象类——阳光、月光、雨雪、风霜、云雾、蜃景、佛光、圣灯、雾凇等;

d. 生物类——名木、名花、古树、植物群落、特色花木与果品、珍禽异兽、活化石、动植物表演;

e. 具有科学价值的自然旅游资源——冰川、冰瀑、火山遗迹、化石、特殊地质构造、岩溶地貌、丹霞地貌等。

④人文旅游资源。

a. 古今遗存类:文物古迹,包括古建筑、古代工程、寺庙、园林、石窟、桥梁、石副、碑碣;古今名人故居、祖居、纪念地、历史事件及英雄人物纪念物等;

b. 民俗风情类——传统节日、庙会、民族歌舞、民风民俗、民间饮食、烹饪、神话收事、历史典故等。

⑤旅游设施及旅游条件。主要指:供水供电系统、通信设施系统、排水系统、交通系统、保健救护系统及食宿娱乐设施、辅助设施等。

⑥环境质量。包括自然灾害、地质灾害、水与空气污染、生活垃圾、工业垃圾、动植物病虫害、地方病、传染病等。

⑦客源市场。国内和国际客流流向及特征、客源市场的地理区位和潜在市场的人口特征等。

对上述七方面调查收集的资料,应进行归纳整理、分类统计、校核、复查和验收,使资料尽可能准确无误。对于非文字资料(如:照片、图片、录像、录音等),也应分门别类地进行整理,然后统一归档,在此基础上写出调查报告。

**2. 评估与可行性论证阶段**

在充分调查、收集和研究风景名胜区基本资料基础上,经过综合分析,由专家组对本区资源和环境要素、社会经济状况、投资环境进行全面认真评估,对客源市场进行可行性论证。

(1)综合评估。内容大致包括:①三大价值评估——历史文化价值、科学研究价值和美学价值;②三大效益评估——社会效益、经济效益和生态效益的评估;③六大条件评估——环境质量、组合状况、区位条件、适应范围、旅游容量、开发投资和施工难易条件;④定性和定量评估法,如层次分析法、因子权重法等。

(2)可行性论证。可行性论证是决策的关键步骤,也是总体规划的前提,一般分为两步:一是对风景名胜区现有资源和现有社会、经济、环境条件的分析;二是预测未来该区开发对区域社会、经济和环境的影响。

**3. 总体规划阶段——决策阶段**

经过调查分析、评估和可行性论证之后,政府有关部门和专家进入实质性规划阶段。政府有关职能部门与专家组共同进行总体规划,合作完成:政府部门负责贯彻执行中央和上级部门有关政策,结合上级精神制定符合本区规划的具体政策;专家组负责业务技术性规划,融中央、地方有关法令政策于具体规划中去。

(1)总体规划阶段

①总体规划大纲编制

a. 综述。对旅游区基本情况进行全面介绍,也称总论。它大致包括:(a)风景名胜区资源基本情况和开发利用条件以及分类叙述和评价;(b)风景名胜区性质、区划、主题形象确定、开发指导思想和规划基本原则;(c)风景名胜区资源结构、开发导向与客源市场预测分析;(d)风景名胜区旅游容量和旅游密度分析;(e)风景名胜区保护地带的空间圈定和说明;(f)风景名胜区社会经济背景与依托城市之间的关系等。

b. 专题设计规划。专题设计规划要点:(a)风景名胜区环境保护规划和景区划分依据、特色及开发建设的构想;(b)旅游路线的组织、布局设计和交通路线设施规划;(c)旅游设施布局、规模、风格、档次、选址的设想设计;(d)旅游管理机构的布局、规模、位置选择;(e)组织客源和旅游项目开展实施计划要点;(f)开发投资预算和收益估算;(g)规划实施组织管理的措施和建议。

c. 有关图件。(a)风景区图,应标示出景点、景物、游览区分布,以及山峰、山石、河流、丛林、道路、寺庙等;(b)风景名胜区总体规划图,包括功能分区、交通路线、服务设施用地等;(c)景点图,景点介绍、线路;(d)道路图;(e)风景区级别区划图;(f)分期建筑规划图;(g)基础设施布局规划图;(h)旅游设施规划、布局图。

②总体规划确定。依据各风景名胜区开发的等级、范围、规模、现状、服务对象

与开发导向、游人规模和接待潜力,以及目前的开发程序来决定总体规划。它是风景名胜区建设的蓝图,可根据不同景区编制符合本区实际的规划。其内容包括以下几个方面:

a. 现状情况说明、介绍,主要介绍自然、地理、历史、社会、经济、资源、人口等;

b. 规划依据,即国家的政策、法令、法规,本区开发制定的政策法规等;

c. 开发条件说明,包括本区特色资源介绍、旅游承载力、有利和不利因素等;

d. 用地范围及环境保护说明;

e. 功能区分区方案;

f. 规划阶段的确立;

g. 开发建设总投资预算、投资主体确定、投资收益估算;

h. 关于风景区开发管理和管理体制的建议。

**4. 规划实施与管理阶段**

本阶段是规划的尾声和具体开发的开始。在实施与管理过程中,规划依然在进行和修正,并不断改进,得以完善。本阶段可分为两方面工作:

(1)方案的评审和审批;

(2)实施与管理的措施。

在实施与管理规划阶段,主要工作是由政府职能部门组织有关专家,对规划方案分别进行专项评议,然后进行综合评审,写出综合技术鉴定报告,经过修改、补充、完善后,将总体规划文件报请有关职能部门审批定案。此阶段应做好如下几项工作:

①确定管理体制、机构设置及管理人才;②制定风景名胜区保护管理条例及执行细则;③制定建设方案和落实资金筹措;④制定与实行风景名胜区旅游活动经营方式和导游组织方案;⑤确定风景名胜区经济管理体制。

**案例　　某主题公园规划项目分析**

1993 年,广东某地委托北京旅游规划开发联合研究中心,作了风情游乐项目主题公园的规划。该规划范围总面积为 600 余公顷,包括水面达 200 公顷的湖泊及其周围的山地。

该规划核心是对游乐项目进行创意。

该规划的指导思想是运用先进科技手段,熔高度观赏性、参与性于一炉,融游乐、食宿、购物、会议、商贸于一体,充分展现了中国和世界的文化精华,有自己的特色,起点高、规模大、上档次,具有轰动效应。

该规划共构思了全球五大洲 66 个国家或地区,以及不属于某个特定国家的总共 88 个项目,都是最能代表该国家或地区文化的精华。例如中国的"秦始皇兵马俑”和“秦淮风光”、日本的“樱花山庄”、印度的“天竺舞蛇”、泰国的“象节”、新加坡的“鱼尾狮”、意大利的“台地园”、埃及的“金字塔”、肯尼亚的“树顶旅馆”、博茨瓦纳的“钻木”取火、科特迪瓦的“藤桥险渡”、南非的“钻石之乡”、西班牙的“斗牛盛会”、荷兰的“八面来风”(风车和木鞋)、俄罗斯的“俄罗斯小镇”、瑞士的“世界花园”、德国的“酒节狂欢”、英国的“莎翁故里”、挪威的“人生公园”、芬兰的“桑拿溯源”、法国的“塞纳河畔”、丹麦的“鱼美人”、比利时的“第一市民”、希腊的“爱琴渔歌”、美国的“夏威夷土风”、加拿大的“北美印第安图腾”、墨西哥的“金字塔庙”、智利的“复活节岛”、新西兰的“毛利文化”等,以及不属于某个特定国家和地区的“吉卜赛营地”、“江洋大盗”、“草上飞人”等。

在全部 88 个景点原址中,多项被列为“世界自然遗产”或“世界文化遗产”,其余也都是最能体现某国、某地区自然或文化特征的项目。漫游此乐园可以充分领略世界丰富多彩的风情,故文化品位非常高。以参与性为主的景点有 34 个,占总数的 38.64%,兼有观赏性和参与性的景点 30 个,占总数的 34.09%,二者共计72.73%。

另外,除埃及金字塔和阿布·新贝尔神殿适当缩小外,其余各景点均按原大小建造。所有景点都围绕湖滨或利用水面建造,分五大区,仿五大洲,且各洲和各景点相对位置尽量接近其在地球上的相对位置,造成游人在园内游一周,真如环球游历一周的感受。

该规划中的所有景点都充分利用原有地形,力求使建筑物同自然环境和谐一致,并使各景点相互隔离。在某些景观的再现和旅游活动中,采用最新科技成果,以达到效果逼真和富于刺激性、新奇性。

在交通方面,沿湖有公路和高架轻轨火车相接,步行道穿插其间;水上有游船、快艇、铁索桥、藤桥等相互联结,组成环形线路。

在资金筹集运用方面,采用多方筹资方式,大力吸引外资、积极争取贷款,并严格预算开支。

因此,评审委员会一致认为“该规划创意是国内第一流的”。

## 三、风景名胜区旅游线路优化设计

### 1. 旅游路线概述

“旅游路线”也称“旅游线路”。其概念有两种含义:

(1)旅游路线的通俗用法,是指在旅游区或风景名胜区范围内游人参观游览所经过的路线。其含义是指某种行动的轨迹,仅涉及旅游通道。在这种意义上,它和游览路线同义。

(2)专业层次上的用法,是指旅游路线是一种产品。它是旅游供给者——旅游经营者或旅游管理机构向社会推销的旅游产品,在时间上,从旅游者接受旅游经营者或旅游管理机构的服务开始，到圆满完成旅游活动，脱离旅游经营者或旅游管理机构的服务为止；在内容上，则包括旅游者在这一过程中所享用的涉及食、住、行、游、购、娱六大要素为主体的一切服务，并且各环节环环相扣、密切配合，有机地安排在事先确定的日程中。它是根据旅游需求和旅游供给两方面因素而设计的综合性产品，一般包括：①时间安排，例如一日游、二日游等；②游览项目的内容，包括具体景点和线路，及具体旅游活动；③服务档次、级别；④服务价格；⑤综合性服务等。

**2. 旅游线路的设计形式与类型划分**

(1) 旅游线路的设计形式。传统旅游线路设计仅面向包价旅游(package tour)，其中主要是团体包价旅游(GZT)。随着包价旅游在旅游市场中所占比重的相对减少，旅游线路设计开始针对散客小包价(FZT)。目前旅行社或旅游信息中心为散客设计的旅游线路有两种形式：一是组合选择式，游客可分段组合，自己选择；二是跳跃式，旅行社只提供几小段或几大段服务，其余由旅游者自己设计。

(2)旅游线路的类型划分。

①空间尺度划分。从旅游线路跨越的空间尺度来区分，线路设计分为三类：a. 大尺度旅游路线；b. 中尺度旅游路线；c. 小尺度旅游路线。大中尺度旅游线路设计，即线路设计，包含了旅游产品所有组成要素的有机组合与衔接；小尺度线路设计，即旅游景区游览线路的设计。

②属性组合划分。根据旅游者的行为和意愿，旅游线路大致可分为观赏型和逗留型。观赏型线路中包括有多个旅游点，同一旅游者重复利用同一线路可能性小；逗留型线路中包含的旅游目的地数量相对较少，多是度假性质的，同一旅游者重复利用同一线路可能性大。根据观赏型和逗留型旅游者行为属性，可设计出成本最小化行为或非成本最小化行为。旅游线路的属性组合划分如图 7-3 所示。

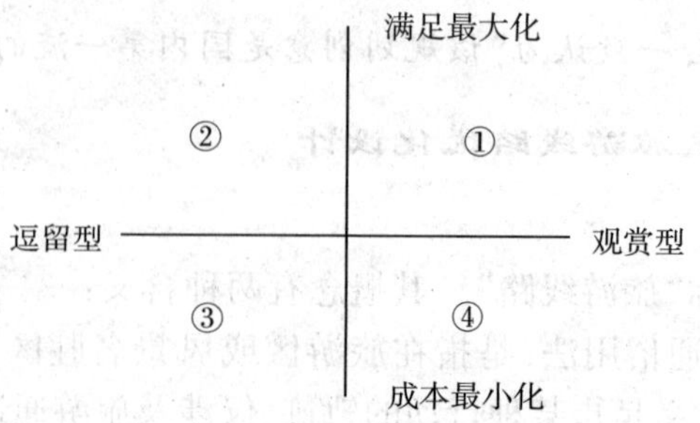


**图 7-3 旅游线路的属性组合划分**

注：①豪华观光型；②豪华度假型；③经济度假型；④经济观光型

③功能目的划分。依据旅游性质、旅游功能分类,具有明确的市场导向作用,在旅游促销中能够为旅游消费者提供明确查找的线索和印象。大致分为:游览观光型、会议型、探险型、商务型、探亲型、度假型、疗养休息型、文化型、修学型、专题型、宗教型等。

**3. 旅游线路的优化设计**

(1)旅游线路设计程序

旅游线路设计需考虑四类因子:旅游资源(旅游价值)、基础设施、专用设施和成本(费用、时间或距离)等与可达性密切相关的因子。线路设计大致分为四个步骤:

①确定目标市场成本因子,从总体上决定线路的性质和类型;

②根据游客类型和期望,确定组成线路内容的旅游资源的基本空间格局,旅游资源对旅游价值必须用量化指标表示出来;

③结合上述两步骤的背景材料,对相关的旅游基础设施和专用设施(食宿等)进行分析,设计若干可供选择的线路方案;

④选择最佳旅游线路方案。

(2)旅游线路设计原则

①市场效益原则。旅游线路设计的关键是适应旅游市场的需求,即必须满足旅游者最大限度的需要。旅游者对线路选择基本出发点是最大效益原则,即以最小的旅游时间和旅游消费比,来获取最大的有效信息量与旅游享受。故游览时间长短、游览项目多少,以及花在旅途中的时间和花费比值的大小,将影响游客对线路的选择。因此在一条旅游线路中应有一定必要数量的、著名的、最有价值的旅游地,还应包括一些自然环境、文化环境与游客常住地差异较大的旅游地。

②主题突出原则。线路的设计应具有特色,形成鲜明的主题,唯此才能具有较大旅游吸引力。此特色或主题的形成,主要依靠性质、形式有内在联系的旅游点的串联,并在食、住、行、游、购、娱等方面选择与此相应的表现形式。

③路线不重复原则。旅游线路应组织尽可能多的、不同性质的旅游点,串联成环形回路,力求避免往返路途重复,并在环形线路上连接多个小环形支线和多条放射线。最受旅游者欢迎的是将购物地安排在最末一站,有利于大量采购,而无携带不便之忧。

④张弛得当原则。在充分考虑旅游者心理、体力和精神状况的前提下,应合理设计线路结构,恰当安排游览顺序,把握好旅行的节奏。一条线路如同一部艺术作品,体现为序幕—发展—高潮—尾声。以北京旅游日程安排为例,一般旅游者到达北京后,首先安排参观天安门广场和故宫,因为旅游者旅途劳顿、环境生疏,安排在市内游览,体力消耗较小,便于熟悉环境;然后到举世闻名的八达岭长城和明十三陵,形成高潮;作为尾声,安排参观天坛、到王府井购物,有张有弛,体力和精神能及时调整。这样的设计独具匠心,令人满意。

⑤机动灵活，留有余地原则。在线路设计时，日程安排不宜过于紧张，应留有回旋余地；在旅途中，遇到不可抗力因素的影响必须灵活掌握、及时调整、局部变通，以应付紧急情况。

**案例一　　洛阳旅游线路设计**

洛阳是国务院首批公布的我国历史文化名城，地处河南西部，横跨黄河中游两岸，有近5 000年的历史。洛阳素称“九朝古都”，先后有夏、商、东周、东汉、曹魏、西晋、北魏、隋、唐、后梁、后唐等13个王朝在此建都，建都史长达1 529年，是中国建都最早、朝代最多、历史最长的古都。龙门位于洛阳南部13公里处的伊河岸边，是我国著名三大石窟艺术宝库之一；白马寺号称“中国第一古刹”，是佛教传入中国后第一座官办寺院，创建于东汉明帝永平十一年（公元68年），距今已有1 900年的历史，被佛门弟子尊称为“祖庭”、“释源”。以下是两条洛阳旅游线路设计实例：

**1. 中原古都游**

(1)洛阳接团、用晚餐；

(2)游龙门、关林、小浪底水利枢纽，住洛阳；

(3)游白马寺、少林寺、中岳庙，住郑州；

(4)游开封相国寺、包公祠、铁塔、龙亭，送团。

**2. 寻访古迹游**

(1)洛阳接团，游龙门、关林，住洛阳；

(2)游少林寺、白马寺、嵩阳书院，住郑州；

(3)游开封、自由活动，送团。

**案例二　　涞水县野三坡旅游区开发战略**

(一)野三坡旅游资源特点

**1. 风景奇特、野趣横生，适应广大青少年回归大自然的心理要求**

野三坡总面积460平方公里，境内峰峦叠嶂、深谷曲流，蕴藏着很多奇险、壮观的风光美景。对那些活泼爱动、思想开放、追求奇野、渴求知识而久居城市的广大青年，具有极大的吸引力。如迂回曲折的拒马河谷、深邃莫测的百里长峡、谷雨前后喷鱼的“鱼古洞”、各具形态的奇崖怪石、规模宏大的摩崖石刻、色彩瑰丽的大沙丘、清凉甘洌的矿泉水等，都是青少年探幽猎奇、锻炼身体、获取知识、陶冶情操和启迪思想的极好场所。

**2. 气候条件较好、环境质量高，是众多城市居民渴望的消夏度假乐园**

野三坡地形复杂，白草畔高达1 983米，与京西的最高峰百花山(1 996米)相依为伴。这里地势起伏变化很大，多在 300 ~ 1 000 米之间，因此地方性气候变化也很大。如山谷中年平均气温在 11℃以下，中部的镇厂 10.9℃、庄里 9.3℃，均比北京(11.5℃)要低。7 月平均气温(镇厂 24.3℃、庄里 23℃)也比北京(26℃)低。而在海拔较高的山坡上、通风良好的河湾地带和河湾阶地上，就更加凉爽了。

野三坡没有工业污染、没有城市噪声，拒马河水质达到国家饮用水一级标准，环境质量相当高。

清澈的拒马河水，7 ~ 8 月平均水温在 20 ~ 22℃以上，它与宽阔的沙滩、高大的沙丘构成许多十分理想的天然浴场。人们可以在这里进行水浴、日光浴和沙浴，还可以溜沙丘、垂钓、划船，进行多种项目的野趣活动，充分享受大自然的爱抚。这正是长期生活在喧闹、嘈杂、紧张、快节奏的大城市居民前往消夏度假的理想之地。随着职工经济收入的提高和假期的延长，来野三坡度假的游客将会越来越多。

**3. 独特的野三坡民俗风情，会给广大旅游者留下新奇、深刻的印象**

野三坡历史上是一个"三不管"的世外桃源，因其长期与外界隔绝，形成许多特有的民俗风情。野三坡名称的来历；涿州代管和三坡老人制的形成；特殊的衣着装饰、婚丧礼仪、老人官的活动和龙门灯会；地方传统佳肴及很多土特产品，对旅游者都有强烈的吸引力。对这些特殊的旅游资源进行挖掘、提炼、加工和再创造，抓住旅游者追求奇异新鲜、轻松、舒畅的愉悦心理，建成以"野"为特色的风景区，能使旅游者在精神上得到极大的放松，在物质上得到异样的享受，在心灵上留下美好的怀恋。

**4. 优越的自然环境是旅游永续开发的基础**

野三坡独特的风景资源是长期以来自然演变进程的结果，尽管有些地方已造成了很大破坏，但只要不断保护、改善、提高旅游环境条件(具有一定厚度的土层可恢复植被景观、有一定数量的资源可改善水景，没有大的工矿污染可保持良好的环境质量)、进行合理开发，野三坡的旅游资源就可以长期利用下去。

(二)野三坡旅游区的性质和功能

野三坡旅游资源的特征决定了旅游区的性质，是以幽、深、奇、险的山谷和明快宽阔的曲流、沙滩为主题特色，兼有独特民俗风情和一定历史文化内涵的山岳型自然旅游区。因其资源种类较多、气候条件较好、面积广阔、居民淳朴、土特产品丰富而具备了观光游览、消夏度假、科学考察、登山访古、品尝地方风味、了解民俗风情、购买土特产品等多种功能，是河北省和北京市附近难得的一处旅游胜地。

(三)开发野三坡旅游资源的价值

(1)为"燕赵旅游金带"开发出一颗璀璨的明珠。

(2)为北京市旅游网补充了一个特有的旅游品种；为游客提供了一处新的游览、消夏胜地。

(3)为迅速提高当地居民物质和文化生活水平提供重要途径，是改变单一生产结构，带动多种经济发展的有力手段。

（四）开发条件

**1. 客源市场广阔**

野三坡风景区目前客源市场主要是北京市的工人（特别是青年工人）、学生、退休干部、其他职业的城市居民和富裕农民。每年只要有5%的北京市居民来此，即可达50万人。若能长期保持这个数字，并进一步开拓天津、河北、山西、内蒙古，以及出差到北京的外地人员客源市场，数字就更大了。待交通和服务设施比较完善后，还可逐步接待长住北京的外国使馆工作人员、部分华侨及国外专门旅游者。

**2. 地理位置优越、交通方便、可进入性强**

野三坡紧靠北京，距城区仅100公里。北京游客到这里很方便，往返路费便宜。从北京到野三坡有铁路、公路，将来还可开辟直升机航线。（北）京—原（平）铁路横穿旅游区南部，每日两趟火车经过，旅游旺季还可加开直达旅游专列。其中上庄车站就在下庄度假村的大门口，苟各庄站距百里峡风景区也只有1.5公里，正好骑驴、骑马、乘马车前往，使游客一下火车就能进入别具特色的民俗氛围之中。

野三坡有较完善的公路网络，大致呈"X"形与外界联系，东北和东南均与北京相连（镇厂—庄里—斋堂—北京，镇厂—霞云岭—北京，镇厂—下庄—张坊—十渡—北京）；西北经涿鹿、张家口与山西北部、内蒙古相通；西南经紫荆关可达山西太原等地。芦（村）紫（石口）公路即将通车，可大大缩短与保定、石家庄的距离。

区内交通也很方便，简易公路已将各风景区连接，只要对各线路再做进一步开通加工，即可达"进得来、散得开、出得去"之要求。

**3. 优良的旅游环境**

如上所述，这里的气候条件、河水温度、饮用水质量、大气质量的总评值都是很高的。这里山清水秀、环境幽静，给旅游者造成一种清爽、幽静、明快、润泽、引人入胜、使人陶醉的感应气氛，可使游客轻松愉快地度过假日。

**4. 环境容量大，水电充足，建筑材料丰富，土特产品繁多，生活供应充足**

野三坡面积广阔，各风景区均有较大的环境容量。初步估算，百里峡景区合理日游客容量达5 000人，人流分布按0.8折算，4～10月共210个旅游日，年客容量84万人；下庄度假村年客容量24万人，而且还可向拒马河上、下游扩大范围。仅这两地之和，年客容量即可达100万人以上。

旅游区的水、电、交通基本上已经解决。这里还有多种石料及其他建筑原料，为建筑"野三坡式"的民众风格建筑提供了极好的条件。

广阔的山区，是发展土特产和生活供应的基地，可为旅游者提供大量购买地方特产的条件。

**5. 国内旅游热潮方兴未艾，大批游客迫切要求开发**

1986年游客达20万人，比1985年猛增10倍还多，如果交通、服务跟上去，

1987 年很有再翻番的可能。同时出现了多方投资要求入股的势头,出现了有利的开发条件。

(五)野三坡旅游区的开发战略

**1. 战略目标**

第一,建成以北京市为基本客源和稳定客源的游览度假地,进而扩大引力半径,吸引更大范围的国内游客甚至国外游客;

第二,通过发展旅游事业,带动地方多种经济的发展,把野三坡建成涞水县引进先进科学文化、技术信息、资金和推出地方产品的窗口;

第三,通过旅游开发改善山区生态环境,把野三坡建成绿化太行山北段山河的典范。

**2. 战略指导思想**

根据旅游区的资源、性质、功能和战略目标,确定旅游区范围及分区规模,进行全面规划、有序开发。要尽快作出总体规划,以指导全面开发。目前重点开发南部是合理的,应首先把百里峡风景区和下庄度假村建设好。在取得经验的基础上,扩大和开发北部各景区,并建成中心管理区和相应的人民政府,以统管整个野三坡旅游区范围内各方面的工作。中心管理区初步考虑建在紫石口或镇厂为好。

暂时不能开发的旅游资源,要加以保护。比如"鱼古洞",既有冒鱼,又有极好的矿泉水,旅游开发最好是一举两用。如果不行,则应首先保住冒鱼,因为这是天下难得的奇景,不仅有观赏价值,而且有科学研究价值,建议上报定为重点保护单位。

**3. 战略开发原则**

第一,积极保护与合理开发;

第二,以开发自然资源为主,结合开发人文旅游资源。总体上要突出野趣、突出地方民俗特色和各景区具有的自身特色;

第三,经济、社会和生态效益并重,以求长期开发、长期使用。

**4. 战略措施**

第一,坚持国家、地方、部门、集体、个人一起上的方针,充分调动一切积极因素。

第二,加强对资源、安全、环境、卫生、服务等方面的管理工作。

第三,重视宣传作用,扩大影响范围,提出旅游口号,如"南有三峡,北有三坡"、"人造美在颐和园,自然美在野三坡"等。组织编写电影、电视剧剧本和导游图、小册子等宣传品。

第四,狠抓旅游区基础设施建设,尽快修建各游路和必要的景点标志牌。要注意把旅游者引领到可以自我发现,自我体验美感、实践感、成就感等心理感受的境界，使其能够产生铭记终生的激动情绪，获得消费心理的满足。

客房建设应以中低档为主，近期可大量设置帐篷和活动房。永久性建筑外形应突出地方民风形式；内装修可分仿古、仿外等多种形式，做到多功能、现代化，切忌不土不洋、大红大绿；避免把大城市雕梁画栋的亭台楼阁照抄照搬。要特别强调以“野”取胜。

## 本章小结

风景名胜区规划像一个流程，从筹备到目标确定、可行性分析、制订方案、评估与选择、实施、监控反馈、调整策略，经历了八个阶段。它不仅有利于延长风景名胜区的生命周期，提高知名度，而且能积累经验产生综合效益。风景名胜区的性质划定、范围及外围保护带的确定、功能分区、开发保护利用及组织管理措施、投资收益、基础设施等都是风景名胜区规划必须考虑的问题。一个良好的风景名胜区，应是一个完备的系统，任何一个轮子都必须正常运转，否则将导致风景名胜区的规划失败。在做好风景名胜区规划时，为推动实现风景名胜区的开发计划和发展目标而制定的系统性行动纲领，就是风景名胜区总体规划。它一般经过可行性分析、评估论证、编制大纲、实施管理四个阶段。风景名胜区规划的终极目标就是将风景名胜区的旅游产品推出，运用线路设计推向市场，以扩大影响，从而为规划的结果作一个实践性的检验。

## 思考与练习

1. 请结合实际阐述风景名胜区规划的必要性。
2. 下面是风景名胜区规划的各个阶段，请填写序号将其联系起来：

| | |
|---|---|
| ________目标确定 | ________实施管理 |
| ________监控反馈 | ________评估选择 |
| ________方案制订 | ________可行性分析 |
| ________筹备工作 | ________调整策略 |

3. 风景名胜区规划的具体内容有哪几项？
4. 简述风景名胜区总体规划的阶段及内容。
5. 根据属性组合划分法可将旅游线路分为哪几类？
6. 请从涞水县野三坡开发战略中总结出作好风景名胜区规划应注意的事项。
7. 运用旅游线路设计程序和原则，选择自己熟悉的风景名胜区进行旅游线路设计练习（要求：详细说明设计的依据）。

# 第 8 章

# 风景名胜区旅游资源环境保护规划

**课前导读**

黄河断流、沙尘暴、洪水灾害等醒目的字眼经常出现在新闻报端。可见,人类生存的环境已受到严重的威胁,究其原因,其中最重要的就是人类盲目的开发,导致植被破坏,造成恶劣气候所致。旅游是一种非常脆弱的产业,与环境(资源)息息相关。保护资源、保护环境是旅游可持续发展的基石,若盲目乐观,将导致旅游资源消失和旅游区的损毁。本章将从旅游资源和环境保护着手,分析环境保护的重要性、可行性,作出环境保护规划,采用保护对策,切实有效地保护环境,造福人类。

**学习目标**

通过学习本章,要实现以下目标:

- 掌握风景名胜区开发与环境保护规划的基础理论
- 了解风景名胜区旅游资源环境保护规划
- 明确风景名胜区环境保护的主要对策

旅游资源的保护是相对于旅游资源开发而提出来的。它不仅包括旅游资源本身的保护,使之不受损伤、破坏,特色不被削弱,而且还涉及周围环境的保护问题。目前世界各国在大力开发旅游资源的同时,都十分重视旅游资源的保护问题,并把其视为旅游业能否持续兴旺发达的根本保证。20 世纪 70 年代初,联合国教科文组织通过了《世界文化和自然遗产保护公约》,强调保护自然和文化珍品对人类生存的重要性。我国旅游和环境保护部门也十分重视此项工作,并制定了一系列保护性措施,对推动旅游资源保护工作的开展起到了积极作用。

## 第一节 风景名胜区开发与环境保护

风景名胜区开发与旅游环境的保护是一个亟待解决的重要问题。它既关系人类生存的自然环境是否被破坏,历史文化遗产能否世代继承和保存,也关系旅游事业和文化事业的前途和命运。

### 一、风景名胜区开发与环境保护的经验与教训

对不理想开发进行调整的案例——
美国雷姆(Rim)村克雷特(Crater)湖国家公园

克雷特湖国家公园的多数旅游服务设施,包括30个独立的建筑,都是在1910年—1925年间兴建在湖沿岸的。开发初期,旅游旺季每天会有1 000—1 500辆机动车通过雷姆村,造成这个村落十分拥挤,行人受到景观、噪声和汽车尾气几方面的严重影响。

总的来说,当地的设施在数量和质量上都不能满足需求,为此,当地曾提出几项可供选择的计划提交公众讨论。舆论认为,雷姆村应将重点放在过夜住宿设施和一日游活动设施上,以恢复当地自然、休闲和以步行街为主的环境。接着,对该项提案进行了环境影响评估,结果认为,对当地环境的影响主要包括以下几个方面:

**1. 克雷特湖的生态系统**

减少来自废水、汽车和扫雪机的污染物进入克雷特湖生态系统的数量将有助于加强对该湖环境的保护。

**2. 自然环境**

将已开发的区域从32英亩减少到12英亩,使20英亩的土地回复到较自然的状态。但偶尔仍会有旅游者使用这些恢复后的土地,并造成局部的影响。对村落的重视规划将使多数土地使用集中在指定区域内,开发将集中在以往或目前已被侵扰的区域,对现有植被干扰较少,但新的道路和进出通道的改善可能需要移动山上的一些成年铁杉树。该项计划不会影响任何目前面临危险的物种,同时也不会对水源、湿地有任何负面作用,通过减少6 000英尺的道路和取消零散车位改为使用集中停车场,雷姆村的空气质量将得到改善。

**3. 文化环境**

对克雷特湖周围住宿设施的修复和继续使用将对维护这一历史建筑起到长远的积极作用。

**4. 社会经济环境**

区域和地方经济以及该州的旅游业将从中受益。在实施该项计划中,旅游服

务设施始终没有停业。从短期来看,建筑活动对当地经济有积极作用。建筑完成后,全年的无季节性经营和扩大的住宿接待容量可以增加就业、增加销售税和增加对当地产品和服务的购买,从而对区域和地方经济起到积极的作用。

资料来源:《旅游规划:一个综合性可持续发展的模式》,爱德华·因斯克普(Edward lnskeep),Van Nostrand Reinhold 出版社,美国,1991 年。

## 二、风景名胜区开发与环境保护规划的基础理论

### (一)可持续发展理论

"可持续发展"第一次作为科学术语明确提出并予以系统表述,是在 1980 年国际自然保护联盟组织制定的《世界自然保护大纲》。其基本定义是"可持续发展是能够满足当今的需要,又不牺牲今后世世代代自身需要的能力发展。它是一个变化的过程。在这个变化的过程中,资源的利用、投资的导向、技术的发展方向以及机构的改革都是协调的,并能加强当今和今后满足人类需要和希望的潜力"。1989 年 4 月,在荷兰海牙召开的"各国议会旅游大会"上,第一次明确提出旅游可持续发展的思想,形成了有关的原则、结论和建议、措施。

在国家旅游局编制、经国家旅游事业委员会审议通过的《中国旅游业发展十年规划和第八个五年计划》中,充分体现了旅游可持续发展战略的精神实质。其中明确指出,"旅游资源的开发利用,要做到开发和保护并举。对于那些不会破坏旅游资源的项目,要以开发利用为主,大力开发建设;对于一些稀缺的、不可再生的旅游资源,则应以保护为主,在不破坏资源的前提下,有限度地、科学地开发利用","旅游资源的开发利用,要努力做到经济效益、社会效益、环境效益三者的统一,不能有所偏废。对于三个效益都不显著的项目,应暂缓开发建设"。在国家旅游局拟定的"九五"计划编写大纲中,专门把"保护旅游资源,实现旅游资源永续利用"作为其中的一节,这无疑将有力推动旅游可持续发展战略的实施。

**1. 保护和建设旅游资源与旅游环境,是旅游业可持续发展的基础**

旅游资源和旅游环境是现代旅游活动的对象,是发展旅游的基础。旅游业的发展前景不仅决定于有无旅游资源,关键是旅游资源的特色和旅游环境的质量。

所以,保护和建设旅游资源与旅游环境,使其特色独到、环境优美,才会有游客,也才有旅游业的发展。否则,旅游资源残缺不全、旅游环境质量差,不能满足游客的精神需求,旅游业将不景气,甚至难以生存。所以保护和建设旅游资源与旅游环境,是旅游业持续发展的基础。

**2. 旅游资源与旅游环境保护决不能重蹈"先污染后治理"的覆辙**

在人类发展道路上,曾经走过一条弯路,即"先污染后治理",给地球留下了一道难以抹平的创伤,在痛苦中最后找到了正确的保护生态平衡的可持续发展道路。旅游资源中大多数属不可更新资源,一旦破坏难以复原。旅游环境质量退化和污

染，不仅给地球留下了伤疤，更在游客中留下了伤痕。因此，在可持续发展理论已趋成熟的今天，在人类历史教训的面前，旅游资源与旅游环境的保护和建设，绝对不能再走“先破坏后保护”、“先污染后治理”、“先退化后建设”的错误道路。

**3. 生态旅游是旅游业可持续发展的正确道路**

在可持续发展理论已确认人类发展的正确道路是生态发展时，旅游业发展的正确道路何在？只有一条路，那就是走生态旅游之路。无论是旅游资源还是旅游环境，都要求有超过一般状况的优美景观和环境。从这个意义上讲，旅游业的发展道路应该是生态旅游。在处理旅游资源开发与旅游资源环境保护、建设的关系上，应该充分认识开发与保护、旅游经济发展与生态发展的辩证关系。面对旅游业中旅游资源和旅游环境的现状，应本着求是的态度，对已破坏的资源和环境积极修复、建设，尽量杜绝一切新的破坏和污染行为，采取以防为主、以治为辅、防治结合的态度，使旅游生态发展的规划真正落到实处。

（二）人与自然共生理论

自20世纪以来，人类面临着世界性的资源环境危机，若任其发展下去，人类将无法生存及发展。于是人类开始从分析人与自然关系的历史演变中，重新认识人与自然的关系，寻找解决这一难题的正确理论——人与自然界共生的理论：

**1. 历史上遗留下采的旅游资源是人与自然共生的成功典范**

人与自然共生的思想萌芽在我国道教中能寻到，在人们的实际生活中也在大量应用。我们的祖先与自然共同创造了灿烂辉煌的古代文化，遗留下来的历史名胜古迹正是我们现在旅游资源开发的对象。如我国一系列宗教名山就是我们祖先与自然合作的结果，在建寺筑庙时，采用一系列建筑技艺，不但不破坏原来的景观，还使原来的景观特色更为突出，成为人与自然共同创造的典范；在流水处建起弯弯的小桥，形成“小桥流水”的优美景观而富有诗意；在山顶建塔，加大景观的起伏，更符合人的审美心理。其借景手法的应用，丰富了景观的层次和内容。在我国众多的风景名胜中，人与自然共同创造的优美景观随处可见，即使在当代旅游景点的开发建设中，也潜移默化地贯穿着美化景观、美化环境，人与自然共生的思想理论。

**2. 在当前旅游资源开发和旅游管理中应遵循人与自然共生的原则**

在旅游业蓬勃兴起的今天，在旅游资源开发和旅游管理中，人与自然共存的思想得到广泛应用，涌现出不少成功的典范，同时也存在只顾眼前利益的短期行为。

旅游资源开发本身，就是一个人与自然共同创造优美景观的过程，开发时往往要经过认真的规划论证。但是，在开发中也存在不注意与自然协调，破坏景观、破坏旅游环境的现象。

如云南省的抚仙湖，湖滨山清水秀，曾是电影《蹉跎岁月》的外景拍摄地，当地人称蹉跎村，近几年作为旅游资源开发，用耀眼的琉璃瓦建成了极为现代化的“笔架山庄”，与当地朴素的渔村风情极不协调。这种破坏景观协调的旅游资源开发，实质上是破坏了旅游资源。

我国丰富而独特的旅游资源吸引了大批国内外游客,使旅游业获得较大的经济效益。但是,在旅游管理中也存在片面追求经济效益、不注意保护和建设旅游资源与旅游环境的问题。如游客太多,超过旅游环境容量带来的生态环境污染、旅游气氛破坏、旅游资源破坏等。

随着旅游业的进一步发展,需要开发更多的旅游资源,这就更需要保护和建设与自然协调的优美的旅游景观和旅游环境。要满足这一需要,只有遵循人与自然共生的原则,才能与自然一道,共同创造出既能真正吸引游客的旅游景观资源,又能使游客满意的优美旅游环境,在人与自然共生的道路上,使旅游业走在其他行业的前列。这也是旅游业进一步发展和充满活力的必要条件。

(三)有限开发理论

如果说旅游可持续发展战略涉及全球各个国家和地区旅游发展与环境保护的问题,那么,旅游有限开发战略涉及的则是旅游城市、旅游区的旅游开发与环境保护的问题,是旅游可持续发展战略的具体化。

与有限开发战略相对的是无限开发战略。无限开发战略的思想依据是"有风景就要开发,有资源就要利用",随意开发、盲目建设。这是对大自然的无限制的掠夺,不利于旅游资源及其环境的保护,也不可能获得良好的综合效益。

有限开发战略,体现了无限存在于有限之中的哲学思想和方法。有限开发建设以保护环境为前提,而保护旅游资源及其所依托的环境所带来的生态环境效益,却是一种无限的、巨大的、久远的收益。这种有限开发为旅游业可持续发展提供了必要的前提条件,必将在人类、自然和社会之间取得高质量的综合平衡和综合效益。

## 三、有限开发与保护环境的途径和措施

保护风景资源和旅游区的生态环境,不仅关系旅游活动质量的提高、人类历史文化遗产的继承和保护、自然资源美感和吸引力的提高,而且关系旅游业发展的前途和命运,各国各地政府均把合理保护旅游资源和旅游区生态环境视为影响旅游区发展的战略问题加以对待,把其看做旅游业兴旺发达的生命线。正如瑞士旅游局局长瓦尔特·勒先生所说:"破坏了名胜古迹,就丢掉了旅游业赖以生存的属性和环境。"因此,在旅游区规划中要通过立法手段,明确指出保护和开发区域旅游资源的有效途径和措施,同时通过政策性立法也可促进开发活动的人力、物力、财力及土地利用的协调发展。规划中要对旅游区的环境质量进行评价,并提出环境质量报告和开发后的环境影响报告,以利于旅游环境的保护和监测。同时,根据破坏环境质量的因素,分析资源破坏、环境质量下降的原因,提出保护旅游资源和环境的具体途径和实施步骤。

## 第二节 风景名胜区旅游资源环境保护规划[①]

在各地区和各行业制定的环境保护规划中，也有很多内容涉及旅游资源及环境保护问题。具体有《城市环境保护规划》、《区域环境保护规划》、《江河流域环境保护规划》(如《上海城市环境保护规划》等)，还有专题或专项环境保护规划(如《大气环境污染防治规划》等)。这些环境保护规划的详略程度各有不同，但其内容包含的方面大致相同。

### 一、编制旅游环境保护规划的指导思想

在编制、实施旅游环境保护规划过程中，应该牢牢把握和贯彻以下基本原则：要把当地的生态系统与社会经济系统紧密结合起来，使经济发展能够符合自然生态规律，既促进和保证经济发展，又不致使生态系统遭到破坏，使得风景名胜区和旅游中心城市的经济建设、城乡建设和环境建设同步规划、同步实施、同步发展，达到环境效益、社会效益和经济效益的有机统一。

### 二、旅游环境现状评价分析

编制旅游环境保护规划应对主要风景名胜区、旅游区和旅游城市的自然环境质量现状作出评价分析，如大气、土壤、地下水、地表水等本底监测值、周围污染源详细情况等。

### 三、确定最终目标和阶段目标

如 1993 年，上海市提出城市环境保护规划中的最终目标，是促进经济与环境协调发展，通过不懈的努力，3 年奠定基础，8 年建成框架，18 年后使上海成为太平洋西岸的一个高度文明的东方国际大都市。根据当地实际情况，上海又制定和设想了三个阶段、三个台阶的环境保护目标，即“八五”期末(至 1995 年)、20 世纪末(至 2000 年)和 21 世纪初(至 2010 年)的环境保护目标。

### 四、规划阶段、时期的划分

对于达到目标的总时限，还应划分为若干阶段或时期，一般情况下，分为三个阶段或时期，即近期(阶段)、中期(阶段)、远期(阶段)，期限为 5 年。也有的把中远期合为一个时期的。划分阶段或时期的一个最重要的基本原则，是要与国家、地方的国民经济和社会发展“五年计划”、“十年计划”相一致。如贵州省安顺地区制

---

① 林越英. 旅游环境保护概论. 北京：旅游教育出版社，2001：174—175.

定的旅游生态环境保护规划，分为近期（1996—2000年）和远期（2006—2010年），正好与我国国民经济发展"九五"、"十五"和"十一五"计划相一致。

### 五、达到目标应采取的若干措施

为保证总目标的实现，必须以相应的具体措施为支撑。比如，上海市为彻底改善环境质量，在2000年前后要完成如下重大工程项目：城市污水集中外排工程、黄浦江上游取水工程、长江引水工程、太浦河综合治理工程、分区集中供热工程、市区普及煤气化工程等。

### 六、旅游环境保护的实施

旅游环境保护规划应纳入旅游发展战略与规划，做到同步实施、同步发展。各级政府要把旅游环境保护规划作为头等大事来抓，认真抓紧落实。旅游规划的具体实施，要在各级政府的领导下，坚持规划指导与监督管理相结合，大力开展宣传和动员工作，提高全民的环境保护意识，保证旅游环境保护总目标的实现。

## 第三节　风景名胜区环境保护对策

### 一、目前我国环境保护存在的困难和问题

我国社会主义市场经济的建立，将极大地促进国民经济与社会的发展，有助于环境保护工作的开展。但在市场经济建立之初，由于新旧体制的交叉运行和多种复杂因素，环境保护管理工作面临着许多矛盾和困难。

第一，环境管理对象构成多元性、广泛性和环境保护部门控制层面相对狭小性之间的矛盾。旅游环境保护涉及方面的广泛性，使环境对象构成多元性、复杂性，工作范围十分广大。而环境执法管理部门的情况，一是规模小，二是规格低，三是不具备综合调控能力。按照《环保法》规定，环保部门对本地区辖区的环境保护实施统一监督管理，但作为执法客体环保管理对象如此纷繁复杂，客观上需要投入的环保工作量与实际可投入的工作量差距很大，矛盾十分突出。

第二，环境管理对象违法形式的多样性、普遍性与环境管理部门管理手段的单一性之间的矛盾。这一矛盾日益突出，是当前执法难的一个重要原因。市场经济具有自发性、盲目性等自身的缺陷。面对市场竞争，企业将会更多地考虑自身的经济效益，追求利润最大化，忽视对污染的治理，并采取多种形式，逃避法律的约束。而作为执法主体的环保管理部门可利用的约束手段却十分单一，并缺乏应具有的权威性。特别是在我国特殊的国情下，面对领导要速度、厂长要效益、工人要吃饭的压力，明明违法，但环保管理部门一家很难顶得住。由此致使一些违法而上的污

染、破坏项目,停不下、搬不走、转产不行、关闭不掉。

第三,治理资金数量少与环境保护任务重的矛盾。这是制约我国环保发展的主要矛盾。现在的问题是很多单位也想治理环境污染和破坏,但资金缺乏使其愿望无法实现,给环境管理工作带来一定的困难。

近20年来,我国从国家到地方,各级环境保护管理机构虽有较大发展,但总的来说尚不够健全,尤其是经济不发达地区,环境保护管理机构不仅地位低、人数少,而且人员素质较差,对环境保护工作很难承担起统一监督管理的任务。环境保护作为我国的基本国策,只有依靠强有力的组织保障才能实现。而在我国现有环境保护机构中,省级单设一级环保局的不到70%;市级单设环保局的不到50%;县级单设环保局的不到30%;乡、镇单设环保局的不到5%。国家和地方政府虽然也制定了一些环境保护法规,但一旦经济发展与环境保护发生矛盾,有时就不能完全按照环境保护法规的要求去执行。有些地方为了追求近期效益而放宽条件,置环保于不顾,利用行政权力盲目干预环保部门审批权限的事情经常发生,认为"环境影响评价"可以滞后甚至干脆不做。

我国的旅游区大多由景区管理委员会负责景区的建设和管理,隶属于地方政府或相关的政府部门,在业务上分别受上一级建设、林业、园林、文物等部门的指导。管委会的工作重点是旅游区的建设和管理,有的管委会未设环境管理处(科)或管理人员,且地位级别较低,没有环境保护的专项资金;有的则根本没有环境管理机构或管理人员。在监督管理上一方面人少事多,管不过来;另一方面由于机构本身的局限,难以行使管理职能。因此对于不服从监督管理的单位和个人,往往无能为力。

## 二、风景名胜区环境保护的主要对策①

旅游资源的衰败和破坏是多方面的,其中主要是人为破坏,而不是自然衰败,故旅游资源的保护对策也应多元化。

### (一)旅游资源保护的法制化对策

不少旅游资源的破坏,主要是因法制不健全,系人为原因所造成的,为了能有效保护旅游资源,世界各地均运用立法和订立公约等法律手段来加强环保的法制化对策。联合国教科文组织于1972年在巴黎公布了《保护世界文化与自然遗产公约》,该公约是唯一利用国际非政府组织作为"技术仲裁人"的国际公约,现已有109个缔约国。公约承认所有国家对保护独特的自然和文化区域所承担的义务,分批公布了世界遗产保护点,并建立了"世界遗产基金",以保证保护措施能落到实处。我国现已有23处世界遗产保护点,由于有《公约》和资金的保障得到了较

① 苏文才,孙文昌.旅游资源学.北京:高等教育出版社,2002:298—309.

为有效的保护。在一些旅游业较为发达的国家,都制定了一系列的旅游资源保护法规,详尽地规定了保护各种旅游资源的具体条款。《瑞士森林法》规定:每年种树数量要多于砍伐数量,不论是谁,即使是自己私有的树木也不能随便砍伐。《埃及旅游法》规定:除非旅游部长许可,任何人不得以任何方式利用、开发、占有或处置任何旅游区或其中一部分。我国也先后颁布了《文物保护法》、《环境保护法》、《森林法》、《风景名胜区条例》等。《文物保护法》(1982 年)规划了具体保护对象及单位,并在第十一条中规定:"文物保护单位的保护范围内不得进行其他建设工程……";第十三条规定:"因建设工程特别需要而必须对文物保护单位进行迁移或者拆除的,应根据文物保护单位的级别,经该级人民政府和上一级文化行政管理部门同意";第二十九条至第三十一条,规定了相应的奖励和惩罚条例。《环境保护法》(1989 年)第二条,规定了其具体保护对象为:"……影响人类生存和发展的各种天然和经过人工改造的自然因素的总体,包括大气、水、海洋、土地、矿藏、森林、草原、野生生物、自然遗迹、人文遗迹、自然保护区、风景名胜区、城市和乡村等。"其中将旅游资源划定在它的保护范围之内,并在第十三条中规定:"城乡建设应结合当地自然环境的特点,保护植被、水域和自然景观,加强城市园林、绿地和风景名胜区的建设",并规定了相应的奖惩条文。《风景名胜区条例》(2006 年)第四章对风景名胜名的保护进行了规定,第二十四条指出:"风景名胜区内的景观和自然环境,应当根据可持续发展的原则,严格保护,不得破坏或者随意改变。风景名胜区管理机构应当建立健全风景名胜资源保护的各项管理制度。风景名胜区内的居民和游览者应当保护风景名胜区的景物、水体、林草植被、野生动物和各项设施。"第二十七条规定:"禁止违反风景名胜区规划,在风景名胜区内设立各类开发区和在核心景区内建设宾馆、招待所、培训中心、疗养院以及与风景名胜资源保护无关的其他建筑物;已经建设的,应当按照风景名胜规划,逐步迁出。"

(二)旅游资源保护的宣传对策

旅游资源保护相关法规、条例的出台,对旅游资源的保护起了极为重要的作用。但是,这些法规出台后,旅游资源仍在受到人为的破坏,而且破坏范围和情节都极为严重。究其原因,主要有两点:一是对旅游业发展带给旅游资源及环境的副作用认识不足。长期以来在宣传上存在着旅游业是"无烟工业"的误导,致使人们的认识存在偏差,使旅游资源及环境遭受到明显的破坏,影响了旅游资源的永续利用和旅游业的可持续发展。二是对旅游资源及环境保护法规、条例的宣传不够深入和广泛。许多人,包括不少决策者根本就不知道自己所做的事是违反保护法规和条例的,即使知道,也因执法不严,使一些决策者置法律于不顾,以牺牲旅游资源及环境的利益为代价,来换取眼前的经济效益。这说明,旅游资源的保护还应从认识、宣传上,以及执法力度上下大工夫,以达到真正有效地保护旅游资源。

**1. 纠正"旅游业是无烟工业"的错误观点**

"旅游业是无烟工业,不像其他产业那样对环境造成污染。"这种盲目乐观的错误观点及其宣传,造成了人们对旅游业的副作用认识不足,致使旅游业失控发展,出现了遍地开花式的旅游资源粗放性开发和"全民办旅游"的热潮,旅游宾馆似雨后春笋破土而出、旅游交通有增无减、旅游景区人满为患……这些不仅破坏了旅游资源,而且还污染了环境,引发了生态灾难。例如,厦门的黄金海滩,由于不合理开发,已有16公顷宝贵的沙滩永远失去;驰名中外的庐山风景区内,由于汉阳峰一带水源林植被的减少,使"飞流直下三千尺,疑是银河落九天"的著名庐山瀑布竟然一度断流;在国家级风景名胜区湖北道教圣地武当山,商品摊点林立,车水马龙,人声喧哗,山坡上垃圾成堆,严重污染了景区的环境;黄山由于不适当开发导致植被破坏,加剧了水土流失,据抽样调查,逍遥溪在暴雨时溪水中含沙量达5%~15%,最高竟达20%,使石门电站一座高2.5米的拦沙坝已经被填平。由此可见,旅游业并不是什么"无烟工业",作为一种产业,它也在生产并排放废弃物污染着环境,破坏着旅游资源和生态平衡。若认识不到这一点,仍盲目乐观,不注意旅游资源及环境保护,将导致旅游资源的消亡和旅游区的毁灭,严重影响旅游业的持续发展。

**2. 策划并开展大众喜闻乐见的宣传教育活动**

旅游资源保护法规、条例的宣传工作是一项长期而艰巨的任务,我们必须充分认识到决策者和旅游者法律意识的提高,绝不是一朝一夕所能奏效的。因此不仅要坚持不懈,而且宣传教育活动的形式,要为大众所喜闻乐见。具体可采用如下宣传对策:

(1)在发行量较大的报纸杂志上定期开辟群众专栏,登载旅游资源保护的文章。让大众能认识到保护旅游资源就是保护自然、保护文化和保护旅游业,使保护旅游资源成为全民大众的自觉行为。

(2)利用电视这一最为普及的宣传媒介,组织旅游资源保护知识有奖问答或负面曝光;还可在电视上播放制作精美、对比强烈的旅游资源及环境保护的电视广告。

(3)组织旅游资源开发和管理的决策者、专业技术人员和景区管理人员听专家的演讲和讲座。

(4)在景点的介绍小册子、门票、旅游交通图上登载幽默而易记的保护性口号。

(5)在景区的宣传栏内专辟旅游资源及环境保护的栏目。

(6)在景区内设置大型公益广告。如国外的生态公园就有"除了您的照片,请什么也别带走;除了您的脚印,请什么也别留下"等较为生动而又易于接受的广告语。

(7)在旅游食品包装上,印上轻松活泼的保护性口号,以防止旅游垃圾污染。如可印上“请别随便抛弃我,我要回家”之类的话语。

(8)在景区和旅游城市垃圾箱上做文章。除了改进垃圾箱外形,使其精美,具有一定的观赏价值外,还可为它增加一些鼓励游客的功能。如国外已有的、造型滑稽幽默的青蛙垃圾箱,当垃圾投入蛙口中,会自动发出“真好吃,再给点”的优美声音。这样,好奇的游客,尤其是孩子就会受到鼓励,自觉地将果皮等垃圾扔进垃圾箱。

(9)定期组织评选旅游景区卫生标兵单位,并给予奖励,以促进对旅游垃圾污染的防治。

(三)旅游资源保护的管理对策

旅游资源的破坏大多是由于管理不当造成的。潜在旅游资源、开发中的旅游资源和利用中的旅游资源需要采取不同的保护管理对策。

**1.潜在旅游资源保护的管理对策**

潜在旅游资源,是旅游业进一步发展的后备军,对这类旅游资源来说,保护是首位的。我国大量的自然保护区和历史文物古迹均属于该类。纵观旅游业的发展,我们现在开发利用的旅游资源,多为以前具有自然及文化价值而得以保护下来的景观。如北京故宫这一世界最大的木质建筑群,很早以前即因其凝结了中华民族的智慧,浓缩了中国古建筑的特色而被作为重点文物保护起来;西双版纳热带林,以其物种丰富、植被发育典型及栖息大量珍稀野生动物而闻名,也作为自然保护区较早即被保护下来,并随着旅游业的开发利用,已成为蜚声中外的旅游热点。严格地说,北京故宫和西双版纳在旅游业大发展之前,只是潜在旅游资源,若没有当时的保护,哪来今天的旅游热点?现在,地球上仍存在大量的潜在旅游资源,有的是因时代原因还未认识到;有的虽已认识其旅游价值,但因经济、技术条件的限制,尚未开发利用。随着经济、技术及旅游业的发展,这些潜在旅游资源将逐步被开发。如果潜在旅游资源在开发前就已遭破坏,则旅游业的发展便成了无水之源、无本之木,旅游业的可持续发展也将成为一句空话,故对潜在旅游资源的保护是旅游业的头等任务。为了避免潜在旅游资源未用先衰,保护管理对策有三:一是进行旅游资源研究,尽量超前认识未来具有旅游价值的资源,以明确保护对象;二是进行全国旅游资源普查,摸清家底,根据旅游市场需求及开发经济技术条件确定其开发顺序,明确保护范畴;三是加强对潜在旅游资源及生态环境的保护工作,为旅游业的可持续发展“留得青山在”。

**2.开发中的旅游资源保护管理对策**

随着旅游业的发展,大量潜在的旅游资源成为旅游开发的对象,由于认识上的不足,缺乏科学指导和保护措施不力,不少旅游资源及环境在开发中遭受严重的破坏,开发后就失真、变味,对游客失去吸引力。故开发中应采取下列旅游资源保护、管理对策。

(1)把旅游资源开发提高到系统的高度来认识

人类、资源和环境相互影响、相互作用,构成庞大的生态系统。旅游资源开发应从整体的系统的观点来考虑问题,把旅游资源开发与旅游资源及环境的保护提到系统的高度来认识。如果只考虑某个局部问题,即本区域、本部门、本单位,甚至个人的近期利益和方便,旅游资源及环境在开发中就会因难以得到保护而遭破坏。这种只顾局部利益、近期利益,而牺牲全局利益、长期利益的行为,最终导致资源耗竭和环境质量降低的教训,在我国屡见不鲜。像这种重蹈西方20世纪工业发展中以牺牲资源及环境来换取短期经济利益覆辙的做法一定要杜绝。

(2)旅游资源开发必须遵循生态学原则

自人类出现以来,人类一直未能处理好资源开发与环境保护的正确关系。旅游资源是存在于自然和社会生态系统中的,只有与环境协调的旅游资源才具有吸引游客的魅力,故旅游资源的开发,必须遵循生态学原则。首先,在旅游资源开发中要注意适度开发,并开发那些不影响或少影响生态环境的旅游项目。如自然保护区和森林公园的开发,应以生态旅游开发为主,以保护自然系统的平衡,尤其是在脆弱生态带的旅游资源开发,更应把生态系统平衡和环境保护放到首位来考虑;其次,要注意旅游资源的开发与其周围社会生态环境相协调,保持旅游资源原汁原味的氛围及其吸引游客的魅力。否则,旅游资源开发的过程便是旅游资源破坏的过程。

(3)旅游资源开发需要专业知识及人才

各地旅游开发中由于重开发、轻保护而造成旅游资源及环境破坏的另一重要原因,是在具体规划和开发中缺乏环境保护专业知识和专门人才,即使有了保护意识,也因缺乏专业知识而“好心做坏事”,造成对旅游资源及环境的无意破坏。这就说明在旅游资源规划和开发中,需要有大批专业人才来规划和实施旅游资源及环境保护的具体方案,真正把旅游资源保护落到实处。

(4)旅游资源的保护规划必须落到实处

旅游的开发规划,是涉及旅游业未来发展状态的科学构想和设计,既要考虑旅游景点的开发,更应考虑旅游资源及环境的保护。现在,尽管各地所报的规划均有保护环境的具体章节和内容,但在具体开发过程中却难以得到真正的贯彻和实施。究其原因,重要的一点是开发项目完成后的验收工作,一没有将环保的重要性放在应有的位置;二没有全国统一的有据可依的详细科学的指标体系;三没有强有力的奖惩措施,促使其真正严格执行环境保护规划。因此,欲使旅游资源开发的保护规划能落到实处,应解决好管理上的立法和执法问题。

**3. 利用中的旅游资源保护管理对策**

旅游资源开发后形成的可接待游客的旅游景区,由于管理不当也会造成破坏,具体表现在景点的破坏和景区环境质量的下降两个方面。我国现有旅游景区,归纳起来可以分为世界遗产、风景名胜区、历史文化名城、森林公园等四大类。这些旅游景区的保护管理存在一些共性问题,也存在一些个性问题,可以从以下几方面着手加强其保护管理措施。

(1)加强管理,保护景点和景区环境

①要有一支具有保护意识和专业知识的管理队伍

随着旅游业的发展,迅速建成的大的旅游景区,需要大批的旅游管理人员。而目前我国恰恰缺乏这种专门人才。旅游景区的管理人员往往是由其他行业转来的,尤其是级别较低的景区,管理人员一般都是当地的居民或农民,专职保护管理人才则更是一大缺口。景区管理人员不仅缺乏保护意识,而且缺乏保护知识,致使许多旅游景区不同程度地造成环境被破坏的现象。为解决这一问题,应采取下列措施:

a.组织短训班,对在职人员加强保护意义和保护知识的培训;

b.将散居各行业的具有景区保护知识的人员组织和调动到专职保护岗位上来;

c.积极培养专业景区保护人才。

②加强对游客的管理

景区接待的对象是游客。游客是一个较为松散的群体,其素质水平参差不齐。故应对游客加强管理:

a.宣传措施:通过各种宣传途径,加强对游人的教育,使之养成良好习惯,增强保护意识;

b.奖励措施:对一些习惯好、素质高、能自觉保护景区环境的游客给予一定的奖励;

c.惩罚措施:对个别破坏景点及景区环境的游客,要给予应有的惩罚;对于情节较为严重的,应按相关的法规条例给予相应的处分。

③加强对景区环境的保护管理

景区的环境,依其性质差异又可分为生态环境、旅游气氛环境和卫生环境。在具体景区环境管理中,首先要慎重控制旅游活动项目,对于那些导致景区水体、空气及环境污染的旅游活动项目应加以控制,以保护景区优良的自然生态环境;其次,要控制游客人数,以保证景区优良的自然生态环境;第三,应采取一系列行之有效的景区环境卫生管理措施,防止垃圾污染,以保证景区有一个洁净的环境。

(2)区别景区性质,确定保护措施

我国现存的四大类旅游景区,由于其性质不同,保护管理措施也应有所不同。

各类景区的管理法规、条例中均有相关的保护措施,实践中又总结了一套可操作性较强的保护管理措施。

①世界文化和自然遗产的保护管理措施

世界文化和自然遗产包括两部分,即世界文化遗产和世界自然遗产,其定义已在《保护世界文化和自然遗产公约》(1972 年,以下简称《公约》)中界定。世界文化遗产,是指从历史、艺术、审美或科学角度看,具有突出的普遍价值的文物、建筑群和遗址;世界自然遗产,是指从审美、保护或科学的角度看,具有突出的普遍价值的自然面貌、动植物生存区和天然名胜。世界文化和自然遗产除了是本国领土内的文化和自然财产外,同时还是全世界遗产的一部分,故本国和整个国际社会都有责任对其做好保护工作。《公约》的第五条提出了下述保护措施:

a. 通过一项旨在使文化和自然遗产在社会生活中起一定作用,并把遗产保护列入全面规划的总政策;

b. 如本国内尚未建立负责文化和自然遗产的保护、保存和展出的机构,则建立一个或几个此类机构,配备适当的工作人员并为其履行职能赋予所需的权限;

c. 发展科学和技术研究,并制定能够抵抗威胁本国自然遗产危险的实际方法;

d. 采取为确定、保护、保存、展出和恢复这类遗产所需的适当法律、科学、技术、行政和财政措施;

e. 促进建立或发展有关保护、保存和展出文化和自然遗产的国家或地区培训中心,并鼓励这方面的科学研究。

②风景名胜区的保护管理措施

《风景名胜区条例》(2006 年 9 月 29 日国务院发布)中第一章第二条对风景名胜区所作的定义是“具有观赏、文化或者科学价值,自然景观、人文景观比较集中,环境优美,可供人们游览或者进行科学、文化活动的区域”。第四章和第五章对风景名胜区的保护和管理作了明确的规定。全国各地在实施中,又总结出一套分级保护措施,即将风景名胜区划分为三个级别的保护区和一个防护带,并制定出相应的保护措施。具体如下:

a. 一级绝对保护区,指景点界线范围内的区域,要切实保持景点的原貌、风格和环境,不准建任何生活性大型建筑物,即使是观赏型建筑也要注意精、美、少,以突出景物、突出自然美。

b. 二级严格保护区,指景区界线范围内的区域,区内要保护一切景点和植物,除观赏建筑物外,亦可建设人工与自然风景融为一体的小型服务设施。

c. 三级环境保护区,指景区视线范围内的区域,区内可搞生活设施建筑,但要保护好视野空间环境,确保景观的完整度。

d. 防护地带,为保护景观特色、维护景区内的生态平衡,在风景区专门辟出区域性大面积绿色地带,以保持水土;不兴办污染厂并控制农药、化肥的使用,以防止污染;搞好居民点的规划,控制不适宜的建筑。

③历史文化名城的保护管理措施

历史文化名城，是指历史文化遗产较多、价值较高的城市。历史文化名城是我国重要人文旅游资源聚集的地方，据其价值的高低可划分为国家级和省级两个管理级别。与风景名胜区一样，管理级别与保护级别成正比。历史文化名城的保护管理措施，在《中华人民共和国文物保护法实施细则》(1992 年 5 月 5 日，国家文物局发布)中有明确规定，其要点是：

a. 保护古建筑的视廊。为了保证古建筑物一定范围空间构图的完整和周围园林借景的需要，在视线范围内要控制现代建筑物的高度，而且其体量、形式、色调均需与古建筑物的环境风貌相协调。这一措施在《细则》第 12、第 13 条中作了具体规定。

b. 仿古重修需要特批。《细则》第 14 条规定："纪念物、古建筑等文物已全部毁坏的，不得重新修建，因特殊需要，必须在异地复建或在原址重建的，应当根据文物保护单位的级别，报原核定机关批准。"

c. 文物的修缮应保护原来的特色，其修缮计划和施工方案须由国家文物局审定批准，并进行竣工验收。这在《细则》第 14、第 15 条中作了详细规定。

④森林公园的保护管理措施

森林公园，指森林环境优美，生物资源丰富，以森林为主体，自然景观相对集中，具有一定规模和范围，可供人们游览、观光、康体休闲或者进行科学文化教育活动的森林旅游区域。我国的森林公园往往是从一些自然保护区中开发出来的，据其景观价值的高低又分为国家级和省级。《森林公园管理条例(征求意见稿)》(1996 年，国家林业部发布)第四章第 16 ~ 23 条对森林公园的保护作了详细规定，总括起来有以下三点：

a. 珍稀林木、野生动植物和公园内的名胜古迹必须绝对保护；

b. 保护工作的重点放在防火、防病虫害、防污染和禁止毁林开荒、开矿、采石等一系列具体可操作的工作上；

c. 为保障保护落到实处，推广有利于环境保护的技术措施和资金投入保障措施。

(四)旅游资源保护的建设对策

绝大多数旅游资源，一旦遭到破坏，即难以恢复，但有的古建筑，文化价值和旅游价值都相当高，虽然已经衰败和破坏，甚至不复存在，仍可采用培修和重建恢复其风采。有的旅游景区植被遭到破坏，则应积极采取植树造林等生态建设的对策予以恢复，而对于珍贵文物旅游资源，则应设法尽量减少其自然风化等衰减速度。

**1. 培修复原、整旧如故**

历史建筑因经历了上百年甚至上千年自然风化和人为破坏，出现破损、变色影响原有特色的，可以采用原材料、原构件，或在必要时采用现代构件进行加固、复原培修，但要以保持原貌为准则，即整旧如故，切忌因"翻新"而失去"古"的特色。如西安小雁塔的复新较为成功，修复后仍保持其苍劲古朴的面貌。

**2. 仿古重建**

历史上一些著名的建筑物，由于自然或人为原因在地面上已经消失，但具有很高的文化和旅游价值，在旅游业迅速发展的今天，为了满足人们旅游的需要，需进行重修，重现其风貌。如武昌的黄鹤楼为江南三大名楼之一，但民国初年却付之一炬，1954 年修武汉长江大桥时旧址被南岸桥堡所占，后于原楼址南侧 1 公里外重修黄鹤楼，保持原有的塔式阁楼造型风格和江、山、楼三位一体的意境，成为仿古重修成功的一例。

**3. 生态建设**

许多旅游景区由于工农业交通的发展而造成了植被的破坏，影响了景区资源的质量。如中国第二深的云南抚仙湖（最大水深为 151.5 米），水质很好，达饮用水标准，但美中不足的是，植被破坏留下了水秀而山不青的遗憾。为改善其景观的结构，首要任务是治山、种树，搞生态建设，使山绿起来。旅游区山体的生态建设不仅要考虑固水固土的生态效益，还应考虑其观赏的旅游效益以及一定的经济效益。不少湖泊旅游区存在山青水不秀的状况，如国家级旅游度假区太湖和昆明滇池，湖水污染甚为严重，许多旅游活动项目难以开展，成为制约旅游业进一步发展的瓶颈，治理水污染成了迫在眉睫的大事。

**4. 减缓珍贵文物的自然风化**

出露于地表的历史文物古迹，由于大气中光、热、水环境的变化，引起自然风化而衰败是不可避免的，但在一定范围内改变环境条件，使之风化过程减慢是完全可能的。例如，将裸露于风吹日晒下的历史文物加罩或盖房予以保护。乐山大佛曾建有 13 层的楼阁（唐代名为大像阁，宋代为天宁阁）覆罩其上，既金碧辉煌，又保护了佛像，后毁于战火。类似的建筑应予恢复和建设。

## 案例一　厦门市旅游资源保护和开发管理暂行规定

（节选）

（自 1996 年 1 月 1 日起施行）

第一条　为加强旅游资源的保护、开发和利用，促进厦门旅游业的发展，加快厦门港口风景城市的建设，遵循国家有关规定，结合厦门市实际，制定本规定。

第二条　凡是在厦门市辖区内保护、开发和利用旅游资源的，都必须遵守本规定。

第四条　任何单位和个人，都有依法保护旅游资源的义务，并有权对旅游资源的保护提出意见和建议，对破坏旅游资源的单位和个人进行检举和控告。

第九条 根据“谁主管,谁负责”的原则,切实加强对旅游区的环境保护工作。旅游区内的开发建设活动,必须遵守国家有关建设项目环境保护的规定,符合《生态环境影响评价技术规定》的要求。

各旅游管理机构应当集中一部分专项资金用于环境保护,加强对旅游区的环境卫生和保护文物古迹的监督工作,采取措施新建、改建旅游区的厕所,在旅游线路和景点集中的地带设立环境保护标语牌或提示牌。

第十条 旅游资源开发和利用项目,必须进行环境影响评估,事先制定资源保护计划和措施。其废水、废气、废渣、废弃物的处理设施,以及防止水土流失、植被破坏、景观破坏的设施,必须与主体工程同时设计,同时施工,同时投入使用。

第十一条 在规划开发或已开发利用的旅游区内,应保护区域内的生物资源和水资源,禁止在旅游区内捕猎野生动物,破坏野生动物的生存环境。保持旅游区内的地形、地貌景观,禁止在旅游区内开山采石、挖沙取土、填盖水面、砍伐树木,以及进行可能改变旅游区地形、地貌的其他活动,对于已经造成生态破坏的,必须积极整治,限期恢复。

第十三条 鼓浪屿、万石山和夏岛东南部环岛路临海地带,是旅游资源的重点保护区域。

第十四条 《厦门市城市总体规划》中确定的生活旅游岸线,必须按照生活旅游岸线的规范进行建设和管理。

在沿生活旅游岸线兴建的环岛路或海滨道路的临海一侧,应作为公众休憩的绿地,方便公众进入,禁止任何单位和个人擅自将其占做他用。

在生活岸线临海地带,只建因旅游服务需要建设的少量服务设施用房,应严格控制建筑物的体量和建筑密度,并严禁占用沙滩建设。

第二十条 违反本规定第九条、第十条、第十一条、第十三条、第十四条的,由市旅游部门责令改正,并提交市环境、规划、土地、建设、园林、文化等部门,依照有关法律、法规的规定予以处罚。

## 案例二 安顺旅游中心城市生态环境保护规划
### (目标及措施)

**1. 目标**

(1)近期建立三个烟尘控制区,面积5平方公里,到2000年,城市大气总悬浮颗粒物平均浓度达到大气环境二级标准,二氧化硫远期年日平均浓度达到大气环境三级标准。

(2)城市饮用水水源合格率近期达96%,远期达100%。

(3)城市生活污水处理率近期达到40%,远期达到60%。

(4)城市交通干线噪声达标率近期达到40%,远期达到60%。

(5)城市地面水化学需氧量平均值近期达到8.5毫克/升,远期达到7毫克/升。

**2.措施**

(1)改变城市燃料结构,积极推广电热和液化石油气;筹建城市煤气和集中供热设施;推广无烟煤和节能炉灶;近期主要街道的饮食餐馆,必须使用液化气,禁止用煤灶,以减少烟尘氧化硫的排放量。

(2)加强水源保护,实施水资源统一管理,改进饮用水净化工艺和设备,提高饮用水达标率。

(3)逐步实行清污分流,将污水的分散治理逐步转为集中治理,着重抓好贯城河的治理工作,积极筹建污水处理厂。

(4)根据城市功能分区规划,合理控制城市噪声声源,控制交通噪声对城市环境的影响,加强交通管理,市区内车辆严禁鸣喇叭,过境车辆不准穿越城市区。

(5)重视城市绿化工作,提高绿化覆盖率,近期达到8%,中期达到14.27%,远期达到19.89%。

(6)加强城市环境综合整治的管理,实行市长目标责任制,协调有关职能部门,实行城市环境综合整治;定量考核,同时纳入有关职能部门、机关目标管理,建立环境目标责任制。

——摘自《安顺地区旅游业发展总体规划》

## 本章小结

风景名胜区开发与旅游环境保护是一对矛盾的统一体。开发必须以维护和保护为前提,在保护中适度开发,在开发中注重保护并举。保护是长久之计,走生态旅游之路,通过有限开发,创造人与自然和谐相处的美好家园。由于我国目前环境保护存在着权限不清、对象多元、资金短缺等困难和问题,因此,必须加强旅游资源保护的法制化建设,加强对旅游资源保护的宣传、管理和建设。

## 思考与练习

1.详细说明人与自然共生理论的内涵。

2.风景旅游资源环境保护规划的内容有哪些?

3.针对我国目前环境保护的问题和困难,谈谈风景名胜区环境保护的主要对策。

4.请分析你所熟悉的一个景区(点)目前存在的问题,并提出相应的环保策略。

## 参考书目

[1]杨桂华. 旅游资源学. 北京:文献出版社,1994.

[2]苏文才,孙丈昌. 旅游资源学. 北京:高等教育出版社,1998.

[3]杨载田. 中国旅游地理. 北京:科学出版社,1999.

[4]林婉如. 中国旅游地理. 大连:东北财经大学出版社,1997.

[5]辛建荣. 旅游地学导论. 北京:中国地质大学出版社,1994.

[6]辛建荣. 旅游区规划与管理. 天津:南开大学出版社,1999.

[7]林越英. 旅游资源环境保护. 北京:旅游教育出版社,1999.

[8]李天元,王连义. 旅游学概论. 天津:南开大学出版社,1991.

[9]刘振礼. 新编中国旅游地理. 天津:南开大学出版社,1988.

[10]马勇. 旅游学概论. 北京:高等教育出版社,1998.

[11]马勇. 资源开发与旅游管理. 成都:成都科技大学出版社,1994.

[12]邹统钎. 旅游开发与规划. 北京:旅游教育出版社,1993.

[13]邹统钎. 旅游度假区发展规划. 北京:旅游教育出版社,1996.

[14]李溢. 世界热带亚热带海岛海滨旅游开发研究. 北京:旅游教育出版社,1997.

[15]赵西萍. 旅游市场营销学. 北京:高等教育出版社,1998.

[16]张彦. 现代营销与 CI 理论. 南京:南京大学出版社,1995.

[17]马勇,舒伯阳. 区域旅游规划. 天津:南开大学出版社,1999.

[18]郭康. 旅游开发研究. 北京:气象出版社,1997.

# 后 记

旅游活动已成为全世界关注的社会现象。各个国家和地区为了发展经济，繁荣文化，都在以最优化的资源配置，吸引最广泛的旅游者，并以满足其最大需求为宗旨，深入地研究旅游资源的开发与规划。《旅游资源开发与规划》一书正是为顺应旅游业时代发展需要，结合旅游高职高专教育“突出实践”的新特色而编写的。

旅游资源开发与规划是理论与实践相结合的专业课。它不仅充分揭示了旅游资源的内涵（主要包括旅游资源的形成、特征及分类，旅游资源美感分析等），根据不同类型特点重点介绍了我国旅游资源的状况，而且详细说明了旅游资源开发与规划的必要性，并对调查评价和开发规划的程序、方式和方法作出了概括性评述，尤其是对风景区开发与规划及环境保护进行了阐述，提出旅游资源开发与规划同旅游可持续发展齐头并重的观点。它吸收了当前国内外先进的研究成果，运用大量的案例，强化了知识的实用性和可操作性，旨在培养应用型旅游人才。

本书特色鲜明，突出“实用、实效、实际”的特色，可作为旅游高职高专的必修课教材，也可作为旅游经营者、旅游从业人员、旅游爱好者扩充知识的资料。

《旅游资源开发与规划》由湖北大学旅游职业技术学院（湖北省旅游学校）的骨干教师编写，第1版由邓爱民、刘代泉任主编。第2版的修订工作中，刘代泉编写第一、第四章，汪端军编写第七章，邓爱民编写第三、第八章，彭燕编写第二章，刘婷编写第五章，陈昌编写第六章。全书由汪端军统稿。第3版修订工作由汪端军负责。感谢中国地质大学旅游系主任辛建荣教授审阅了书稿，并提出了宝贵的意见。在编写过程中，参考和查阅了大量书籍、报刊和资料，作者及其作品名在参考文献中一一列出，在此，向他们表示衷心的感谢和深深的敬意。

最后，恳请读者和使用者提出宝贵的意见和建议，以便我们不断完善和提高。

编者

责任编辑:张瑞芳

**图书在版编目(CIP)数据**

旅游资源开发与规划/刘代泉,汪瑞军主编. —北京:旅游教育出版社,2004.6
(2021.8 重印)

ISBN 978-7-5637-0876-5

Ⅰ.旅… Ⅱ.①刘… ②汪… Ⅲ.①旅游资源-资源开发-高等教育:技术教育-教材 ②旅游资源-经济规划-高等教育:技术教育教材 Ⅳ.F590.3

中国版本图书馆 CIP 数据核字(2000)第 37420 号

教育部职业教育与成人教育司推荐教材
国家旅游局人事劳动教育司推荐教材
高等职业教育旅游服务与管理专业教学用书

**旅游资源开发与规划**

**(第3版)**

刘代泉 汪瑞军 主编


| | |
|---|---|
| 出版单位 | 旅游教育出版社 |
| 地　　址 | 北京市朝阳区定福庄南里1号 |
| 邮　　编 | 100024 |
| 发行电话 | (010) 65778403 65728372 65767462(传真) |
| E - mail | tepfx@163.com |
| 排版单位 | 北京旅教文化传播有限公司 |
| 印刷单位 | 唐山玺诚印务有限公司 |
| 经销单位 | 新华书店 |
| 开　　本 | 787毫米×960毫米 1/16 |
| 印　　张 | 13 |
| 字　　数 | 202千字 |
| 版　　次 | 2008年7月第3版 |
| 印　　次 | 2021年8月第5次印刷 |
| 定　　价 | 20.00元 |